Soviet and Post-Soviet Politics and Society (SPPS) Vol. 95
ISSN 1614-3515

General Editor: Andreas Umland, *The Catholic University of Eichstaett-Ingolstadt,* umland@stanfordalumni.org

Editorial Assistant: Olena Sivuda, *Dragomanov Pedagogical University of Kyiv,* SLS6255@ku-eichstaett.de

EDITORIAL COMMITTEE*

DOMESTIC & COMPARATIVE POLITICS
Prof. **Ellen Bos**, *Andrássy University of Budapest*
Dr. **Ingmar Bredies**, *University of Regensburg*
Dr. **Andrey Kazantsev**, *MGIMO (U) MID RF, Moscow*
Dr. **Heiko Pleines**, *University of Bremen*
Prof. **Richard Sakwa**, *University of Kent at Canterbury*
Dr. **Sarah Whitmore**, *Oxford Brookes University*
Dr. **Harald Wydra**, *University of Cambridge*
SOCIETY, CLASS & ETHNICITY
Col. **David Glantz**, *"Journal of Slavic Military Studies"*
Dr. **Rashid Kaplanov**, *Russian Academy of Sciences*
Dr. **Marlène Laruelle**, *EHESS, Paris*
Dr. **Stephen Shulman**, *Southern Illinois University*
Prof. **Stefan Troebst**, *University of Leipzig*
POLITICAL ECONOMY & PUBLIC POLICY
Prof. em. **Marshall Goldman**, *Wellesley College, Mass.*
Dr. **Andreas Goldthau**, *Central European University*
Dr. **Robert Kravchuk**, *University of North Carolina*
Dr. **David Lane**, *University of Cambridge*
Dr. **Carol Leonard**, *University of Oxford*

Dr. **Maria Popova**, *McGill University, Montreal*
FOREIGN POLICY & INTERNATIONAL AFFAIRS
Dr. **Peter Duncan**, *University College London*
Dr. **Taras Kuzio**, *Carleton University, Ottawa*
Prof. **Gerhard Mangott**, *University of Innsbruck*
Dr. **Diana Schmidt-Pfister**, *University of Konstanz*
Dr. **Lisbeth Tarlow**, *Harvard University, Cambridge*
Dr. **Christian Wipperfürth**, *N-Ost Network, Berlin*
Dr. **William Zimmerman**, *University of Michigan*
HISTORY, CULTURE & THOUGHT
Dr. **Catherine Andreyev**, *University of Oxford*
Prof. **Mark Bassin**, *University of Birmingham*
Dr. **Alexander Etkind**, *University of Cambridge*
Dr. **Gasan Gusejnov**, *Moscow State University*
Prof. em. **Walter Laqueur**, *Georgetown University*
Prof. **Leonid Luks**, *Catholic University of Eichstaett*
Dr. **Olga Malinova**, *Russian Academy of Sciences*
Dr. **Andrei Rogatchevski**, *University of Glasgow*
Dr. **Mark Tauger**, *West Virginia University*
Dr. **Stefan Wiederkehr**, *German Historical Institute*

ADVISORY BOARD*

Prof. **Dominique Arel**, *University of Ottawa*
Prof. **Jörg Baberowski**, *Humboldt University of Berlin*
Prof. **Margarita Balmaceda**, *Seton Hall University*
Dr. **John Barber**, *University of Cambridge*
Prof. **Timm Beichelt**, *European University Viadrina*
Prof. em. **Archie Brown**, *University of Oxford*
Dr. **Vyacheslav Bryukhovetsky**, *Kyiv-Mohyla Academy*
Prof. **Timothy Colton**, *Harvard University, Cambridge*
Prof. **Paul D'Anieri**, *University of Florida*
Dr. **Heike Dörrenbächer**, *Naumann Foundation Kyiv*
Dr. **John Dunlop**, *Hoover Institution, Stanford, California*
Dr. **Sabine Fischer**, *EU Institute for Security Studies*
Dr. **Geir Flikke**, *NUPI, Oslo*
Dr. **David Galbreath**, *University of Aberdeen*
Prof. **Alexander Galkin**, *Russian Academy of Sciences*
Prof. **Frank Golczewski**, *University of Hamburg*
Dr. **Nikolas Gvosdev**, *Naval War College, Newport, RI*
Prof. **Mark von Hagen**, *Arizona State University*
Dr. **Guido Hausmann**, *University of Freiburg i.Br.*
Prof. **Dale Herspring**, *Kansas State University*
Dr. **Stefani Hoffman**, *Hebrew University of Jerusalem*
Prof. **Mikhail Ilyin**, *MGIMO (U) MID RF, Moscow*
Prof. **Vladimir Kantor**, *Higher School of Economics*
Dr. **Ivan Katchanovski**, *State University of New York*
Prof. em. **Andrzej Korbonski**, *University of California*
Dr. **Iris Kempe**, *Heinrich Boell Foundation Tbilisi*
Prof. **Herbert Küpper**, *Institut für Ostrecht München*
Dr. **Rainer Lindner**, *University of Konstanz*
Dr. **Vladimir Malakhov**, *Russian Academy of Sciences*
Dr. **Luke March**, *University of Edinburgh*

Prof. **Michael McFaul**, *US National Security Council*
Prof. **Birgit Menzel**, *University of Mainz-Germersheim*
Prof. **Valery Mikhailenko**, *The Urals State University*
Prof. **Emil Pain**, *Higher School of Economics, Moscow*
Dr. **Oleg Podvintsev**, *Russian Academy of Sciences*
Prof. **Olga Popova**, *St. Petersburg State University*
Dr. **Alex Pravda**, *University of Oxford*
Dr. **Erik van Ree**, *University of Amsterdam*
Dr. **Joachim Rogall**, *Robert Bosch Foundation Stuttgart*
Prof. **Peter Rutland**, *Wesleyan University, Middletown*
Dr. **Sergei Ryabov**, *Kyiv-Mohyla Academy*
Prof. **Marat Salikov**, *The Urals State Law Academy*
Dr. **Gwendolyn Sasse**, *University of Oxford*
Prof. **Jutta Scherrer**, *EHESS, Paris*
Prof. **Robert Service**, *University of Oxford*
Mr. **James Sherr**, *RIIA Chatham House London*
Dr. **Oxana Shevel**, *Tufts University, Medford*
Prof. **Eberhard Schneider**, *University of Siegen*
Prof. **Olexander Shnyrkov**, *Shevchenko University, Kyiv*
Prof. **Hans-Henning Schröder**, *University of Bremen*
Prof. **Yuri Shapoval**, *Ukrainian Academy of Sciences*
Prof. **Viktor Shnirelman**, *Russian Academy of Sciences*
Dr. **Lisa Sundstrom**, *University of British Columbia*
Dr. **Philip Walters**, *"Religion, State and Society," Oxford*
Prof. **Zenon Wasyliw**, *Ithaca College, New York State*
Dr. **Lucan Way**, *University of Toronto*
Dr. **Markus Wehner**, *"Frankfurter Allgemeine Zeitung"*
Dr. **Andrew Wilson**, *University College London*
Prof. **Jan Zielonka**, *University of Oxford*
Prof. **Andrei Zorin**, *University of Oxford*

* While the Editorial Committee and Advisory Board support the General Editor in the choice and improvement of manuscripts for publication, responsibility for remaining errors and misinterpretations in the series' volumes lies with the books' authors.

Soviet and Post-Soviet Politics and Society (SPPS)
ISSN 1614-3515

Founded in 2004 and refereed since 2007, SPPS makes available affordable English-, German- and Russian-language studies on the history of the countries of the former Soviet bloc from the late Tsarist period to today. It publishes approximately 15-20 volumes per year, and focuses on issues in transitions to and from democracy such as economic crisis, identity formation, civil society development, and constitutional reform in CEE and the NIS. SPPS also aims to highlight so far understudied themes in East European studies such as right-wing radicalism, religious life, higher education, or human rights protection. The authors and titles of all previously published manuscripts are listed at the end of this book. For a full description of the series and reviews of its books, see www.ibidem-verlag.de/red/spps.

Note for authors (as of 2009): After successful review, fully formatted and carefully edited electronic master copies of up to 250 pages will be published as b/w A5 paperbacks and marketed in Germany (e.g. vlb.de, buchkatalog.de, amazon.de) and internationally (e.g. amazon. com). For longer books, formatting/editorial assistance, different binding, oversize maps, coloured illustrations and other special arrangements, authors' fees between €100 and €1500 apply. Publication of German doctoral dissertations follows a separate procedure. Authors are asked to provide a high-quality electronic picture on the object of their study for the book's front-cover. Younger authors may add a foreword from an established scholar. Monograph authors and collected volume editors receive two free as well as further copies for a reduced authors' price, and will be asked to contribute to marketing their book as well as finding reviewers and review journals for them. These conditions are subject to yearly review, and to be modified, in the future. Further details at www.ibidem-verlag.de/red/spps-authors.

Editorial correspondence & manuscripts should, until 2011, be sent to: Dr. Andreas Umland, ZIMOS, Ostenstr. 27, 85072 Eichstätt, Germany; e-mail: umland@stanfordalumni.org

Business correspondence & review copy requests should be sent to: *ibidem*-Verlag, Julius-Leber-Weg 11, D-30457 Hannover, Germany; tel.: +49(0)511-2622200; fax: +49(0)511-2622201; spps@ibidem-verlag.de.

Book orders & payments should be made via the publisher's electronic book shop at: www.ibidem-verlag.de/red/SPPS_EN/

Authors, reviewers, referees, and editors for (as well as all other persons sympathetic to) SPPS are invited to join its networks at www.facebook.com/group.php?gid=52638198614
www.linkedin.com/groups?about=&gid=103012
www.xing.com/net/spps-ibidem-verlag/

Recent Volumes

86 Konstantin Sheiko in collaboration with Stephen Brown
Nationalist Imaginings of the Russian Past
Anatolii Fomenko and the Rise of Alternative History in Post-Communist Russia
With a foreword by Donald Ostrowski
ISBN 978-3-89821-915-0

87 Sabine Jenni
Wie stark ist das „Einige Russland"?
Zur Parteibindung der Eliten und zum Wahlerfolg der Machtpartei im Dezember 2007
Mit einem Vorwort von Klaus Armingeon
ISBN 978-3-89821-961-7

88 Thomas Borén
Meeting-Places of Transformation
Urban Identity, Spatial Representations and Local Politics in Post-Soviet St Petersburg
ISBN 978-3-89821-739-2

89 Aygul Ashirova
Stalinismus und Stalin-Kult in Zentralasien
Turkmenistan 1924-1953
Mit einem Vorwort von Leonid Luks
ISBN 978-3-89821-987-7

90 Leonid Luks
Freiheit oder imperiale Größe?
Essays zu einem russischen Dilemma
ISBN 978-3-8382-0011-8

91 Christopher Gilley
The 'Change of Signposts' in the Ukrainian Emigration
A Contribution to the History of Sovietophilism in the 1920s
With a foreword by Frank Golczewski
ISBN 978-3-89821-965-5

92 Philipp Casula, Jeronim Perovic (Eds.)
Identities and Politics During the Putin Presidency
The Discursive Foundations of Russia's Stability
With a foreword by Heiko Haumann
ISBN 978-3-8382-0015-6

93 Marcel Viëtor
Europa und die Frage nach seinen Grenzen im Osten
Zur Konstruktion ‚europäischer Identität' in Geschichte und Gegenwart
Mit einem Vorwort von Albrecht Lehmann
ISBN 978-3-8382-0045-3

94 Ben Hellman, Andrei Rogachevskii
Filming the Unfilmable
Casper Wrede's 'One Day in the Life of Ivan Denisovich'
ISBN 978-3-8382-0044-6

Eva Fuchslocher

VATERLAND, SPRACHE, GLAUBE

Orthodoxie und Nationenbildung am Beispiel Georgiens

Mit einem Vorwort von Christina von Braun

ibidem-Verlag
Stuttgart

Bibliografische Information der Deutschen Nationalbibliothek
Die Deutsche Nationalbibliothek verzeichnet diese Publikation in der
Deutschen Nationalbibliografie; detaillierte bibliografische Daten sind im
Internet über http://dnb.d-nb.de abrufbar.

Bibliographic information published by the Deutsche Nationalbibliothek
Die Deutsche Nationalbibliothek lists this publication in the Deutsche Nationalbibliografie;
detailed bibliographic data are available in the Internet at http://dnb.d-nb.de.

Umschlagsbild: Kirche in Gremi. Fotografiert von © Giorgi Bagrationi, 2004

∞

Gedruckt auf alterungsbeständigem, säurefreien Papier
Printed on acid-free paper

ISSN: 1614-3515

ISBN-10: 3-89821-884-8
ISBN-13: 978-3-89821-884-9

© ibidem-Verlag
Stuttgart 2010

Alle Rechte vorbehalten

Das Werk einschließlich aller seiner Teile ist urheberrechtlich geschützt. Jede Verwertung
außerhalb der engen Grenzen des Urheberrechtsgesetzes ist ohne Zustimmung des Verlages
unzulässig und strafbar. Dies gilt insbesondere für Vervielfältigungen,
Übersetzungen, Mikroverfilmungen und elektronische Speicherformen sowie die
Einspeicherung und Verarbeitung in elektronischen Systemen.

All rights reserved. No part of this publication may be reproduced, stored in or introduced into a retrieval
system, or transmitted, in any form, or by any means (electronic, mechanical, photocopying, recording or
otherwise) without the prior written permission of the publisher. Any person who does any unauthorized act
in relation to this publication may be liable to criminal prosecution and civil claims for damages.

Printed in Germany

Inhaltsverzeichnis

Abbildungsverzeichnis   ix

Vorwort von Christina von Braun   xi

Einleitung   1

1 Wie eine Nation entsteht: Theorie und Praxis   5
    1.1 Theoretisches zur Nationenbildung 5
        1.1.1 Was ist eine Nation? 6
               Nation und Geschichte 9
        1.1.2 Ist die Nation ein Produkt der Moderne? 10
        1.1.3 Nation und Sprache 14
               Ritus, Sprache, Schrift und Körperlichkeit 18
               Mythos, Sprache und Vergangenheit 22
        1.1.4 Nation und Religion 24
               Wie Religion und Nation Gemeinschaften konstituieren 28
               Religion, Nation und Moderne 32
               Religion und Nationalismus 33
    1.2 Nation und orthodoxes Christentum 35
               Die Glaubenspraxis der orthodoxen Kirchen 39
               Orthodoxie und Nation aus Sicht der orthodoxen Kirchen 43

1.3 Nationenbildung in der Praxis: Religion, *Korenisazia* und Nation in der Sowjetunion 47
    1.3.1 Religion in der Sowjetunion 47
    1.3.2 Die sowjetische Nationalitätenpolitik der *Korenisazia* .. 50
    1.3.3 Nationenbildung nach dem Zusammenbruch der Sowjetunion 56
1.4 Religiös-nationale Gemeinschaften: ein „unmodernes" Konzept von Nation 60

2 Geschichte und Kirchengeschichte Georgiens   65
2.1 Die Anfänge (ca. 600 v. Chr. bis ca. 1100 n. Chr.) 66
    Georgische Schrift 73
2.2 Die Blütezeit (ca. 1000 bis 1300) 78
2.3 Der Niedergang (ca. 1300 bis 1800) 84
2.4 Georgien unter dem Zaren (1801-1921) 87
    Die Georgisch Orthodoxe Kirche unter dem Zaren ... 92
    Die Situation in Adscharien 95
    Die georgische Sprache unter dem Zaren 96
2.5 Die Unionsrepublik Georgien (1921-1991) 98
    Georgien nach Stalin 101
    Die 1980er Jahre 104
    Die autonomen Territorien innerhalb Georgiens 107
    Die Georgisch Orthodoxe Kirche in der Unionsrepublik Georgien 109

3 Eine Nation wird erzählt: christliche Mythen und die Losung von *Vaterland, Sprache und Glaube*   117
3.1 Christliche Mythen 117
    Die Entstehung Georgiens in den Legenden 118
    Die Christianisierung Georgiens 120
    Die Martyrien 125
3.2 Ilia Tschawtschawadse 129
    Tschawtschawadse als Vertreter der Orthodoxie oder der Säkularisierung? 133
    Tschawtschawadse als Nationalheld 136

3.3 Geschichtsschreibung 138
        Die Geschichtsschreibung im Mittelalter 138
        Die Geschichtsschreibung in der Sowjetunion und Neuzeit 141

4 Nationalkirche und Politik: die Symphonia wird Realität   145
4.1 Swiad Gamsachurdia 145
        Die Politik Gamsachurdias 148
4.2 Der Bürgerkrieg von 1991-1993 und die Präsidentschaft Schewardnadses 154
4.3 Die Rosenrevolution und Georgien unter Saakaschwili 159
4.4 Ilia II. 164
        Die georgische Kirche unter Ilia II. ab 1990 166

5 Religion und Nation: Georgien und darüber hinaus   177

Abbildungen   185

Autorenindex   206

Literaturverzeichnis   212

Abbildungsverzeichnis

1	Statue: Mother of Georgia	186
2	Inschrift aus der Sioni Kirche von Bolnissi	187
3	Karte: Georgien bis zum 4. Jahrhundert	188
4	Das georgische Alphabet	189
5	König David	190
6	Heiliger Georg	191
7	Alawerdi	192
8	Georgische Demonstranten 1989 in Tbilisi	193
9	Königin Tamar	194
10	Karte: Historische Grenzverläufe Georgiens	195
11	Stalin's-Geburtshütte in Gori	196
12	Die Klosteranlagen von David Garetscha	197
13	Die heilige Nino	198
14	Statue: St. Nino	199
15	Baum der Wünsche	200
16	Die Märtyrerin Schuschanik	201
17	Königin Ketewan	202
18	Statue: Mourning Georgia	203

Vorwort von Christina von Braun

Eva Fuchslocher beschäftigt sich am Beispiel Georgiens beispielhaft mit der Rolle von Religion für die Nationenbildung. Nach dem Fall des Eisernen Vorhangs und dem Zerfall der Sowjetunion ließe sich diese Frage an vielen Beispielen behandeln, aber das Beispiel Georgiens mit seinen Besonderheiten der christlichen Orthodoxie bietet einen geeigneten Zugang zur grundsätzlichen Untersuchung der Wechselbeziehung von Religion/ Kirche und nationaler Selbstfindung. Der Zeitraum, den die Autorin umspannt, ist gewaltig: von etwa 600 v. Chr. bis in die heutige Gegenwart. Dennoch ist es ihr gelungen, einen systematischen Überblick zu geben und sich gleichzeitig auf ihre Forschungsfrage zu konzentrieren.

Das Buch umfasst vier Kapitel. Das erste Kapitel, „Wie eine Nation entsteht", referiert die Literatur zur Nationenbildung (Anderson, Hobsbawm, Gellner) im Hinblick auf den Zusammenhang von Nation und Sprache, Religion und Moderne. Dabei rückt Fuchslocher die Besonderheiten der christlichen Orthodoxie wie auch die Nationalitätenpolitik in der ehemaligen Sowjetunion ins Zentrum der Betrachtung. Die Nation, so schreibt sie, in Anlehnung an Benedict Andersons 'Vorgestellte Gemeinschaften', ist immer eine imaginierte Gemeinschaft; und sie stützt sich auf die Theorien von Hastings, wenn sie auf die Bedeutung einer gemeinsamen Sprache und Schrift im Zusammenwirken mit Religion verweist. Im zweiten Kapitel, „Geschichte und Kirchengeschichte Georgiens", zeichnet sie die die Stellung der Georgisch Orthodoxen Kirche in der georgischen Nation bis zur Gegenwart nach. Das geschieht in großen Zügen chronologisch von den Anfängen (600 v. Chr.) über das Mittelalter, die Zarenzeit und die Unionsrepublik Georgien im Zeitalter der Sowjetunion.

Dabei betont sie die große Rolle, die Besatzungen und Fremdherrschaften in der Geschichte Georgiens gespielt haben, die nur gelegentliche kurze Phasen der Unabhängigkeit gekannt hat. Trotz Phasen der Repression blieb die Kirche, wie die Autorin herausstellt, aufrechterhalten, und sie konnte so die Idee einer souveränen Nation perpetuieren. Nation und Kirche, so ihr Fazit, bilden „durch den Lauf der Geschichte eine Einheit". Im dritten Kapitel, „Eine Nation wird erzählt", konzentriert sich die Autorin auf den Zusammenhang von Sprache, Religion und georgischer Nation anhand der christlichen Literatur, der Mythen zur Entstehung des Landes und zur Christianisierung sowie der Legenden um die Märtyrer. Am Beispiel der Legende der heiligen Nino zeigt sie, wie sich diese als Zeichen der Abgrenzung Georgiens gegen Armenien entwickelte und wie im 11. Jahrhundert ein „Ursprung" der Geschichte erfunden wurde, um die georgische Nation zu konstituieren. Im vierten und letzten Kapitel, „Nationalkirche und Politik", geht es um die jüngste Geschichte Georgiens, den Bürgerkrieg, die Ära Schewardnadses und die Präsidentschaft Saakaschwilis. In einem Schlusskapitel führt die Autorin die breit angelegten Fäden in gelungener Weise wieder zusammen.

Die Autorin kommt zum Ergebnis, dass sich auf Georgien schon sehr früh, ab dem 4. Jahrhundert, der Begriff der 'Nation' anwenden lässt und dass die Herausbildung der georgischen Nation „als imaginierte Gemeinschaft" maßgeblich mit der Georgisch Orthodoxen Kirche zusammenhing. Diese Schlussfolgerung widerspricht den Theorien von Anderson, Hobsbawn oder Gellner, die die Nation an die Moderne und den Kapitalismus knüpfen. Das Beispiel Georgiens, so die Autorin, zeige vielmehr, dass es notwendig sei, die Verbindung von Religion und Nation genauer zu untersuchen, und sie spiele auch in der Gegenwart eine wichtige Rolle. Diesen Gedanken macht Eva Fuchsloher im Laufe des Buches sehr plausibel - und deshalb ist dieses Buch lesenswert: Es führt zu einer neuen Reflektion über die Frage von Religion und Staat/Nation, und es zwingt den Leser sich mit der Frage auseinanderzusetzen, ob nicht gerade zu Beginn des 21. Jahrhunderts alte, historisch weit zurückreichende Konstellationen wieder aufkommen, die auf die bedeutende Rolle der Religion für die Konstitution von politischen Gemeinschaften verweisen.

Christina von Braun
Humboldt-Universität zu Berlin

Einleitung

Westeuropäische Theoretiker zur Nationenbildung[1] betrachten die Nation als ein Produkt der Moderne, die religiöse und kirchliche Einflüsse auf die Machtverhältnisse eines Landes abgelöst oder zumindest stark abgeschwächt hat. Diese Grundannahme führte dazu, dass der Einfluss von Religion und Kirche auf die Entstehung von Nationen eher vernachlässigt wurde. Erst der Krieg entlang religiöser Grenzen im ehemaligen Jugoslawien, der Zusammenbruch der Sowjetunion und die Angst der westlichen Welt vor islamistischen Staaten haben dazu geführt, dass seit etwa 1990 vermehrt auch nach dem Einfluss von Religion auf Nationen gefragt und darüber geforscht wird.[2]

---

[1] ANDERSON, BENEDICT (1996) *Die Erfindung der Nation. Zur Karriere eines erfolgreichen Konzepts. Mit einem Nachwort von Thomas Mergel.* Frankfurt am Main: Campus; HOBSBAWM, ERIC J. (1990) *Nationen und Nationalismus. Mythos und Realität seit 1780.* Frankfurt am Main: Campus; GELLNER, ERNEST (1991) *Nationalismus und Moderne.* Berlin: Rotbuch Verlag.

[2] Siehe hierzu z.b. AGADJANIAN, ALEXANDER (2001) Revising Pandora's Gifts: Religious and National Identity in the Post-Soviet Societal Fabric. In: *Europe-Asia Studies*, Bd. 53: 3, ARMSTRONG, JOHN (1997) Religious Nationalism and Collective Violence. In: *Nations and Nationalism*, Bd. 3: 4, BRUCE, STEVE (1999) Modernisation, Religion Diversity and Rational Choice in Eastern Europe. In: *Religion, State and Society*, Bd. 27: 3/4, HANF, THEODOR (1994) The Sacred Marker: Religion, Communalism and Nationalism. In: *Social Compass*, Bd. 41: 1, MERDJANOVA, INA (2000) In Search of Identity: Nationalism and Religion in Eastern Europe. In: *Religion, State & Society*, Bd. 28: 3, RIEFFER, BARBARA-ANN J. (2003) Religion and Nationalism. Understanding the Consequences of a Complex Relationship. In: *Ethnicities*, Bd. 3: 2, SCHILLING, HEINZ (1991) Nationale Identität und Konfession in der europäischen Neuzeit. In: GIESEN, BERNHARD (Hrsg.) *Nationale und kulturelle Identität. Studien zur Entwicklung des kollektiven Bewusstseins in der Neuzeit.* Frankfurt am Main: Suhrkamp, SMITH, ANTHONY D. (2000) The 'Sacred' Dimension of Nationalism. In: *Millenium: Journal of International Studies*, Bd. 29: 3, SPOHN, WILLFRIED (2003) Multiple Modernity, Nationalism and Religion: A Global

Dieses Buch[3] geht der Frage nach, inwieweit die gängige Theorie zur Nationenbildung auf ein osteuropäisches Land anwendbar ist, in dem das religiöse Leben durch das orthodoxe Christentum dominiert wird. Es soll – exemplarisch am Beispiel Georgiens und der Georgisch Orthodoxen Kirche – untersucht werden, ob die Besonderheiten der Orthodoxie eine andere Sicht auf den Zusammenhang von Religion und Nation erforderlich machen, als jene, die für die Herausbildung der westeuropäischen Nationen sinnvoll scheint.[4]

Georgien wurde schon im 4. Jahrhundert christianisiert, und seitdem hat die Georgisch Orthodoxe Kirche immer wieder Einfluss auf die georgische Nation[5] ausgeübt. Mit der Christianisierung bildete sich die georgische Alphabetschrift heraus. Die Kirchensprache war von Anfang an Georgisch. Schon früh entstand so die Troika von „Vaterland, Sprache und Glaube". Dieses Zitat stammt von Ilia Tschawtschawadse, ein georgischer Fürst, auf den in diesem Buch noch genauer eingegangen werden wird. Eine eigenständige, selbstbestimmte Nation war Georgien aber nur vom 11. bis zum 13. Jahrhundert und erneut wieder seit 1991. Georgien wurde von einer Geschichte der Fremdherrschaft geprägt, in der die orthodoxe Kirche zur Bewahrerin der Sprache und der nationalen Identität wurde. Religiösität ermöglichte die Abgrenzung zu den jeweiligen Besatzern. Seit der Unabhängigkeit erfährt die Georgisch Orthodoxe Kirche einen enormen Zulauf und nimmt Einfluss auf den georgischen Staat und seine Repräsentantinnen und Repräsentanten.

Die Frage nach dem Einfluss autokephaler,[6] orthodoxer Kirchen auf die jeweilige Nation ist bis heute nur wenig beachtet worden. Ließe sich am Beispiel Georgiens aufzeigen, dass ein direkter Zusammenhang zwischen Orthodoxie und Nation bestünde, könnte dies unter Umständen auch Rückschlüsse auf

---

Perspective. In: *Current Sociology*, Bd. 51: 3/4 und VEER, PETER VAN DER (1994) *Religious Nationalism*. Berkeley: University of California Press.

[3] Grundlage dieses Buches ist meine Magisterarbeit, die für diese Veröffentlichung überarbeitet und gekürzt wurde. Da diese Arbeit aus dem Jahr 2006 stammt, kann auf die aktuellen Entwicklungen, wie z.B. der Krieg zwischen Georgien und Russland im August 2008 nur am Rande eingegangen werden.

[4] Inwieweit Theoretiker wie Benedict Andersen, Eric Hobsbwam oder Ernest Gellner auch in Bezug auf den Einfluss der Religion auf die westeuropäischen Nationen korrigiert werden müssten, wäre ein eigenes Thema.

[5] Im Gegensatz zu den Theoretikern, die die Nation als ein Produkt der Moderne ansehen, gehe ich davon aus, dass Nationen schon viel früher existent waren. Ausführlich wird diese Frage in Abschnitt 1.1.2 (Ist die Nation ein Produkt der Moderne?) diskutiert.

[6] Autokephale Kirchen verfügen über ein eigenständiges Kirchenoberhaupt und existieren meist nur innerhalb eines Landes. Auf die Autokephalie wird in Abschnitt 1.2 (Nation und orthodoxes Christentum) näher eingegangen.

EINLEITUNG 3

andere Länder und dortige Konflikte ermöglichen. Georgien ist wegen seiner frühen Christianisierung und der zerrissenen Geschichte ein geeignetes Beispiel – hier ist es der orthodoxen Kirche über die Jahrhunderte gelungen, eine in der Realität nicht existierende georgische Nation zu imaginieren. Grundlage dieser Arbeit wird die folgende Hypothese sein: Die Georgisch Orthodoxe Kirche als Nationalkirche hat maßgeblichen Einfluss auf die Herausbildung der georgischen Nation als „imaginierte Gemeinschaft" und die damit zusammenhängende georgische Identität.

Im ersten Kapitel erfolgt ein Überblick zu Theorien der Nationenbildung (von Anderson bis zu Autorinnen und Autoren, deren Veröffentlichungen jüngeren Datums sind). Gefragt wird nach dem Zusammenhang von Nation und Sprache, Religion und Moderne. Die Besonderheiten der christlichen Orthodoxie werden ebenso beschrieben wie die Nationalitätenpolitik der Sowjetunion. Das zweite Kapitel bietet einen Überblick zur Geschichte und Kirchengeschichte Georgiens. Es erfolgt ein Abriss der Historie mit einem Blick auf die Stellung der Georgisch Orthodoxen Kirche innerhalb der georgischen Nation bis zur Gegenwart. Im dritten Kapitel werden Mythen rund um die Christianisierung und um islamische Überläufer, die Heiligsprechung des Fürsten Ilia Tschawtschawadse[7] und die georgische Geschichtsschreibung vom Mittelalter bis zur Gegenwart als Beispiele für die Verknüpfung von Nation und Nationalkirche in Georgien ausgeführt. Im vierten Kapitel wird in die jüngste Geschichte Georgiens geschaut: Es werden die Pläne von Swiad Gamsachurdia, dem ersten demokratisch gewählten Präsidenten Georgiens, der einen christlichen Staat errichten wollte, ebenso betrachtet wie die Ideen von Ilia II., der seit 1977 Patriarch der Georgisch Orthodoxen Kirche ist und der in seinen Predigten Religion und Nation immer wieder zusammenführt. Gleichzeitig wird auch auf den Bürgerkrieg, die Ära Eduard Schewardnadse, die „Rosenrevolution" und die Präsidentschaft unter Michael Saakaschwili eingegangen. Das letzte Kapitel wird die Arbeit zusammenfassen und abschließend diskutieren.

Vorweg noch einige Bemerkungen zur Quellenlage: Ich habe mich bemüht,

---

[7] Es gibt für die georgische Schrift mehrere Transkriptionsmöglichkeiten – deswegen werden in dieser Arbeit Namen und Orte zum Teil in unterschiedlicher Schreibweise geschrieben. Ich richte mich dabei nach der Schreibweise anderer deutschsprachiger Autoren, die sich allerdings auch nicht unbedingt an das gültige Transkriptionssystem halten. In Zitaten kann es zu anderen Schreibweisen kommen, vor allem von englischsprachigen Autoren. So kann aus Ilia Tschawtschawadse Ilia Cavcavadze und aus Swiad Gamsachurdia Sviad Gamsaxurdia werden.

für die georgischen Beispiele möglichst viele Quellen heranzuziehen – von wissenschaftlichen Artikeln und Büchern, über Zeitungsartikel bis hin zu Radiofeatures und Internetveröffentlichungen. Da ich georgische Texte nicht im Original lesen kann, musste ich mich auf die deutsch- und englischsprachige Literatur beschränken. Vieles lässt sich gut belegen und dokumentieren, bei manchen Geschehnissen – seien das nun aktuelle oder historische – ist das schwieriger. Auf diesen Umstand werde ich an den entsprechenden Stellen verweisen. Die Literatur, die sich direkt mit der orthodoxen Glaubenspraxis beschäftigt, ist in der Regel vom orthodoxen Klerus und ihm nahestehenden Autorinnen und Autoren verfasst. In den wenigsten Fällen handelt es sich um religionswissenschaftliche Ausführungen. Wissenschaftlichen Ansprüchen genügen diese Texte nicht, dennoch sind sie als innerkirchliche Zeugnisse äußerst aufschlussreich und bilden eine gute Grundlage, um die Besonderheiten der Orthodoxie aufzuzeigen. Die theoretische Literatur zur Nationenbildung ist umfangreich. Die Diskussion der unterschiedlichen Autorinnen und Autoren im ersten Kapitel wurde gekürzt. Auf manche „Klassiker" der Nationentheorie, wie Benedict Andersons Thesen, bin ich jedoch recht genau eingegangen, da ohne ein Grundverständnis der Nationentheorie die späteren Ausführungen zu Georgien nur oberflächlich blieben.

Kapitel 1

Wie eine Nation entsteht: Theorie und Praxis

Das folgende Kapitel wird sich in mehreren Abschnitten mit der Frage der Nationenbildung beschäftigen. Zunächst wird dargestellt, was eine Nation ist, seit wann von Nationen gesprochen werden kann und inwiefern Sprache und Religion Einfluss auf den Prozess der Nationenbildung nehmen. Abschnitt 1.2 zeigt die Besonderheiten der Orthodoxie und die Zusammenhänge zwischen Orthodoxie und Nationenbildung auf. Da die Sowjetunion manche Nationen erst entstehen und andere festigen ließ und diese Nationalitätenpolitik auch für die Entwicklung in Georgien wichtig war, beschäftigt sich ein eigener Abschnitt mit den verschiedenen Phasen der sowjetischen Nationalitätenpolitik und dem Umgang der Sowjetunion mit Religion und Kirche. Im Anschluss daran wird beschrieben, inwiefern diese Politik die Entwicklung nach dem Zusammenbruch der Sowjetunion mitprägte und wie die Nationenbildung nach 1989 aussah und aussieht. Am Ende dieses Kapitels steht eine Definition von Nation, die in den folgenden Kapiteln auf das Beispiel Georgien angewendet wird.

1.1 Theoretisches zur Nationenbildung

Die Literatur zur Nationentheorie ist umfangreich. Einzelne Texten unterscheiden sich zum Teil nur in Nuancen. Ich habe mich entschieden, meiner Analyse vor allem vier Autoren zu Grunde zu legen: Benedict Anderson,[8] Eric Hobsbawm,[9] Ernest Gellner[10] und Adrian Hastings.[11] Die ersten drei Autoren gelten als führende Theoretiker zur Nationenbildung. Alle drei haben wichtige

---
[8] ANDERSON, BENEDICT (1996) *Die Erfindung der Nation. Zur Karriere eines erfolgreichen Konzepts. Mit einem Nachwort von Thomas Mergel*. Frankfurt am Main: Campus.
[9] HOBSBAWM, ERIC J. (1990) *Nationen und Nationalismus. Mythos und Realität seit 1780*. Frankfurt am Main: Campus.
[10] GELLNER, ERNEST (1991) *Nationalismus und Moderne*. Berlin: Rotbuch Verlag.
[11] HASTINGS, ADRIAN (1997) *The Construction of Nationhood: Ethnicity, Religion and Nationalism*. Cambridge MA: Cambridge University Press.

Grundlagen für eine Beschäftigung mit diesem Thema geschaffen. Bei Anderson ist dies die Idee der imaginären Gemeinschaft, bei Hobsbawm der Gedanke der Modernität und bei Gellner die Vorstellung, dass nur in einer Hochkultur mit Schulbildung und einer allen zugänglichen Schrift eine Nation entstehen kann. Allen drei gemeinsam ist die Idee, dass die Nation etwas Gemachtes, von Menschen Erdachtes ist. Somit grenzen sie die Nation von anderen, „naturwüchsigen" Formen der Gemeinschaftsbildung, wie z.b. Verwandschaftsbeziehungen, ab. In unterschiedlich starker Form gehen alle drei davon aus, dass die Nation erst in der Moderne entstehen konnte und kann. Den Einfluss der Religion auf die Nation sehen sie – wenn überhaupt – als äußerst gering an. Bei Anderson ist die Nation das moderne Moment der Gemeinschaftsbildung, die Religion[12] das der Vergangenheit. Adrian Hastings[13] sieht im Gegensatz zu Anderson, Hobsbawm und Gellner die Nation keineswegs ausschließlich als ein Phänomen der Moderne. Religion ist für ihn – neben anderen – ein äußerst einflussreiches Merkmal bei der Nationenbildung. Dieser Blick auf die Rolle der (christlichen) Religion und der Bibel machen Hastings Thesen für mein Thema interessant.

1.1.1 Was ist eine Nation?

Für Benedict Anderson ist die Nation „(...) eine vorgestellte politische *Gemeinschaft* – vorgestellt als begrenzt und souverän. Vorgestellt ist sie deswegen, weil die Mitglieder selbst der kleinsten Nation die meisten anderen niemals kennen, ihnen begegnen oder auch nur von ihnen hören werden, aber im Kopf eines jeden die Vorstellung ihrer Gemeinschaft existiert."[14] Eine Nation kann nur als begrenzt vorgestellt werden, da sie nur innerhalb bestimmter Grenzen existiert, die andere Nationen ausschliesst. Gäbe es nur eine einzige Nation, wäre der Begriff obsolet. Insofern produziert die imaginierte Nation In- und Exklusion und definiert sich durch die Abgrenzung anderen Nationen gegenüber. Die Nation wird als souverän gedacht und strebt nach der Freiheit eines nationalen Staates.[15] Neben der Imagination der Souveränität und Begrenzung „(...) wird die Nation als Gemeinschaft vorgestellt, weil sie, unabhängig von realer Un-

---

[12] So geht Anderson zwar auf Martin Luther, seine Bibelübersetzung und die Reformation ein, stellt aber nicht dar, dass auch hier nationenbildende Kräfte am Werk sind. Für Anderson sind Kapitalismus und Massenbuchdruck für die Herausbildung der Nation wichtiger als die Religion.
[13] Adrian Hastings (1929-2001) war Professor für Theology and Religious Studies in Leeds
[14] ANDERSON (1996) (siehe Fußnote 8), S. 15.
[15] Vgl. Ders. (1996) (siehe Fußnote 8), S. 16-17.

gleichheit und Ausbeutung, als ‚kameradschaftlicher' Verbund von Gleichen verstanden wird."[16] Da die Nation imaginiert wird, ist sie kein feststehendes Konstrukt und kann immer wieder neu erfunden und erdacht werden.

Eric Hobsbawm schreibt weniger eine Theorie als eine Geschichte der Nationen und des Nationalismus in Europa ab 1780. Von Nationen kann man nach Hobsbawm erst nach der Französischen Revolution sprechen. Im Gegensatz zu Anderson und Gellner ist sein Ansatz eher deskriptiv als analytisch. Er bemüht sich, eine Geschichte „von unten" zu schreiben. Hobsbawm fragt, ab wann man davon ausgehen kann, dass die Nation von allen Bürgern wahrgenommen wurde, z.b. durch die Präsenz von Staatsbeamten in der Provinz. Auch hier ist eine Nation keine feststehende und unveränderliche Einheit. Hobsbawm versteht unter einer Nation eine ausreichend große Gemeinschaft von Menschen, deren Mitglieder sich als Angehörige dieser Nation betrachten.[17] Wie bei Anderson strebt die Nation nach einem Staat, nach einer politischen Organisation, die auf ein bestimmtes Territorium bezogen ist: „Sie ist eine gesellschaftliche Einheit nur insofern, als sie sich auf eine bestimmte Form des modernen Territorialstaates bezieht, auf den ‚Nationalstaat' (...)."[18] Da die Nation erst ab einer bestimmten Größe entsteht, strebt sie nach Hobsbawm stets nach Expansion, wobei unklar bleibt, welche die optimale Größe einer Nation sein könnte. So entstehen Nationen, die in Hinblick auf die Bevölkerung, die Sprache, die Kultur oder auch eine gemeinsame Geschichte heterogen sind. Deshalb sind für Hobsbawm Sprache und/oder ethnische Zugehörigkeit in der Phase der nationalen Expansion keine ausreichenden Kriterien für eine Nation.[19] In einer späteren Entwicklungsphase ist das Moment der Größe für die Nation hingegen unwichtig geworden: „Von nun an beanspruchte jede Gemeinschaft von Menschen, die sich als ‚Nation' betrachteten, das Recht auf Selbstbestimmung, das letzten Endes das Recht auf einen eigenen, souveränen und unabhängigen Staat auf ihrem Territorium bedeutete."[20] Durch diese Entwicklung konnten nun auch die Sprache oder die ethnische Zugehörigkeit zu den entscheidenden Kriterien für eine Nation werden.[21]

---

[16] ANDERSON (1996) (siehe Fußnote 8), S. 17.
[17] Vgl. HOBSBAWM (1990) (siehe Fußnote 9), S. 19-20.
[18] Ders. (1990) (siehe Fußnote 9), S. 20-21.
[19] Vgl. Ders. (1990) (siehe Fußnote 9), S. 15-16.
[20] Ders. (1990) (siehe Fußnote 9), S. 122.
[21] Diese Vorstellung fand und findet ihren traurigen Höhepunkt in den Versuchen homogene Territorien herzustellen: „Die logische Konsequenz aus dem Versuch, einen Kontinent

Ebenso wie bei Anderson und Hobsbawm strebt auch bei Ernest Gellner die Nation nach einer eigenständigen politischen Einheit.[22] Eine Nation entsteht dadurch, dass Menschen dieselbe Kultur und gemeinsame Verhaltens- und Kommunikationsweisen teilen und sich als Angehörige derselben Nation anerkennen: „Mit anderen Worten: Der Mensch macht die Nation; Nationen sind die Artefakte menschlicher Überzeugungen, Loyalitäten und Solidaritätsbeziehungen."[23]

Nach Adrian Hastings verfügt eine Nation über eine eigene Sprache und Literatur, eine politische Identität und besitzt die Kontrolle über ein bestimmtes Territorium. „A nation is a far more self-conscious community than an ethnicity.[24] Formed from one or more ethnicities, and normally identified by a literature of its own, it possesses or claims the right to political identity and autonomy as a people, together with the control of specific territory, comparable to that of biblical Israel and of other independent entities in a world thought of as one of nation-states."[25] Auch in dieser Definition steht die Idee eines unabhängigen Staates an prominenter Stelle, zusammen mit einem eigenen, begrenzten Territorium. Eine Nation geht aus Ethnien hervor – auch hier wird die Nation von Menschen gebildet und imaginiert.[26]

Alle vier genannten Definitionen von Nation haben gemeinsam, dass die Nation von Menschen „gemacht" wird, eine freiwillige und keine „urwüchsige" Einheit darstellt. Eine Nation entsteht nicht zwangsläufig.

---

säuberlich in zusammenhängende Territorialstaaten aufzuteilen, die jeweils von einer ethnisch und sprachlich homogenen Bevölkerung bewohnt wurden, war die massenhafte Vertreibung oder Vernichtung von Minderheiten." HOBSBAWM (1990) (siehe Fußnote 9), S. 157.

[22] Vgl. GELLNER (1991) (siehe Fußnote 10), S. 8.
[23] Ders. (1991) (siehe Fußnote 10), S. 16.
[24] Hastings versteht unter einer Ethnie eine Gruppe von Menschen, die eine gemeinsame Kultur und Sprache teilt, das Unterscheidungskriterium vor-nationaler Gemeinschaften darstellt und auch innerhalb von Nationen bestehen bleiben kann. Jedoch bleibt der Begriff vage. Vgl. hierzu HASTINGS (1997) (siehe Fußnote 11), S. 3.
[25] Ders. (1997) (siehe Fußnote 11), S. 3
[26] Bei dieser Imagination spielen Rituale im Sinne der Performanztheorie eine immense Rolle. Rituale wirken direkt auf die Körper ein und schaffen so eine neue – körperlich erfahrbare – Realität. Vgl. hierzu S. 18 in diesem Buch. Diese Realität auf der Ebene der Körper macht die Performanztheorie für die Nationentheorie so interessant: Nationen werden meist auch als Gemeinschaftskörper imaginiert.

Nation und Geschichte

Die Herausbildung einer Nation kann durch die Geschichte und die damit zusammenhängende Mythenbildung eines Landes beeinflusst werden. Das besondere am Mythos, der Götter- oder Ursprungsgeschichte, ist die Überbrückung des Bruchs zwischen dem Ursprung und allem dem Ursprung Nachfolgenden durch die Genealogie: „Die Funktion der Genealogie im Mythos ist es, die Macht der heiligen Ursprünge zu übertragen auf das von ihnen Abstammende, aus ihnen Abgeleitete."[27] Auf einen (heiligen oder auch reinen) Ursprung greifen nicht nur Religionen zurück. Die Vorstellung einer mythischen Vergangenheit ist auch in der Nationenbildung, dem Nationalismus[28], wie in jeglicher Gemeinschaftsbildung, wirkungsmächtig: „Der Erzählende ebenso wie die Hörenden partizipieren an Ur-Gestalten, Ur-Lokalitäten und Ur-Geschehnissen. Die Mächte des Mythos sind (...) Ursprungsmächte."[29] Die Funktion der Genealogie ist also eine doppelseitige: zum einen überbrückt sie den Bruch zwischen Ursprung und Gegenwart, zum anderen produziert sie in der Gegenwart eine „ursprungsmythische Geisteslage", eine rückwärtsgewandte Wahrnehmung und Geisteshaltung.[30]

Wenn die Geschichte eines Landes die Nation mitkonstruiert, werden dabei oft eher Mythen als historisch nachweisbare Fakten herangezogen – Geschichte wird „gemacht",[31] ein Ursprung konzipiert. Für Assmann wird Geschichte durch Erinnerung insgesamt zum Mythos und damit erst zur Wirklichkeit.[32] Die Narration der Historie ist wichtig für die Identität einer Gemeinschaft: „In der Erinnerung an ihre Geschichte und in der Vergegenwärtigung der fundierenden Erinnerungsfiguren vergewissert sich eine Gruppe ihrer Identität."[33]

---

[27] HEINRICH, KLAUS (1982) *Parmenides und Jona. Vier Studien über das Verhältnis von Philosophie und Mythologie.* Frankfurt am Main: Stroemfeld, S. 12.
[28] Jede Nation trägt potentiell die Möglichkeit des Nationalismus in sich. Nationalismus verstehe ich als übersteigerten Nationalstolz, die Höherstellung der eigenen Nation im Vergleich zu anderen. Angehörige anderer Nationen werden als minderwertig betrachtet – deswegen gehen Nationalismus und Rassismus oft eine Allianz ein. Die Übersteigerung der eigenen Nation kann Teil von Nationalbewegungen sein aber auch von nationalen Führern instrumentalisiert werden.
[29] Ders. (1982) (siehe Fußnote 27), S. 12
[30] Vgl. hierzu Ders. (1982) (siehe Fußnote 27), S. 26.
[31] Höre hierzu auch „Ein Jahr (Es geht voran)", ein Lied der Gruppe Fehlfarben von ihrem Album „Monarchie und Alltag" aus dem Jahr 1980
[32] ASSMANN, JAN (2000) *Das kulturelle Gedächtnis. Schrift, Erinnerung und politische Identität in frühen Hochkulturen.* München: Beck, S. 52.
[33] Ders. (2000) (siehe Fußnote 32), S. 53.

Durch den Rückgriff auf den Ursprung, eine gemeinsame – durch Verwandtschaftsbeziehungen – hergestellte Vergangenheit entsteht Gemeinschaft und eine gemeinsame Identität. Dies kann auch eine nationale Identität und Gemeinschaft sein: „In its pristine meaning, a nation is a group of people whose members believe they are ancestrally related. It is the largest group to share such a myth of common descent; it is (...) the fully extended family. In some cases, the myth of common descent has been given specific content through putative ties to a legendary figure (Noah has been particularly popular) or to an earlier people (Trojans, Phoenicians, and one of the ten lost tribes of Israel have all been broadly claimed as progenitors)."[34] Eine Nation formiert sich in erster Linie durch eine Wir-Sie-Abgrenzung. Rückgriffe auf die Genealogie legen auch fest, wer nicht dazu gehört: „Nations are constructed, created by people, by the efforts of intellectuals and by the political will of the state. ‚Nation' is an in-group definition (...)."[35] So wird eine artifizielle Vergangenheit, der Mythos, zum Ursprung einer artifiziellen Gegenwart und Zukunft, der Nation: „(...) the nation itself, the object of every nationalism's endeavours, is artificial, a concept, a model of social and cultural organisation which is the product of the labours of self-styled nationalists bent on attaining power and reaping the rewards of political struggle. The nation is an invented category; it has roots in neither natur nor history."[36] Der Rückgriff auf einen wandelbaren, mythischen Ursprung ist so erfolgreich, weil die Nation immer wieder neu imaginiert und flexibel an die gesellschaftliche Realität angepasst wird.[37]

1.1.2 Ist die Nation ein Produkt der Moderne?

Ob die Nation ein neues oder altes Phänomen ist, ist eine wiederkehrende Frage in der Literatur. Oft wird der Begriff der Moderne nicht näher definiert,

---

[34] CONNOR, WALKER (1992) The Nation and its Myth. In: SMITH, ANTHONY D. (Hrsg.) Ethnicity and Nationalism. Leiden: E. J. Brill, S. 48.
[35] TISHKOV, VALERY (1997) *Ethnicity, Nationalism and Conflict In and After the Soviet Union. The Mind Aflame.* London: Sage Publications, S. 21.
[36] SMITH, ANTHONY D. (1992) Nationalism and the Historians. In: Derselbe (Hrsg.) Ethnicity and Nationalism. Leiden: E. J. Brill, S. 59.
[37] Siehe hierzu auch „National feelings are based on the idea of a certain linguistic, religious, and psychological community based on the ancient kinship of the members of a given ethnic group. Moreover, the subjective perception of this community turns out to be even more important than objective historic facts." STAROVOITOVA, GALINA (1997) *National Self-Determination: Approaches and Case Studies (Occasional Paper 27).* Providence RI: Thomas J. Watson Jr. Institute For International Studies, S. 9.

meint aber in der Regel die Zeit nach der Industrialisierung: Renaissance, Reformation und Aufklärung führten zu Individiualisierung, Säkularisierung und einem neuen Verständnis von Wissenschaft. Die Französische Revolution gab das künftige politische Muster vor, die industrielle Revolution das ökonomische. Diese Entwicklung führte auch zu Urbanisierung und veränderte das Familien- und Arbeitsleben.[38] Für Anderson lässt sich die Nation erst in der Moderne bzw. mit Beginn der Industrialisierung erfinden: „Im positiven Sinn aber wurden diese neuen Gemeinschaften durch eine eher zufällige, doch explosive Interaktion möglich, die sich zwischen einem System von Produktion und Produktionsbeziehungen (dem Kapitalismus), einer Kommunikationstechnologie (dem Buchdruck) und dem unausweichlichen Faktum entwickelt, daß die Menschen verschiedene Sprachen haben."[39] Auch verortet Hobsbawm die Nation in der Neuzeit: „Sie gehört ausschließlich einer bestimmten und historisch jungen Epoche an."[40] Somit ist „Das entscheidende Charakteristikum der modernen Nation und von allem, was mit ihr zusammenhängt, (...) ihre Modernität."[41] Zeichen dieser Modernität sei ein Territorium, in dem weitestgehend dieselben Ordnungen und Gesetze durchgesetzt werden.[42] Nationenbildung wäre also ohne die Entstehung der kapitalistischen Industriegesellschaft nicht möglich gewesen. Den Massenmedien, die nationale Symbole erst zu einem Bestandteil des alltäglichen Lebens machen, kommt eine wichtige Rolle zu.[43] Gellner hingegen sieht die Möglichkeit gegeben, dass schon in der Vormoderne Nationen entstehen konnten: „Es wird nicht geleugnet, daß die agrarische Welt gelegentlich Einheiten hervorbrachte, die einem modernen Nationalstaat ähnelten; nur daß die agrarische Welt dies nur gelegentlich konnte, während die moderne Welt dies in den meisten Fällen tun muß."[44] Diese Charakterisierung der Nation

---

[38] Vgl. hierzu KUMAR, KRISHAN (2006) Modernization. In: Encyclopaedia Britannica. Encyclopaedia Britannica Premium Service URL: http://www.britannica.com/eb/article-12026
[39] ANDERSON (1996) (siehe Fußnote 8), S. 49-50.
[40] HOBSBAWM (1990) (siehe Fußnote 9), S. 20.
[41] Ders. (1990) (siehe Fußnote 9), S. 25.
[42] In solch einer Nation bekommen die Bürgerinnen und Bürger eine wichtige Funktion. Sie müssen durch den Staat erreicht werden und sich selbst als Mitglieder dieser Nation empfinden. Vgl. hierzu Ders. (1990) (siehe Fußnote 9), S. 97-98. Deswegen ist für Hobsbawm eine Nation erst in der Moderne denkbar: ein nationaler Staat muss bis in den kleinsten Winkel seines Territoriums den Nationalgedanken verbreiten können.
[43] Ausführlich geht Hobsbawm auf die Rolle des internationalen Sports sowohl als Ausdruck nationaler Kämpfe als auch als Symbol der jeweiligen Nation ein. Ders. (1990) (siehe Fußnote 9), S. 167-169.
[44] GELLNER (1991) (siehe Fußnote 10), S. 201.

als ein Produkt der Moderne geht mit der später noch genauer dargestellten Dichotomie zwischen Nation und Religion einher. Alle drei Autoren gehen davon aus, dass in der Moderne die Religion als gemeinschaftskonstituierendes Element von der Nation abgelöst wird. So schreiben Peter Van de Veer und Hartmut Lehmann zu Anderson, Hobsbawm und Gellner: „Crucial is the way in which the nation-state is presented as the sign of modernity. The discussion of nationalism concludes, predictably, with its own axiomatic dichotomy between ‚traditional‘ and ‚modern‘. Tradition is what societies have before they are touched by the great transformation of capitalism, and what seems to characterize traditional societies most is that they are under the sway of religion."[45]

Hastings dagegen sieht, entsprechend seiner Definition von Nation und dem Hinweis darauf, dass die Bibel den Prototyp der Nation lieferte (hierzu mehr auf S. 26), die Nation keineswegs als ein neues Phänomen: „Nation-formation and nationalism have in themselves almost nothing to do with modernity. Only when modernisation was itself already in the air did they almost accidentally become part of it, particularly from the eighteenth century when the political and economic success of England made it a model to imitate. But nations could occur in states as unmodern as ancient Ethiopia and Armenia and fail to happen in Renaissance Italy or even Frederick the Great's Prussia."[46] So dreht Hastings die Geschehnisse um: Es gab Nationen schon vor der Moderne und sie wurden nur zufällig Teil der Modernisierung. Diese Thesen Hastings werden hier an späterer Stelle durch die Beispiele aus Georgien belegt. Die Entstehung der Nation verläuft bei ihm unabhängig von der industriekapitalistischen Wirtschaftsform und den entstehenden Massenmedien. Allerdings verleugnet Hastings nicht, dass die Massenmedien, wie z.B. der bei Anderson so zentrale Buchdruck, die Nationenbildung forcieren können.

Andere Autoren gehen diplomatisch vor und legen sich bei der Frage, ob die Nation nur in der Moderne entstehen kann, nicht fest: „Es gibt ‚alte Nationen‘ – auch wenn bei deren Entstehung die Konzepte von Nation und nationalem Bewusstsein noch nicht existierten."[47] Ähnlich Miller, der feststellt, dass bestimmte Elemente der Nation, wie die Unterscheidung zwischen Fremden

---

[45] VEER, PETER VAN DER/LEHMANN, HARTMUT (Hrsg.) (1999) *Nation and Religion: Perspectives on Europe and Asia*. Princeton, NJ: Princeton University Press, S. 6.
[46] HASTINGS (1997) (siehe Fußnote 11), S. 205.
[47] SETON-WATSON, HUGH (1977) *Nations and States. An Inquiry into the Origins of Nations and the Politics of Nationalism*. London: Methuen, S. 11.

WIE EINE NATION ENTSTEHT 13

und Zugehörigen, die Idee eines Heimatlandes und die Frage nach der Loyalität einem Land gegenüber, alt sind: „But what is missing here, and is new and distinctive in modern ideas of nation and nationality, is the idea of a body of people[48] capable of acting collectively and in particular of conferring authority on political institutions."[49]

Der Begriff der Nation, abgeleitet vom lateinischen *natio*, das Geborenwerden, kam um 1400 auf und bezeichnete zunächst alle in einem Land Geborenen.[50] Trotzdem kann man nach dem heutigen Verständnis von Nation – wenn man davon ausgeht, dass eine bestimmte Form von Gemeinschaft auch schon vor der heutigen Namensgebung existiert haben kann -, schon in früheren Zeiten von Nationen sprechen. Nach Hübner existierten Nationen schon in der Antike: „(...) das Nationale [ist] keineswegs erst eine Erfindung des 19. Jahrhunderts, sondern [hat] seit jeher das Substantielle der Staaten gebildet (...)."[51] Im Römischen Reich habe die Nation sowohl als Kulturidee, durch den gemeinsamen Glauben des Christentums, als auch als Idee des Volkes existiert: „Der Bürger des Heiligen Reiches (...) war christlicher Sachse, Franke, Lombarde, Lothringer usf. So wurde sogar juristisch das Reich geradezu durch die Aufzählung der darin lebenden Stämme definiert; die Konzilien wurden in landesmannschaftliche Kurien eingeteilt, die man zusammenfassend als nationaes, nämlich Deutsche, Engländer, Franzosen und Spanier, bezeichnete (...)."[52] Bei Smith findet sich die Nation auch im Mittelalter: „By about 900, the idea of peoples as communities of custom, descent and government was well entrenched. Soon it became attached to the highest form of medieval government, the kingdom, and was provided with supporting genealogies and myths of origin, which were often traced back

---

[48] Hier ist einzuwenden, dass die imaginierte Körperschaft von Institutionen keineswegs eine Vorstellung der Moderne ist. So hat die katholische Kirche 1302 unter Papst Bonifaz VIII. die Körperschaft der Kirche, die Vorstellung von der Kirche als mystischen Leib Christi, zum Dogma erhoben: das Haupt dieses Leibes ist Christus, die Gläubigen und die Kirche bilden die einzelnen Glieder. Vgl. hierzu KANTOROWICZ, ERNST H. (1994) *Die zwei Körper des Königs. Eine Studie zur politischen Theologie des Mittelalters.* München: Deutscher Taschenbuch Verlag, S. 206. Und noch ein anderer Begriff kam im 13. Jahrhundert auf: „der Begriff des ‚politischen Körpers' [in der englischen Rechtssprache *body politic*]." Ders. (1994) (siehe Fußnote 48), S. 221.
[49] MILLER, DAVID (1995) *On Nationality.* Oxford: Oxford University Press, S. 30.
[50] Vgl. hierzu PFEIFER, WOLFGANG (1993) *Etymologisches Wörterbuch des Deutschen.* Berlin: Akademie Verlag, S. 912.
[51] HÜBNER, KURT (1991) *Das Nationale. Verdrängtes, Unvermeidliches, Erstrebenswertes.* Graz: Verlag Styria, S. 12.
[52] HÜBNER (1991) (siehe Fußnote 51), S. 36.

to Aenas or Noah (...).“⁵³

Die Nation ist nur dann ein Produkt der Moderne, wenn man ihr Entstehen unabdingbar mit dem Kapitalismus und dem souveränen Staat zusammendenkt – wie dies Anderson, Hobsbawm und Gellner tun. Stellt man sich eine Nation jedoch ohne ein modernes Staats- und Wirtschaftssystem vor, dann existiert sie schon in der Antike: nämlich als Idee einer Nation, die über ein eigenes politisches System (egal ob Königtum oder Staat), ein Territorium, eine eigene Kultur und Religion und eine eigene Sprache verfügt und als ein körperhaftes Gebilde von den Mitgliedern einer solchen Gemeinschaft imaginiert werden kann. Genau dies wird am Beispiel Georgien deutlich werden.

1.1.3 Nation und Sprache

Einen Zusammenhang zwischen Nationenbildung und Sprache sehen fast alle Autorinnen und Autoren. Unterschiede bestehen vor allem in der Bewertung. Reicht eine nur für bestimmte Teile der Bevölkerung lesbare Schrift aus, um auf eine Nation einzuwirken? Oder braucht es eine Schrift, die fast alle Angehörigen einer Nation erreichen kann, z.B. über die Möglichkeiten, die die Entstehung des Buchdrucks und der täglichen Zeitung mit sich brachten?

Anderson geht davon aus, dass die „heilige Sprache" Latein schon vor der Moderne dabei half, die Gemeinschaft des Christentums zu imaginieren. Im Umkehrschluss führte die Entstehung bzw. Aufwertung der Landessprachen dazu, dass die christliche Gemeinschaft und mit ihr das Lateinische dem Untergang untergehen mussten: „Gleichwohl trug die Erhebung dieser Landessprachen zu Herrschaftssprachen, als welche sie – Französisch in Paris, [Mittel-]Englisch in London – auf gewisse Weise mit dem Lateinischen konkurrierten, zum Niedergang der vorgestellten Gemeinschaft des Christentums bei.“⁵⁴ Im Grunde treten der zunehmend esoterische Gebrauch des Lateinischen, die Reformation und die planlose Entwicklung administrativer Landessprachen hier vor allem negativ in Erscheinung: Sie trugen zur Entthronung des Lateinischen und zur Erosion der heiligen Gemeinschaft des Christentums bei.“⁵⁵ Anderson

---

[53] SMITH, ANTHONY D. (1998) *Nationalism and Modernism. A Critical Survey of Recent Theories of Nations and Nationalism.* London: Routledge, S. 175.

[54] Diese These macht nur in den christlichen Gemeinschaften Sinn, deren Gottesdienste in Latein abgehalten wurden. Schon in protestantischen Gemeinden entsteht ein ganz anderes Bild, von den orthodoxen christlichen Gemeinschaften, deren Kirchensprachen die Landessprachen waren, ganz abgesehen.

[55] ANDERSON (1996) (siehe Fußnote 8), S. 49.

verpasst es hier, genauer auf die Auswirkungen der Reformation einzugehen: In den protestantischen Kirchen wurde die Landessprache aufgewertet, da sie die Sprache der Liturgie wurde. Als Sprache der Kirche erhielt sie eine neue Funktion: Die Gemeinschaft der Gläubigen entstand nun als Gemeinschaft durch die Landessprache. Die Kirchen wurden durch die Sprache nationalisiert, eine Entwicklung, die sicher wiederum auf die Nation rückwirkte.[56]

Die neuen Landessprachen, die einem großen Teil der Bevölkerung durch den Buchdruck zugängig wurden, ließen nach Anderson das Nationalbewusstsein entstehen: Sie bildeten die Grundlage der Kommunikation und durch die Gruppe der Mitleser – also der Vorstellung, dass dieses eine Buch von vielen anderen auch noch gelesen wird – eine imaginierte Gemeinschaft der Leser und damit der Nation. Gleichzeitig führte die Fixierung der Sprache durch den Buchdruck dazu, ein Bild der (nationalen) Vergangenheit[57] zu errichten, dass für die Vorstellung einer Nation zentral ist.[58] So wurden Sprachen zum Besitz bestimmter Gruppen und diese Gemeinschaften verstanden sich als „Bruderschaft von Gleichen."[59] Die Gemeinschaft durch Sprache zeigt sich auch in nationalen Gesängen: „Betrachten wir als Beispiel die Nationalhymnen, wie sie an staatlichen Feiertagen gesungen werden. (...) in diesem Singen ist eine Erfahrung gleichzeitiger Gemeinsamkeit begründet. In diesem Augenblick singen einander völlig Unbekannte dieselben Strophen zur selben Melodie."[60]

---

[56] Der vorherige Gebrauch des Lateins wies Kirchenbildern eine viel mächtigere Rolle zu – sie ließen sich auch ohne Lateinkenntnisse verstehen – und die jeweiligen Marien- oder Christusdarstellungen verfügen so z.b. über landestypische Ausrichtungen. Erinnert werden soll hier nur an die Darstellungen Jesus als blondes Baby. Die Verbindung zwischen Kirche und Nation wird noch enger, wenn Jesus – neben einer landestypischen Haarfarbe – auch die Landessprache in den Mund gelegt bekommt.

[57] Hier soll nicht der Eindruck entstehen, es hätte vor der Entstehung der Schriften und schriftlichen Fixierungsformen keine Vorstellung von Vergangenheit existiert. Vor der Entstehung der Schriften wurde Vergangenes durch Sprache und Ritus weitergegeben und hatte somit einen zyklischen Charakter. Die rituelle Weitergabe von Wissen unterscheidet sich allerdings grundlegend von der des Textes, durch Kanonbildung. Vgl. hierzu ASSMANN (2000) (siehe Fußnote 32), S. 57 und 93. So steht nun nicht mehr die Wiederholung der Vergangenheit sondern deren Deutung im Mittelpunkt. Hierfür exemplarisch ist die Kanonbildung der Bibel um 440 v. Chr. durch Esra: „Neu an Esras Handlung (...) war die Tatsache, daß der Text der Heiligen Schrift nun nicht mehr verändert werden durfte, andererseits aber auch für die individuelle Auslegung ‚freigegeben' wurde. Damit entstand das ‚Nebeneinander' von Schriftlichkeit und Mündlichkeit, das allmählich die jüdische Tradition charakterisieren sollte." BRAUN, CHRISTINA VON (2001) *Versuch über den Schwindel. Religion, Schrift, Bild, Geschlecht.* Zürich: Pendo, S. 64.

[58] Vgl. hierzu ANDERSON (1996) (siehe Fußnote 8), S. 51.

[59] Ders. (1996) (siehe Fußnote 8), S. 89.

[60] Ders. (1996) (siehe Fußnote 8), S. 146.

Wenn das Singen kirchlicher Lieder in der Landessprache erfolgt, so wird es das gleiche Phänomen hervorrufen: die Erfahrung „gleichzeitiger Gemeinsamkeit" sich unbekannter Menschen. Dies erwähnt Anderson nicht.

Für Hobsbawm kann die Sprache ein Kriterium der Nation sein – aber ein so zweifelhaftes, dass er es nicht benutzen möchte: „Alle derartigen Definitionen [wie Sprache, ethnische Zugehörigkeit, gemeinsames Territorium, Geschichte oder kulturelle Eigenart; E.F.] sind aus dem einen offensichtlichen Grund untauglich: Da nur einige Mitglieder der großen Klasse von Gebildeten, die solchen Definitionen genügen, jederzeit als ‚Nationen' beschrieben werden können, sind immer Ausnahmen möglich."[61] Dennoch beschreibt Hobsbawm, wie Nationen bzw. Herrscher und Intellektuelle sich der Sprache als nationales Kunstprodukt bedienen,[62] z.B. über Amts- und Unterrichtssprache als Instrument der Nationalisierung.

Gellner sieht die Herausbildung der Schriftsprachen und damit einhergehend eines spezialisierten Gelehrtenstandes als zentral für die Nationenbildung an: „Die Schriftkultur, d.h. die Herausbildung einer einigermaßen dauerhaften und standardisierten Schrift, bedeutet im Effekt die Möglichkeit kultureller und kognitiver Speicherung und Zentralisierung."[63] Auch Gellner betont die neue Form von Vergangenheitsbewahrung durch die Schrift. Er problematisiert aber, dass diese Schriftkulturen nur von einer kleinen Gruppe gelesen werden können und so eine Kluft zwischen Volkssprache und liturgischer Sprache schaffen, da „(...) die Sprache nicht nur in einer unzugänglichen Schrift aufgezeichnet wird, sondern auch als gesprochene unverständlich bleibt."[64] Sollte jedoch die Schriftkultur des Klerus mit der der territorialen Gesellschaft zusammenfallen, so hätte das enormen Einfluss auf die Herausbildung der Nation.[65] Schriftkultur und Sprache der Gemeinschaft verbinden sich für Gellner in der industriellen Phase. Diese Entwicklung wird durch ein staatliches Ausbildungssystem gefördert: „Verschiedene Faktoren – vollständige Alphabetisierung, Mobilität und daher Individualismus, politische Zentralisierung, die Notwendigkeit einer aufwendigen Infrastruktur der Ausbildung – zwingen sie [die Industriegesell-

---

[61] HOBSBAWM (1990) (siehe Fußnote 9), S. 16.
[62] Vgl. hierzu Ders. (1990) (siehe Fußnote 9), S. 67-68 und S. 70-71.
[63] GELLNER (1991) (siehe Fußnote 10), S. 19.
[64] Vgl. hierzu Ders. (1991) (siehe Fußnote 10), S. 23. Auch Gellners These macht nur in Bezug auf das Latein als Kirchensprache (oder jede andere Kirchensprache die nicht mit der Landessprache übereinstimmt) Sinn.
[65] Vgl. hierzu Ders. (1991) (siehe Fußnote 10), S. 23 und 32.

schaft; E.F.] in eine Situation, in der politische und kulturelle Grenzen alles in allem übereinstimmen. Der Staat ist hier vor allem der Beschützer nicht eines Glaubens, sondern einer Kultur, und unterhält das unausweichlich homogene und standardisierte Ausbildungssystem, aus dem allein das Personal hervorgehen kann, das fähig ist, in einer wachsenden Ökonomie und einer mobilen Gesellschaft von einem Arbeitsplatz zum anderen zu wechseln (...)."[66] Die Industrialisierung erzwingt hier – von Gellner unerkannt – eine bestimmte Arbeitsmoral und die Verbindung von Sprache und Nation, wie sie in der Religion – z.B. im Protestantismus und der Orthodoxie – schon angelegt sind.

Auch Hastings sieht in der Sprache ein wichtiges Merkmal der Nationenbildung. Jede Schriftsprache, die von einer signifikanten Anzahl von Menschen gesprochen wird und langsam eine Literatur entwickelt, kann Gemeinschaft bilden – dies auch schon vor der Erfindung des Buchdrucks. Sobald eine Sprache niedergeschrieben wird, wird es schwieriger sie zu verändern, und so entsteht eine Festschreibung, die über Zeit und Raum erhalten bleibt. Allerdings reicht es für die Gemeinschaftsbildung nicht aus, wenn die Schriftsprache nur von einer Handvoll Menschen gesprochen wird. Es kommt vielmehr darauf an, dass diese Schrift auch für Alltagszwecke genutzt wird und so zu einem Medium wird, das über die Entwicklung von religiöser oder weltlicher Literatur hinaus möglichst viele Menschen erreicht. Ist diese Stufe erlangt, wird sich die Gemeinschaftsform von der Ethnie weg und hin zur Nation entwickeln. Hastings ist sich der Besonderheiten der Orthodoxie, die für die späteren Beispiele aus Georgien zentral sind bewusst: „Even if the number of available copies of the vernacular Bible was small and almost only in the hands of the clergy, if the liturgy was celebrated in the vernacular, its influence was extremely wide. Where it was not celebrated in the vernacular, as in almost all Roman Catholic societies, it might be much smaller."[67]

---

[66] GELLNER (1991) (siehe Fußnote 10), S. 163-164. Gellner beschreibt hier eine Phase des 20. Jahrhunderts: War es vor einigen Jahren in Europa auf dem Arbeitsmarkt wichtig die Landessprache zu können, gehört heute die Kenntnis des Englischen (oder insgesamt die Mehrsprachigkeit) schon zu erwarteten Allgemeinbildung. Vgl. hierzu KRUGMAN, PAUL (1999) Why Germany Kant Kompete. In: *Fortune*, Bd. 140: 2 vom 19. Juli 1999.
[67] HASTINGS (1997) (siehe Fußnote 11), S. 23.

Ritus, Sprache, Schrift und Körperlichkeit

Schon die Liturgie und der Ritus in der Landessprache können die Nationenbildung einer Gemeinschaft initiieren. Nach Christoph Wulf und Jörg Zirfaß haben Rituale einen performativen Charakter. Durch die Inszenierung und Aufführung wirken sie körperlich-materiell: „Insofern Rituale Inszenierungen und Aufführungen von Körpern sind, haben sie meistens mehr soziales Gewicht als bloße Diskurse. Denn mit ihrer Körperlichkeit bringen die rituell Handelnden ‚mehr' in die soziale Situation ein als lediglich sprachliche Kommunikation."[68] Durch dieses Einwirken auf die Körper und der Wahrnehmung der am Ritus Beteiligten, wird eine soziale Wirklichkeit geschaffen, die Sprache allein nicht hervorbringen kann. Wenn allerdings die Sprache des Rituals die Landessprache ist und von allen am Ritual Teilnehmenden verstanden wird, kann die Wirkung des Ritus auf die Körper noch durch die von der Sprache angesprochene rationale Ebene verstärkt werden. Also ist anzunehmen, dass kirchliche Rituale, die auch auf die Körper der Gläubigen und deren Verständnis von Nation einwirken, besonders wirkungsmächtig sind. Hier wird nicht nur eine Gemeinschaft geschaffen, die rational nachvollziehbar ist, Gemeinschaft wird am eigenen Körper erfahren.[69] Diese Gemeinschaft kann auch eine Nation sein.

Die Performanztheorie stützt die Annahme von der imaginierten Nation: „Rituale lassen sich als Versuche begreifen, *Unsichtbares sichtbar* zu machen. Mit dieser Situation zwischen Sichtbarem und Unsichtbarem korrespondiert ihr ambivalenter Charakter bei der Erhaltung bzw. Veränderung sozialer Strukturen."[70] Rituale verwandeln: Sie lassen durch die Aufführung den einzelnen Menschen mit seinem Körper zu einem Teil des anwesenden Kollektivkörpers werden. Rituelle Inszenierungen schaffen soziale Ordnungen. Da sich diese körperlich manifestieren, scheinen sie natürlich und allgemein akzeptiert zu sein.[71] Der Wunsch eines Kollektivs, über einen Körper verfügen zu können und so Unsterblichkeit zu erlangen, lässt sich über Rituale erfüllen: „Aus dem kollektiven Imaginären soll ein kollektiver Körper hervorgehen, der den

---

[68] WULF, CHRISTOPH/ZIRFASS, JÖRG (2004) Performative Welten. In: WULF, CHRISTOPH/ZIRFASS, JÖRG (Hrsg.) Die Kultur des Rituals. Inszenierungen. Praktiken. Symbole. München: Wilhelm Fink Verlag, S. 8.
[69] Vgl. hierzu Dies. (2004) (siehe Fußnote 68), S. 19.
[70] WULF, CHRISTOPH (2004) Ritual, Macht und Performanz. In: Derselbe/ZIRFAß, JÖRG (Hrsg.) Die Kultur des Rituals. Inszenierungen. Praktiken. Symbole. München: Wilhelm Fink Verlag, S. 50.
[71] Vgl. hierzu WULF/ZIRFASS (2004) (siehe Fußnote 68), S. 8-9.

Anschein von ‚Natur', Physiologie erweckt. In gewisser Weise versuchen die meisten Gemeinschaften, durch die Analogie zum individuellen Körper oder Organismus sich selbst den Anschein einer ‚unteilbaren' Einheit zu geben. Eben weil die soziale Gemeinschaft über keine ‚realen' oder physischen Körpergrenzen verfügt – das Kollektiv hat keine Haut -, wird diese Analogie zentral für das Gefühl von Einheitlichkeit und Geschlossenheit. Bilder die auf die Parallelen von Gemeinschaft und menschlichem Köprer verweisen, sind in Stammeskulturen verbreitet: Hier zeigen sie sich an Ritualen wie ‚Blutsbrüderschaften', durch die etabliert werden soll, daß ein und dasselbe Blut durch verschiedene Körper fließt. Sie tauchen aber auch in den ‚Korporationen' von Schriftgemeinschaften auf. Armeen erscheinen als ‚Korporationen'; Behörden bilden Körperschaften; Universitäten pochen auf die ‚corporate identity'. Jeder dieser ‚sozialen Körper' wird als unsterblich imaginiert; stirbt eines seiner Mitglieder, so lebt der Gemeinschaftskörper dennoch fort."[72]

Neben dem Einfluss von Ritualen auf die Körper der Anwesenden und den Wunsch von Gemeinschaften nach Verkörperung, wirkt die Sprache aber auch noch in einem anderen Schritt auf die Gemeinschaftsbildung. Dadurch, dass man sich versteht, Vergangenes weitergibt und kommuniziert, konstituiert Sprache Gruppen: „Auf der Ebene einfacher Gesellschaften und ‚face-to-face communities' besteht die wichtigste Form von sozialer Sinn-Zirkulation im Miteinander-Reden. Sprache ist das vornehmste Mittel sozialer Wirklichkeitskonstruktion. Durch Sprechen wird eine soziale Welt aufgebaut und in Gang gehalten."[73] Für diesen Prozess braucht es noch keine Schrift: Wer die Sprache versteht – und mag die betreffende Gemeinschaft noch so klein sein – gehört der Gruppe an, da er oder sie an der Gesellschaft teilhaben kann: „Das Bewußtsein sozialer Zugehörigkeit, das wir ‚kollektive Identität' nennen, beruht auf der Teilhabe an einem gemeinsamen Wissen und einem gemeinsamen Gedächtnis, die durch das Sprechen einer gemeinsamen Sprache oder allgemeiner formuliert: die Verwendung eines gemeinsamen Symbolsystems vermittelt wird."[74] Durch die Entstehung von Schriften kann die Erinnerung über die Zeit fixiert und festgehalten werden. Eine Schrift ermöglicht es einem wesentlich größeren Teil von Menschen, an einer bestimmten schriftlichen Gemeinschaft teilzuhaben oder sich zumindest in sie einzulesen: „Die Bedeutung der Schrift liegt darin, daß sie

---
[72] VON BRAUN (2001) (siehe Fußnote 57), S. 291.
[73] ASSMANN (2000) (siehe Fußnote 32), S. 141.
[74] Ders. (2000) (siehe Fußnote 32), S. 139.

ein neues Kommunikationsmedium darstellt. Ihre wesentliche Funktion besteht in der Objektivierung der Sprache, d.h. darin, der Sprache mit einem System sichtbarer Zeichen ein materielles Korrelat zu geben. In dieser materiellen Form kann Sprache über räumliche Entfernungen übermittelt und durch die Zeit hindurch bewahrt werden; (...) Die Möglichkeiten dieses neuen Instrumentes der Kommunikation verändern die Skale menschlicher Aktivität – politischer, ökonomischer, rechtlicher wie religiöser."[75]

Während Assmann über die Entstehung der Schrift und deren Einfluß auf die Gemeinschaftsbildung im Allgemeinen schreibt, verweist Christina von Braun auf die Besonderheiten der Alphabetschriften,[76] deren Entwicklung dazu führte, dass die Sprache dem Körper „geraubt" wird und so neue Vorstellungen von Gemeinschaft und auch Körperlichkeit mit sich brachte oder notwendig machte. Um 800 v. Chr. entsteht durch die hebräische Alphabetschrift das erste Alphabet der Geschichte: „Die Alphabetschrift (...) nimmt eine Zäsur zwischen Welt und Wort vor. Sie zertrümmert die Sprache in ihre einzelnen phonetischen Teile, die für sich genommen keinen Sinn ergeben. So wird das Sprach-Band durchschnitten, auf dem der soziale Rahmen beruht, dank dessen der einzelne in einer bestimmten, von der umgebenden Kultur geprägten Weise wahrnimmt, denkt, fühlt und eine ‚Identität' herausbildet. Das hat das ‚Herausfallen' des einzelnen aus der physisch wahrnehmbaren Gemeinschaft zur Folge – ein ‚Mangel', den die ‚bleibenden' Texte der Schrift wiederum zu beheben haben: nicht nur durch die Texte selbst, sondern auch durch die Art der Gemeinschaftsbildung."[77] Im Gegensatz zum hebräischen Alphabet – gelesen werden kann die Schrift nur von Menschen, die die hebräische Sprache auch sprechen können – wurde in der griechischen Alphabetschrift dieser Bruch komplett vollzogen : „Das geschah gerade deshalb, weil sie die Mündlichkeit vollständig wiederzugeben vermochte. Während in den meisten Kulturen Mündlichkeit und Schriftlichkeit nebeneinander bestehen, fand in der griechischen Klassik eine ‚Verschriftlichung der Mündlichkeit' selbst statt."[78]

---

[75] GOODY, JACK (1986) Funktionen der Schrift in traditionalen Gesellschaften. In: Derselbe/WATT, IAN/GOUGH, KATHLEEN (Hrsg.) Entstehung und Folgen der Schriftkultur. Frankfurt am Main: Suhrkamp, S. 26.
[76] Christina von Braun benutzt den Begriff der Alphabetschrift, um so die hebräische und griechische Schrift, die als erste Schriften ein phonetisches Alphabet zugrunde legten z.B. von der ägyptischen Piktogramschrift abzuheben. Vgl. hierzu VON BRAUN (2001) (siehe Fußnote 57), S. 63.
[77] Dies. (2001) (siehe Fußnote 57), S. 80.
[78] Dies. (2001) (siehe Fußnote 57), S. 84.

Dieser Verlust der durch die Sprache körperlich erfahrenen Gemeinschaft wird durch neue Formen von Gemeinschaft zu relativieren versucht. Im Judentum durch die neu entstandene „(...) ‚textual community': eine Gemeinschaft, deren Zusammenhalt weder auf einem gemeinsamen Territorium noch auf einer Herrscherdynastie, sondern auf einer Schrift[79] beruhte."[80] Auch das strenge Regelwerk der jüdischen Religion schuf eine Gemeinschaft. Das griechische Alphabet entwickelte hingegen „(...) Rationalität, Logik und Wissenschaftlichkeit (...), aber auch die Religion des Mensch gewordenen Gottes (...), die Wort und Fleisch wieder zusammenführt: als das Fleisch *gewordene* Wort."[81] Die Entwicklung von Alphabetschriften setzt einen Prozess in Gang, in dem versucht wird, den Verlust der Gemeinschaft von Gesellschaften ohne Alphabetschriften zu kompensieren: „So werden Ritus und Sprache in oralen Gesellschaften zu einem ‚Lebenssaft', der die Gemeinschaft duchfließt und den einzelnen zu einem Teil des Gemeinschaftskörpers werden läßt. Diese Qualität der mündlichen Sprache wird später in die Schriftkultur einfließen, die aus dem vollen griechischen Alphabet hervorgegangen ist. Immer wieder werden Vorstellungen vom Gemeinschaftskörper entstehen, die das Bild eines gemeinsamen ‚Lebenssaftes' vermitteln und weiterentwickeln, gleichsam als Ersatz und in Erinnerung an den zirkulierenden Lebenssaft der gesprochenen Sprache."[82] Solch eine Gemeinschaft kann auch die Nation sein, für die dann der schriftlich gespeicherte „Lebenssaft" – z.B. als Verbindung zwischen vorangegangener Generationen zur aktuellen – konstituiv sein kann.

Beim Übergang von einer mündlichen zu einer schriftlichen Kultur ändert sich auch die Art der Überlieferung von Vergangenheit: „Während mündliche Überlieferung nur bestehen kann, wenn sie unablässig und lückenlos weitergegeben wird, besitzt der schriftlich fixierte Text, sobald er – auch ungelesen – archiviert wird, die Chance in der Zukunft, selbst nach einer langen Periode

---

[79] Das Judentum bringt durch die Schrift und den Monotheismus eine ganz neue Form der Gemeinschaftsbildung hervor: die Gemeinschaft der Gläubigen konstituiert sich durch einen Vertrag mit Gott, der durch die Schrift festgehalten wird und nicht mehr auf vorherigen Gemeinschaftsgrundlagen wie z.B. der Verwandschaft beruht. Vgl. hierzu ASSMANN, JAN (1995) *Politische Theologie zwischen Ägypten und Israel*. München: Carl Friedrich von Siemens Stiftung, S. 81 und WALZER, MICHAEL (1988) *Exodus und Revolution*. Berlin: Rotbuch Verlag, S. 85.
[80] VON BRAUN (2001) (siehe Fußnote 57), S. 63.
[81] Dies. (2001) (siehe Fußnote 57), S. 85.
[82] Dies. (2001) (siehe Fußnote 57), S. 76.

der Verschüttung, zu wirken. Insofern ist er autonom."[83] Die Autonomie des Textes birgt aber auch die Gefahr des Vergessens und den Bruch mit der Kontinuität.[84] Man kann sich einem Text leichter entziehen, als der gesprochenen Überlieferung. Mit der schriftlichen Fixierung ändert sich auch die Einstellung zur Vergangenheit.[85] Sprache als Kommunikationsmedium ist also gruppenkonstituierend und je nachdem, ob dieser Sprache auch eine Schrift zugeordnet ist, kann sie Vergangenes ohne die direkten Korrekturmöglichkeiten der oralen Überlieferung festhalten. Jedoch kann auch die festgeschriebene Geschichte durch Quelleninterpretation der Gegenwart angepasst werden und bleibt somit „verhandelbar". Die schriftliche Fixierung ermöglicht es so z.B., durch Geschichtsschreibung als Quelleninterpretation wiederum auf die Nation einzuwirken.

Mythos, Sprache und Vergangenheit

Die Sprache produziert ihre eigenen Mythen: „Language myths are widely held beliefs about the origins, history and qualities of language, whether one's own or a foreign language. The use of the word ‚myth' does not neccessarily imply that these beliefs are false."[86] Dies können Mythen über den Ursprung und das Alter einer Sprache, ihrer Herkunft, ihrer Reinheit und ihrer Möglichkeit die Ursprache des Paradieses, bestimmter oder aller Sprachen zu sein. Ebenso die angenommene Konformität zwischen Sprache und Nationalcharakter.[87] Ein Variante des Sprachmythos ist die Gleichsetzung einer bestimmten Sprache mit der imaginierten Wesensart einer Gemeinschaft: „Zentrales Kriterium bei der Herausbildung der Nationalismen war die Aufwertung der Sprache zu einem wesensimmanenten Ausdruck der Eigenarten der verschiedenen Ethnien. Sie wurde gleichgesetzt mit einer unverwechselbaren und unaneignenbaren

---

[83] SCHLAFFER, HEINZ (1986) Einleitung. In: GOODY, JACK/WATT, IAN/GOUGH, KATHLEEN (Hrsg.) Entstehung und Folgen der Schriftkultur. Frankfurt am Main: Suhrkamp, S. 20.
[84] Vgl. hierzu ASSMANN (2000) (siehe Fußnote 32), S. 101.
[85] Vgl. hierzu GOODY, JACK/WATT, IAN (1986) Konsequenzen der Literalität. In: GOODY, JACK/WATT, IAN/GOUGH, KATHLEEN (Hrsg.) Entstehung und Folgen der Schriftkultur. Frankfurt am Main: Suhrkamp, S. 93-94.
[86] LAW, VIVIEN (1998) Language Myths and the Discourse of Nation-Building in Georgia. In: SMITH, GRAHAM et al. (Hrsg.) Nation-building in the Post-Soviet Borderlands. The Politics of National Identities. Cambridge: Cambridge University Press, S. 173.
[87] Vgl. hierzu Dies. (1998) (siehe Fußnote 86), S. 175-176 und S. 182-187.

spezifischen Art des Fühlens und Denkens."[88] Sprache bietet auch die Möglichkeit der Identifikation mit der Vergangenheit – der vorgestellten ehemaligen Sprachgemeinschaft – und ist dadurch ein für jeglichen Nationalismus äußerst wirkungsmächtiges Instrument, da hier an Emotionen und Sentimentalität appelliert werden kann. Der Schutz der Sprache kann so zum Schutz von Vergangenheit und Zukunft gleichermaßen werden.[89] Sprache und Dialekt sind ein nicht zu unterschätzendes Differenzierungsmerkmal einer Nation gegenüber anderen. Sprache wird zu einem Zeichen nationaler Einzigartigkeit.[90]

Da die eigene Sprache emotional behaftet ist, kann sie zum Kampf gegen Unterdrückung[91] oder Kolonialisierung motivieren und instrumentalisiert werden: „Was zu Luthers Zeiten geschieht, wiederholt sich z.B. im 17. und 18. Jahrhundert, wo man sich gegen die Überfremdung durch das Französische zur Wehr setzt, oder im 19. Jahrhundert, als die slawischen Nationen ihr nationales Erwachen mit einer Neuentdeckung ihrer eigenen Sprache verbanden. (...) Auch heute können wir beobachten, wie, z.B. in der Sowjetunion, die Besinnung auf die eigene Sprache zum Vehikel der nationalen Erhebung gegen Unterdrückung wird."[92] Die Wirkungsmacht der Sprache in Fragen der Nation und Zugehörigkeit kann so enorm sein, dass das Weglassen eines einzigen Buchstabens in einer Bezeichnung Konflikte großen Ausmaßes hervorrufen können: „As a rule, conflicts arise when the titular groups in new states try to limit the rights of minorities or to do away with existing territorial autonomies by using mobilized linguicism to achieve political goals. For example, Georgia rejected the name ‚South Ossetia' in favor of the Georgian word ‚Shida Kartli' (Inner Kartlia) or ‚Samachablo', the name of an ancient royal estate which was declared to be the ‚heart of Georgia'. In response, the southern Ossets changed the name of their administrative center from ‚Tzhinvali' to ‚Tzhinval', and the Abkhazians began to call ‚Sukhumi' ‚Sukhum' to sound less Georgian. This debate over the

---

[88] SERLOTH, BARBARA (1997) Der Mythos der nationalstaatlichen Homogenität. In: HETTLAGE, ROBERT/DEGER, PETRA/WAGNER, SUSANNE (Hrsg.) Kollektive Identität in Krisen. Ethnizität in Religion, Nation, Europa. Opladen: Westdeutscher Verlag, S. 89-90.
[89] Vgl. hierzu FISHMAN, JOSHUA A. (1973) *Language and Nationalism*. Rowley: Newbury House Publishers, S. 43-44.
[90] Vgl. hierzu Ders. (1973) (siehe Fußnote 89), S. 50.
[91] Auch heute noch ist eine zentrale Forderung vieler Unabhängigkeitsbewegungen das Recht, die eigene Sprache lehren und sprechen zu dürfen – wie z.B. bei den kurdischen Minderheiten in der Türkei.
[92] HÜBNER (1991) (siehe Fußnote 51), S. 269.

letter ‚i' blew up into a harsh political debate, and then military clash."[93]

1.1.4 Nation und Religion

Können Nationen durch den Einfluss von Religion[94] und Kirche entstehen und stabilisiert werden? Nach der Mainstream-Literatur zur Modernisierung sind Nationen in Wechselwirkung mit der Industrialisierung und Aufklärung entstanden. Eine moderne Nation ist in dieser Sicht eine säkularisierte Nation. Kirche, Glaube und religiöse Praktiken wurden von Wissenschaft und Rationalität verdrängt. Nach Anderson wird die Religion als gemeinschaftskonstituierendes Element durch den Nationalismus abgelöst: „Das 18. Jahrhundert markiert in Westeuropa nicht nur die Morgenröte des Zeitalters des Nationalismus, sondern auch die Abenddämmerung religiöser Denkweisen."[95] Für Anderson ist der Nationalismus eine Ideologie, die aus der Religion entweder hervorgegangen oder gegen sie entstanden ist.[96] Die Fähigkeit von Religionen, Gemeinschaften zu imaginieren, bestreitet er nicht: „He [Anderson; E.F.] acknowledges that the community identity required by nationalism has had some religious elements and that the imagined communities of old were once ‚sacred imagined communities' bound by religious belief."[97] Diese Fähigkeit sieht er jedoch nur für eine bestimmte Epoche[98] und durch die Hilfe einer heiligen Sprache als

---

[93] TISHKOV (1997) (siehe Fußnote 35), S. 104-105.
[94] Ich bin mir der Undifferenziertheit des Religionsbegriffs durchaus bewusst, in Ermangelung von Alternativbezeichnungen werde ich ihn trotzdem verwenden. So beschreibt Haußig, dass *Religion* heute sowohl innerchristlich, als auch komparatistisch angewandt wird und der Religionswissenschaft bis heute keine einwandfreie Bestimmung des Begriffs gelungen ist. So bezeichnet *Religion* sowohl die großen monotheistischen Religionen, als auch die „Naturreligionen". Vgl. hierzu HAUßIG, HANS-MICHAEL (1999) *Der Religionsbegriff in den Religionen*. Berlin: Philo, S. 32, S. 1 und S. V. Ich verwende in dieser Arbeit Religion in erster Linie für die spätere Beschreibung der Orthodoxie in Georgien. Der Begriff umfasst aber genauso andere christliche Konfessionen, den Islam und in Georgien auch vorchristliche Kulte und Riten.
[95] ANDERSON (1996) (siehe Fußnote 8), S. 20.
[96] Vgl. hierzu Ders. (1996) (siehe Fußnote 8), S. 20.
[97] RIEFFER, BARBARA-ANN J. (2003) Religion and Nationalism. Understanding the Consequences of a Complex Relationship. In: *Ethnicities*, Bd. 3: 2, S. 222.
[98] Diese Sichtweise ist nach Rieffer der Grundannahme geschuldet, dass die Nation nur in der Moderne denk- und vorstellbar sei: „In sum, while Anderson, Gellner and Hobsbawm all discuss the development of nationalism, they and others marginalize the role that religion plays and has played in various nationalist movements. Their neglect of religion stems from their modernist approach to nationalism, which is portrayed as a modern phenomen." Dies. (2003) (siehe Fußnote 97), S. 222. Zum gleichen Schluss kommt Van der Veer: „The dichotomy between religion and nationalism is an ideological element in the Western discourse of modernity." VEER, PETER VAN DER (1994) *Religious Nationalism*.

relevant an: „Vorstellbar waren das Christentum, der Ummah-Islam und auch das Reich der Mitte (...) weitgehend durch das Medium einer heiligen Sprache und überlieferten Schrift."[99] Dadurch, dass durch den Niedergang des Lateinischen sich die Gemeinschaft des Christentums in Westeuropa auflöste, sieht Anderson den Beweis, dass der Einfluss der Religionen auf dem Rückmarsch sei. Jedoch beachtet er die Besonderheiten der orthodoxen Kirchen nicht, in denen die „heiligen Sprachen" immer noch existieren, da die Trennung zwischen Sakral- und Alltagssprache dort nie existierte. Ebensowenig weist er auf die Verknüpfung von Sakral-und Alltagssprache im Protestantismus hin.

Hobsbawm verweist auf Verbindungen zwischen Religion und Nationalbewusstsein. Diese führt er auf das Potential der Religion zurück, Gemeinschaft zwischen Menschen herzustellen, die ansonsten nichts gemein haben. Die meisten Religionen wirken allerdings in einem für die Nationenbildung zu kleinen Rahmen, z.B. auf Stammesebene. Die großen Weltreligionen hingegen seien darauf bedacht, ethnische, sprachliche und politische Unterschiede zu überwinden und deswegen für die Nationenbildung ungeeignet.[100] Dennoch weist Hobsbawm darauf hin, dass Schriften, die oft durch die Konversion zu einer Weltreligion vermittelt wurden, ethnischen Gruppen zu Vorteilen verhalfen, die die eventuelle spätere Umwandlung in eine Nation positiv beeinflussen konnten.[101] Nichtsdestotrotz sind für Hobsbawm bei der Nationenbildung Religionen eher hinderlich und im besten Fall eine Vorform der Nation.[102] Merdjanova kritisiert diese Deutung Hobsbawms: „However, the author [Hobsbawm; E.F.] fails to pay attention to the historical fact that the ‚transnational religions' have as a rule experienced various splits and have often existed in ethnically or nationally defined forms."[103]

Für Gellner liegt der Einfluss von Religion und Kirche, der eine Nation mitgestalten könnte, in einer vergangenen Epoche, der Agrargesellschaft, in der der Glauben an eine Kirche und nicht an einen Staat und eine Kultur

---

Berkeley: University of California Press, S. 3.
[99] ANDERSON (1996) (siehe Fußnote 8), S. 21.
[100] Vgl. hierzu HOBSBAWM (1990) (siehe Fußnote 9), S. 83-84.
[101] Hobsbawm nennt hier die gemeinschaftsbildende Funktion der monotheistischen Religionen, die als Religionen des Buches, durch Ikonen oder auch Gebetspraktiken, wie das tägliche fünfmalige Gebet der Moslems, zu Gemeinschaften führen können, die er als Vorformen von Nationen versteht. Vgl. hierzu Ders. (1990) (siehe Fußnote 9), S. 87-88.
[102] Vgl. hierzu Ders. (1990) (siehe Fußnote 9), S. 161.
[103] MERDJANOVA, INA (2000) In Search of Identity: Nationalism and Religion in Eastern Europe. In: *Religion, State & Society*, Bd. 28: 3, S. 244.

gebunden gewesen sei.[104] In der Industriegesellschaft, also der Phase, in der die Nationen Hochkonjunktur haben, wird die Kirche nun von der Kultur abgelöst: „Im Gegensatz dazu ist eine industrielle Hochkultur (...) nicht länger an einen Glauben und eine Kirche gebunden. Ihre Aufrechterhaltung scheint die Ressourcen eines Staates zu erfordern, der mit der Gesellschaft übereinstimmt, statt lediglich die einer der Gesellschaft übergestülpten Kirche. Eine wachstumsorientierte Ökonomie, die abhängig ist von kognitiver Innovation, kann ihre kulturelle Maschinerie (auf die sie bedingungslos angewiesen ist) nicht ernstlich von einem doktrinären Glauben abhängig machen, der schnell veraltet und häufig lächerlich wird. Daher muß die Kultur als Kultur aufrechterhalten werden, und nicht als Träger oder als kaum bemerkte Begleiterscheinung eines Glaubens."[105] Dass ein Glauben, ganz im Gegensatz zu den Thesen Gellners, für die kapitalistische Wirtschaftsform eine zentrale Grundlage bilden kann, beschreibt Max Weber in seiner „Protestantischen Ethik". Für Weber begünstigt der „Geist des Protestantismus" ein kapitalistisches Wirtschaftssystem. Die Bereitschaft hart und viel zu arbeiten, der Verzicht auf Genuss in der Gegenwart zugunsten des Glücks nach dem Tod sind nach Weber wichtige Voraussetzungen für Kapitalbildung und den Erfolg der Industrialisierung.[106]

Für Hastings bildet die Religion eine der Grundlagen der Nationenbildung. Sie ist ein zentrales Element der meisten Kulturen und gerade die Bibel zeigt – zumindest für die christliche Welt – ein Modell der Nation auf: „The Bible, moreover, presented in Israel itself a developed model of what it means to be a nation – a unity of people, language, religion, territory and government. Perhaps it was an almost terrifyingly monolithic ideal, productive ever after of all sorts of dangerous fantasies, but it was there, an all too obvious exemplar for Bible readers of what every other nation too might be, a mirror for national self-imagining."[107] Am Beispiel der englischen Bibel zeigt er auf, dass diese ab dem 14. Jahrhundert das Wort Nation hoffähig gemacht hat.[108] Hastings geht so weit zu vermuten, dass ohne die Bibel und deren Interpretation von

---

[104] Vgl. hierzu GELLNER (1991) (siehe Fußnote 10), S. 205.
[105] Ders. (1991) (siehe Fußnote 10), S. 206.
[106] Vgl. hierzu WEBER, MAX (1904) Die protestantische Ethik und der „Geist" des Kapitalismus. I. Das Problem. In: *Archiv für Sozialwissenschaft und Sozialpolitik*, Bd. 20: 1; WEBER, MAX (1905) Die protestantische Ethik und der „Geist" des Kapitalismus. II. Die Berufsidee des asketischen Protestantismus. In: *Archiv für Sozialwissenschaft und Sozialpolitik*, Bd. 21: 1.
[107] HASTINGS (1997) (siehe Fußnote 11), S. 18.
[108] Vgl. hierzu Ders. (1997) (siehe Fußnote 11), S. 16.

WIE EINE NATION ENTSTEHT 27

Nation, Nationen und Nationalismus überhaupt nicht entstanden wären.[109] Die Kirchengeschichte kann ein Nationen konstituierendes Element sein. Insgesamt kommt Hastings auf sieben Merkmale der Religion, die mithelfen, Nationen zu formieren: „(...) first, sanctifiying the starting point; second, the mythologisation and commemoration of great threats to national identity; third, the social role of the clergy; fourth, the production of vernacular literature; fifth, the provision of a biblical model for the nation; sixth, the autocephalous national church; seventh, the discovery of a unique national destiny."[110] Natürlich treffen nicht alle Komponenten auf alle Nationen zu – die Herausbildung autokephaler Nationalkirchen sind z.b. eine Besonderheit der Orthodoxie. Auf diese wird in Abschnitt 1.2 genauer eingegangen.

Die Entstehung von Nationen ist auch an die Herausbildung einer Schriftsprache geknüpft. Als Beispiel für den Zusammenhang zwischen Schrift, Religion und Nation verweist Hastings auf die Entwicklung in Armenien. Dieses Beispiel lässt sich – wie später zu sehen ist – auf den georgischen Fall nahezu übertragen, da beide Nachbarländer eine ähnliche Geschichte durchliefen: „The first state to become Christian was Armenia in the late third century and the survival of the Armenian national identity from then until now is surely one of the more remarkable things in human history. The kingship did not survive, what did do so was the Armenian Bible, liturgy and related literature. (...) The key to their national survival seems to me the way that Christian conversion produced both a vernacular literature and the idea of a nation out of which grew a real nation able to endure across the political vicissitudes of the centuries."[111] Oft ging die Entwicklung von Schriften mit Bibelübersetzungen einher, weshalb man davon ausgehen kann, dass die Bibel ein wichtiger Faktor bei der Entwicklung nationaler Identitäten war.[112] Die nationenkonstituierende Kraft der Religion findet Hastings auch im Mittelalter: „Christian conversion in the medieval world again and again constructed national identity around a particular kingly line and particular holy places, precisely through the closeness of the church's identification with royal power."[113] Er weist auch auf die Fähigkeit der Religionen zur Grenzziehung hin: Wenn Nationen verschiedener Religionen sich

---
[109] Vgl. hierzu HASTINGS (1997) (siehe Fußnote 11), S. 4.
[110] Ders. (1997) (siehe Fußnote 11), S. 187-188.
[111] Ders. (1997) (siehe Fußnote 11), S. 198.
[112] Vgl. hierzu Ders. (1997) (siehe Fußnote 11), S. 24.
[113] Ders. (1997) (siehe Fußnote 11), S. 189.

gegenüberstehen – das können Protestanten und Katholiken genauso sein wie Orthodoxe und Protestanten oder Muslime und Katholiken – dann kann sich in Konfliktfällen die nationale Identität mit der religiösen vermischen.[114] Die In- bzw. Exklusion erfolgt sowohl entlang religiöser als auch nationaler Grenzen.

Wie Religion und Nation Gemeinschaften konstituieren

Auch andere Autorinnen und Autoren weisen auf die Zusammenhänge von Religion und Nation hin. Einige betonen die Ähnlichkeiten zwischen Religion und Nation und dass sie aus genau diesem Grund gut zusammenwirken können: „Thanks to Benedict Anderson's influential book on the topic, it has become almost a cliché to suggest that the nation is an imagined community. To argue that a religious community is an imagined construct will not surprise anyone either. Yet to analyze nation and religious community as cultural constructs, as products of the social imagination, does not detract from their efficacy in everyday life. In fact, it is hard to miss the social force of both religion and nationalism in many contemporary movements all over the world."[115] Merdjanova zeigt auf, dass trotz der Unterschiede in den Prinzipien und Werten (der Universalismus der Religion versus den Partikularismus des Nationalismus) Nation und Religion eine mächtige Allianz eingehen können. Diese kann sowohl durch die sozialen Bindungen, die religiöse als auch nationale Gruppen herstellen können, als auch durch die sozialen Funktionen, die religiöse und nationale Identitäten und Ideologien anbieten, entstehen.[116] Beide Systeme wirken eher emotional als rational und greifen auf Ideen von Verwandtschaft und Genealogie zurück: Was im Gedankengut der Nation das Mutter- oder Vaterland ist, sind in der Gemeinschaft der Kirche die Kinder Gottes oder die Brüder im Glauben. Wegen dieser ideellen Übereinstimmungen können Religion und Nation gut interagieren und aufeinander aufbauen: „Both national and religious groups try to dominate and control the life of their members and they may even combine their efforts to this end. (...) As historical religions are much older than nations, modern nations often build up their national bonds upon already existing

---

[114] HASTINGS (1997) (siehe Fußnote 11), S. 190. Hastings Sicht der Auswirkungen der Religion auf die Nation ist in seinen Beispielen nur auf das Christentum beschränkt. Es wäre sicherlich interessant zu sehen, ob seine Thesen auch auf andere Religionen anwendbar sind.
[115] VAN DER VEER/LEHMANN (1999) (siehe Fußnote 45), S. 3.
[116] Vgl. hierzu MERDJANOVA (2000) (siehe Fußnote 103), S. 250.

religious groups and ties. Religious heroes and saints may become symbols and heroes of the nation (for instance, St Patrick in Ireland, St Stephen in Hungary, St Adalbert and St Stanislav in Poland, St Ivan Rilsky in Bulgaria)."[117]

Die Religion kann auch zu einem Symbol der Nation und des Kampfes nach nationaler Selbstbestimmung werden. Dass die Religion mit zu den Charakteristika der Nation gehört, darüber sind sich viele Autoren einig.[118] Da die Religion sowohl Politik als auch Kultur mitbeeinflussen kann, kann sie Nationen auch aufspalten oder erst entstehen lassen, wie z.b. in Serbien. Gerade Nationalkirchen fördern den Nationalgedanken.[119] Religiöse Traditionen und Überlieferungen können direkt in die nationale Identität eingehen und diese mitgestalten, wie z.B. über Nationalheilige. Dies kann auch durch eine nationale Umdeutung und Vereinnahmung von Propheten zu nationalen Helden, von religiösen Offenbarungsorten zu Nationalheiligtümern, von religiösen Wundern zu nationalen Festen und von heiligen Schriften zu nationalen Epen geschehen.[120]

Gerade in fragilen Nationen kann die Religion eine sehr wichtige Rolle einnehmen und stabilisierend wirken.[121] In Nationen ohne Nationalstaat kann Religion zumindest ein Nationalbewußtsein herausbilden und so am Anfangspunkt der Nationenbildung stehen: „In Ländern wie Polen, Bulgarien, Rumänien, Kroatien, Slowenien, Serbien entwickelte sich das Nationalbewußtsein, ohne daß diesem Prozeß die Herausbildung eines eigenständigen Nationalstaats zu entsprechen vermochte. An die Stelle der politisch konstituierten Staatlichkeit traten in diesen Ländern daher verstärkt kulturelle Faktoren wie Sprache, Literatur, Kunst, Musik oder auch Religion. Die Ausbildung einer eigenen nationalen

---

[117] MERDJANOVA (2000) (siehe Fußnote 103), S. 251.
[118] Vgl. hierzu z.B. MILLER (1995) (siehe Fußnote 49), S. 122 und SPOHN, WILLFRIED (2003) Multiple Modernity, Nationalism and Religion: A Global Perspective. In: *Current Sociology*, Bd. 51: 3/4, S. 269 und KOHN, HANS (1962) *Die Idee des Nationalismus. Ursprung und Geschichte bis zur Französischen Revolution*. Frankfurt am Main: Fischer, S. 20.
[119] Vgl. hierzu Ders. (1962) (siehe Fußnote 118), S. 21
[120] Vgl. hierzu SMITH, ANTHONY D. (2000) The 'Sacred' Dimension of Nationalism. In: *Millenium: Journal of International Studies*, Bd. 29: 3, S. 799.
[121] „Where the history of nation-building created an unstable nation-state the sovereignty of which remained in question or where ethnic and national groups struggled to create a state and failed, then religion remained vibrant to the extent that the ethnos or nation shared a religion which defined it against its enemies. Ireland and Poland remained two of the most actively religious parts of Europe because, until the struggles for national liberation succeeded (fully in the case of Poland; only partly in the Irish case), the Catholic Church served as one of the main repositories of national identity." BRUCE, STEVE (1999) Modernisation, Religion Diversity and Rational Choice in Eastern Europe. In: *Religion, State and Society*, Bd. 27: 3/4, S. 271.

Identität erfolgte über diese kulturellen Faktoren. Religion und Kirche waren in diesen Prozeß der Nationenbildung unmittelbar hineinverwoben und stellten oft die wichtigste Institution dar, die zur Abgrenzung von anderen Kulturen und Nationen zu dienen und das Bewußtsein der eigenen Nationalität zu bewahren vermochte."[122] So wird die Religion zum Symbol eines Freiheitskampfes. Dies ist – wie später ausführlich belegt wird – auch in Georgien geschehen.

Die Idee des Freiheitskampfes ist im Juden- und Christentum in der biblischen Geschichte des Exodus mit angelegt. Michael Walzer beschreibt den Exodus als eine Geschichte der Revolution und der Befreiung: „Wir können uns den Exodus als ein Beispiel dessen vorstellen, was heute ‚nationale Befreiung' genannt wird. Das Volk als Ganzes wird versklavt und dann als Ganzes befreit."[123] Der Exodus beschreibt die Versklavung der Israeliten in Ägypten und die Tyrannei des Pharaos. Moses führt die Israeliten schließlich aus Ägypten fort, durch das geteilte Rote Meer in die Wüste. In der Wüste erfolgt der Bundesschluss mit Gott, eine neue Regierungsform wird gebildet: Es gibt einen Vertrag und Gesetze. Ein freiwilliger Bund zwischen Gott und seinem Volk wird geschlossen. In diesem Bund sind alle potentiell gleichberechtigt. Gleichzeitig setzt der Zusammenschluss alte Stammestraditionen aus und schafft eine neue Form des Zusammenhalts.[124] Diese Form des Bundesschlusses beeinflusst nach Walzer die später entstehenden Gesellschaftsverträge: „Denn die Gesellschafts- und Regierungsverträge des 16. und 17. Jahrhunderts haben ihren Ursprung in der Exodus-Literatur, wo zum ersten Mal die Idee vorgebracht wird, daß Untertanenpflicht und -treue in der Zustimmung individueller Männer und Frauen verwurzelt sein und rechtmäßig nur dort verwurzelt sein können."[125] Es gibt in der Exodus-Erzählung auch Rückschläge, wie es die Geschichte von dem Tanz um das Goldene Kalb erzählt. Gerade diese Erzählung der „Konterrevolution" macht den Exodus als Revolutionsgeschichte so realistisch und selbst für Leninisten interessant.[126] Walzer fasst zusammen: „Die Geschichte sieht etwa folgendermaßen aus: Unterdrückung, Befreiung, Gesellschaftsvertrag,

---

[122] POLLACK, DETLEF (1998) Einleitung. Religiöser Wandel in Mittel- und Osteuropa. In: Derselbe/BOROWIK, IRENA/JAGODZINSKI, WOLFGANG (Hrsg.) Religiöser Wandel in den postkommunistischen Ländern Ost- und Mitteleuropas. Würzburg: Ergon Verlag, S. 27-28.
[123] WALZER (1988) (siehe Fußnote 79), S. 41.
[124] Vgl. hierzu Ders. (1988) (siehe Fußnote 79), S. 85 und S. 93.
[125] Ders. (1988) (siehe Fußnote 79), S. 92.
[126] Vgl. hierzu Ders. (1988) (siehe Fußnote 79), S. 74 und S. 78.

politischer Kampf, neue Gesellschaft (Gefahr der Restauration). Wir nennen den gesamten Prozeß revolutionär (...)"[127] Der Exodus ist eine Geschichte des Juden- und des Christentums, in deren Erzähltradition sie bis heute eine enorme Wirkungsmacht hat: „Nicht genug damit, daß Ereignisse sich fast spontan in eine Exodus-Gestalt fügen, sondern wir tragen auch aktiv dazu bei, ihnen diese Gestalt zu verleihen. Wir klagen über Unterdrückung; wir hoffen (gegen jede historische Erfahrung der Menschheit) auf Befreiung; wir schließen uns in Bünden und Verfassungen zusammen; wir streben nach einer neuen und besseren Gesellschaftsordnung. Das Exodus-Denken scheint, wenn auch in abgeschwächter Form, die Säkularisierung der politischen Theorie überlebt zu haben."[128] Diese Ebene muss mitgedacht werden, wenn sich ein Freiheitskampf oder ein Streben nach Unabhängigkeit, wie später im georgischen Fall, mit Religion und Kirche verbündet.

Religion und nationale Identität sind eng mit der Geschichtsschreibung und nationalen Mythen verwoben: „Religious memories and national myths are especially effective because they connect generations by postulating solidarity arising from sharing common fates."[129] Da die Religion durch die Genealogie auf die Ursprünge verweisen kann, fordert sie von den Mitgliedern der ihr angehörenden Nation Loyalität der Gemeinschaft gegenüber. Dies geht sogar so weit, dass Menschen, die nicht der Mehrheitsreligion angehören (z.B. der orthodoxe Pole oder der baptistische Russe) als illoyal der Nation gegenüber betrachtet werden.[130] So gab es laut Ramet im Christentum immer auch Strömungen, die eine universale Religion propagierten, für die nationale Grenzen keine Bedeutung habe. Diese scheiterten aber an den nationalen Patriarchen, die immer auch nationale Führer waren und sind, wie auch an der Reformation, deren Konflikte vor allem Konflikte um Territorien waren.[131]

Die hier vertretene Sichtweise, dass Sprache, Nation und Religion eine Einheit bilden, vertritt Jakobson auch für die katholischen und protestantischen Kirchen, sobald bei diesen die Landessprache zur Sakralsprache wird: „And because the

---

[127] WALZER (1988) (siehe Fußnote 79), S. 141.
[128] Ders. (1988) (siehe Fußnote 79), S. 142.
[129] ARMSTRONG, JOHN (1997) Religious Nationalism and Collective Violence. In: *Nations and Nationalism*, Bd. 3: 4, S. 597.
[130] Vgl. hierzu RAMET, SABRINA P. (1989) The Interplay of Religious Policy and Nationalities Policy in the Soviet Union and Eastern Europe. In: Dieselbe (Hrsg.) Religion and Nationalism in Soviet and East European Politics. Durham, London: Duke University Press, S. 4.
[131] Vgl. hierzu Dies. (1989) (siehe Fußnote 130), S. 5.

Mass and the Church were considered as most sacred in the medieval hierarchy of values, so the national language, too, became consecrated by entering into the Mass – and the nation unified by this language was consecrated in its turn. Liturgy and church became national – not in a way opposing the Universal Church – and nation was raised to a sublime sacred value; and the struggle for national culture in general, and for national rights in general."[132]

Religion, Nation und Moderne

Können nun gar Religion, Nation und Moderne eine Allianz eingehen? Allgemein werden Staaten, die keine Trennung zwischen Staat und Kirche kennen, als unmodern angesehen, da die Moderne durch Aufklärung und Säkularisierung entstand. Es gilt das Postulat der Glaubensfreiheit und dass der Staat sich aus den Fragen von Religion und Kirche heraushalten soll.[133] In der Moderne kann die religiöse Inhomogenität einer Nation zur Normalität werden: „Die Vorstellung, daß eine Gemeinschaft religiöse Homogenität aufweisen müsse, wurde lange vor der ethnischen Homogenität vertreten und war ein Merkmal der pränationalen staatlichen Gesellschaften. Die langsame Akzeptierung verschiedener Religionen, die sich im Grunde immer auf die beiden christlichen Konfessionen bezog, bedeutete die Anerkennung der Inhomogenität."[134] Dennoch zeigen

---

[132] JAKOBSON, ROMAN (1968) The Beginning of National Selfdetermination in Europe. In: Readings in the Sociology of Language. The Hague: Mouton, S. 589.

[133] Zurück geht diese Entwicklung auf den Begriff des Laizismus, der im 19. Jahrhundert in Frankreich entstand. Dort wurde 1905 erstmalig die Trennung von Religion und Staat per Gesetz geregelt. Tatsächlich laizistische Staaten sind jedoch auch heute selten. Rendtorff beschreibt, dass die Trennung von Kirche und Staat nicht unbedingt mit dem modernen Verständnis von parlamentarischer Demokratie zusammengeht: „Die skandinavischen Länder Schweden, Dänemark und Norwegen haben nicht nur eine unproblematische Verbindung von parlamentarischer Demokratie und traditioneller Monarchie etabliert, sondern pflegen auch eine weitgehend akzeptierte staatskirchliche Ordnung der religiös-kirchlichen Verhältnisse. Und der interessierte Zeitungsleser erfährt am Rande der Affären um Prinz Charles und Lady Diana, daß deren Scheidung den Prinzen die Anwartschaft auf den Thron kosten würde. Denn der König bzw. die Königin von England ist eben nach wie vor das Oberhaupt der anglikanischen Kirche. Insofern ist die gängige Behauptung abstrakt, daß Demokratie im modernen, westeuropäischen Sinne nur mit strikter Trennung von Kirche und Staat vereinbar sei." RENDTORFF, TRUTZ (1996) Kirche und Staat. Die gespaltene europäische Christenheit. In: KALLSCHEUER, OTTO (Hrsg.) Das Europa der Religionen. Ein Kontinent zwischen Säkularisierung und Fundamentalismus. Frankfurt am Main: Fischer, S. 146-147. Der Artikel von Wulf zur Inauguration des amerikanischen Präsidenten verdeutlicht, dass selbst wenn in der Verfassung die Religionsfreiheit festgeschrieben ist, die christliche Religion staatstragend sein kann, wie es in den USA der Fall ist. Vgl. hierzu WULF (2004) (siehe Fußnote 70).

[134] SERLOTH (1997) (siehe Fußnote 88), S. 92.

andere Entwicklungen, dass Religion und Nation in der Neuzeit auch zu einer Einheit werden können: „Inzwischen haben die Ereignisse in Polen und der DDR, ansatzweise auch in Rumänien und einigen Sowjetrepubliken gezeigt, daß selbst in der modernen Welt Kirchen und Glauben politische Instanzen sein können, die wesentlich dazu beitragen, ganze Völker zu gemeinsamem politischen und gesellschaftlichen Wollen und Handeln zusammenzuführen."[135] Auch der Konflikt zwischen Israel und Palästina beruht in weiten Teilen auf der Einheit von Religion und Nation auf beiden Seiten. Spohn weist darauf hin, dass die Annahme, Religion und Moderne schlössen sich wechselseitig aus, nur auf eine beschränkte Auswahl europäischer Beispiele anwendbar ist, deren Prototyp Frankreich und die Französische Revolution sind.[136] Doch schon in Europa konnte das „Modell Frankreich" nicht überall übernommen werden: „(...) in the European cases, national identity formation is characterized by religious-secular combinations rather than a mere replacement of religious by secular components."[137]

Religion und Nationalismus

Jede Nation trägt die Möglichkeit des Nationalismus in sich. Die Interaktion von Religion und Nation kann zu Nationalismus bzw. religiös fundiertem Nationalismus führen. Interessant an dieser Verbindung von Nationalismus und Religion ist deren Dialektik, zumindest im Christentum: so wie Christus für die Gemeinschaft der Gläubigen stirbt, fordert der Nationalismus die Sterbebereitschaft für die Gemeinschaft der Nation. So stellt Anderson fest: „Schließlich wird die Nation als *Gemeinschaft* vorgestellt, weil sie, unabhängig von realer Ungleichheit und Ausbeutung, als ‚kameradschaftlicher' Verbund von Gleichen verstanden wird. Es war diese Brüderlichkeit, die es in den letzten zwei Jahrhunderten möglich gemacht hat, daß Millionen von Menschen für so begrenzte Vorstellungen weniger getötet haben als vielmehr bereitwillig gestorben sind."[138] So wird die Nation – auch in Europa, auch dort, wo die Säkularisierung zum Zeichen der Moderne wird – sakralisiert. Sowohl die Religion als auch

---

[135] SCHILLING, HEINZ (1991) Nationale Identität und Konfession in der europäischen Neuzeit. In: GIESEN, BERNHARD (Hrsg.) Nationale und kulturelle Identität. Studien zur Entwicklung des kollektiven Bewusstseins in der Neuzeit. Frankfurt am Main: Suhrkamp, S. 193.
[136] Vgl. hierzu SPOHN (2003) (siehe Fußnote 118), S. 270.
[137] Ders. (2003) (siehe Fußnote 118), S. 271.
[138] ANDERSON (1996) (siehe Fußnote 8), S. 17.

die Nation versprechen die Unsterblichkeit.[139] Diese Entwicklung könnte die Schwächung von Religion und Kirche bedeuten. Jedoch kann die Sakralisierung der Nation Nation und Kirche auch in der Moderne zusammenbringen und somit wechselseitig stärken.

Religion kann zu einem mächtigen Instrument von Nationalisten werden. Rieffer nennt als Bedingungen für religiösen Nationalismus, dass die Bevölkerung eines Territoriums überwiegend einer Religion angehört (es also zu einer Einheit von Religion, Land und Nation kommt), eine Gruppe ein Land als heilig ansieht und dieses für sich beansprucht oder dass unterschiedliche Religionen eng nebeneinander existieren und es zu Verfolgung und Diskriminierung kommt. Auch im Zuge von national-religiösen Befreiungsbewegungen kann Religion instrumentalisiert werden.[140]

Nationale Bewegungen können sich die Religion zunutze machen: „Nationalist activists have used religion as a symbol quite succesfully. First, previous suppressions of religion, destruction of churches, mosques, dazans etc., as well as persecution of the clergy, were explicitly interpreted and translated in political debates as the ‚destruction of national culture', and ‚killing the soul of a nation' by outsiders. Second, in a situation of collapsed Soviet symbolism, the new leaders desperately needed not so much legal, as more sacred forms of legitimization – which could be and were provided by the clergy. Third, ethno-religious coalitions proved to be more coherent and militant forms of mobilization; no leader could avoid the temptation of using religion as an additional argument in fomenting ethnic fever."[141] Die Rückgriffe auf Kirche und Religion sind deswegen so wirkungsmächtig, weil so nationale Aufgaben in einen religiösen Kontext gestellt werden können. Z.B. können Vorstellungen der göttlichen Auserwähltheit für ein bestimmtes Vorhaben entstehen oder ein Krieg geführt werden, um die Kirche zu beschützen oder um die „richtige" Religion – territorial oder durch erzwungene Konversion – zu verbreiten.[142] Wegen der Verknüpfung von Religion und territorialer Gemeinschaft sind Konflikte, in denen es um Religion geht, besonders schwer oder gar nicht zu befrieden, denn mit der Religion kommen Prinzipien ins Spiel, die wegen ihrer Religiösität

---

[139] Vgl. hierzu MOSSE, GEORGE L. (1993) *Gefallen für das Vaterland: nationales Heldentum und namenloses Sterben.* Stuttgart: Klett-Cotta und BRUNOTTE, ULRIKE (2004) *Zwischen Eros und Krieg. Männerbund und Ritual in der Moderne.* Berlin: Wagenbach.
[140] Vgl. hierzu RIEFFER (2003) (siehe Fußnote 97), S. 225-226.
[141] TISHKOV (1997) (siehe Fußnote 35), S. 109.
[142] Vgl. hierzu SMITH (2000) (siehe Fußnote 120), S. 804.

unverhandelbar sind.[143]

Religion und Nation können also entgegen der Einschätzung durch den Mainstream der Modernisierungstheorie, wie er in der Nationentheorie von Anderson, Hobsbawm und Gellner vertreten wird, auch in der Gegenwart eine mächtige Allianz eingehen. Die Religion wirkt direkt auf die Nationenbildung und -festigung ein: durch ihre Verknüpfung mit Schrift und Sprache, ihrer Abgrenzungsmöglichkeit Andersgläubigen gegenüber, durch ihre gruppenkonstituierende Fähigkeit, durch die Möglichkeit, nationale Symbole wie Nationalheilige entstehen zu lassen, Kämpfe um Territorien zu unterstützen, auf Geschichtsschreibung und nationale Mythen einzuwirken und sich von Nationalisten instrumentalisieren zu lassen. In christlichen Ländern werden Ideen des nationalen Freiheitskampfes durch die Narration der Exodus-Geschichte wachgehalten und gestärkt. Diese in der Religion angelegten topoi lassen sich auch in der Gegenwart und – wie noch gezeigt werden wird am Beispiel Georgiens und der Georgisch Orthodoxen Kirche – verorten.

1.2 Nation und orthodoxes Christentum

Da das orthodoxe Christentum sich von Katholizismus und Protestantismus unterscheidet und deswegen auf besondere Art und Weise auf Nationen einwirken kann, wird hier gesondert auf die Orthodoxie und ihr Zusammenspiel mit der Nation eingegangen. Die wichtigste Besonderheit der Orthodoxie ist die Herausbildung autokephaler[144] Staatskirchen. Die Entstehung der Nationalkirchen

---

[143] Vgl. hierzu HANF, THEODOR (1994) The Sacred Marker: Religion, Communalism and Nationalism. In: *Social Compass*, Bd. 41: 1, S. 17.

[144] Autokephale Kirchen existieren meist nur innerhalb bestimmter Landes- und Sprachgrenzen: „Autokephalie bedeutet, daß das Oberhaupt der Kirche (ein Patriarch oder Erzbischof) nicht von einem übergeordneten Hierarchen eingesetzt, sondern von einem synodalen Gremium der eigenen Kirche unabhängig gewählt und dann inthronisiert wird. (...) Die Autokephalie wird jeweils von der Mutterkirche gewährt und muß von den anderen autokephalen Kirchen anerkannt werden. Da der Ökumenische Patriarch die geistliche Leitung auch für die außerhalb seines Jurisdiktionsbereichs lebenden Orthodoxen beansprucht, hat es bei der Gewährung der Autokephalie in diesem Jahrhundert gelegentlich Spannungen gegeben. Die Erlangung der Autokephalie ist für die meisten orthodoxen Nationalkirchen ein langwieriger historischer Prozeß gewesen, der im Mittelalter zugleich den Niedergang der Mutterkirche Konstantinopels und die Nationwerdung des jeweiligen orthodoxen Volkes anzeigte." DIEDRICH, HANS-CHRISTIAN (1988) *Das Glaubensleben der Ostkirche*. Leipzig: Koehler & Amelang, S. 30. Die Besonderheit in Hinblick auf den Katholizismus ist, dass jede Nationalkirche ein Kirchenoberhaupt – einen Patriarchen oder Katholikos-Patriarchen – hat. Über den Patriarchen der jeweiligen Kirchen steht nur der Patriarch von Konstantinopels, das Ökumenische Patriarchat, der allerdings keine

geht aus den ursprünglich 5 Patriarchaten (Rom, Konstantinopel, Alexandria, Antiocheia und Jerusalem) hervor. Diese entstanden zunächst aus Verwaltungszwecken, erfuhren aber schnell eine religiöse Metaphorisierung: „Die Kirche ist der Leib Christi, folglich stellen die fünf Patriarchate die fünf Sinne dar. Jeder Patriarch ist Herr über sein Territorium, aber er muß in Übereinstimmung mit den anderen handeln."[145] Die Nationalkirchen haben nach Hastings einen starken Einfluß auf die nationale Identität, da die kirchliche Autonomie eine starke und langlebige Funktion im Nationalismus übernehmen kann, wenn z.b. die biblische Vorstellung von einer Nation und einer Kirche auf die eigene Kirche und die eigene Nation als von Gott ausgewählt fällt.[146]

Die nationale Ausrichtung der orthodoxen Kirchen half gerade in Zeiten religiöser Unterdrückung, ein Nationalgefühl aufrecht zu erhalten. Auf dem Balkan etwa wirkte sie als Bewahrerin der kollektiven Identität und als Unterscheidungsmerkmal zu den Muslimen während der ottomanischen Fremdherrschaft.[147] Diese Vermengung von Religion und Nation kann zur Vereinahmung durch religiöse Nationalisten führen: „(...) Orthodoxy is organised along national lines, forming a rather loose international (...) conglomerate of independent national churches in Serbia, Romania, Russia and other countries, and this makes Orthodoxy particularly liable to embrace nationalistic tendencies, even if these are not initiated by it."[148] Agadjanian geht sogar von der Tradition eines kirchlichen Nationalismus (nicht nur) in der Russisch Orthodoxen Kirche aus. Dieser habe zur Unterstützung der beiden Tschetschenien-Kriege Ende des 21. Jahrhunderts durch die Russisch Orthodoxe Kirche geführt.[149] Im Fall von

---

besonderen Rechte besitzt: „Heute gilt der Ökumenische Patriarch nur als primus inter pares, als Erster unter den Inhabern der alten und neuen Patriarchate des Ostens, aber nicht als Oberhaupt der gesamten orthodoxen Kirche im Sinne eines Rechtsprimates." BENZ, ERNST (1988) *Geist und Leben der Ostkirche*. München: Wilhelm Fink Verlag, S. 64.

[145] CONGOURDEAU, MARIE-HÉLÈNE (1991) Der Kirchenbegriff in der orthodoxen Theologie. In: MAYEUR, JEAN-MARIE et al. (Hrsg.) Die Geschichte des Christentums. Religion, Politik, Kultur: Band 6. Die Zeit der Zerreissproben (1274-1449). Freiburg: Herder, S. 298.

[146] Vgl. hierzu HASTINGS (1997) (siehe Fußnote 11), S. 196.

[147] Vgl. hierzu KITROMILIDES, PASCHALIS (1989) „Imagined Communities" and the Origin of the National Questions in the Balkans. In: *European History Quarterly*, Bd. 19: 2, S. 178.

[148] ZWEERDE, EVERT VAN DER (1999) „Civil Society'" and „Orthodox Christianity" in Russia: a Double Test Case. In: *Religion, State and Society*, Bd. 27: 1, S. 37.

[149] Vgl. hierzu AGADJANIAN, ALEXANDER (2001) Revising Pandora's Gifts: Religious and National Identity in the Post-Soviet Societal Fabric. In: *Europe-Asia Studies*, Bd. 53: 3, S. 482.

Georgien vermutete die russische Kirche, ganz in der Annahme, dass autokephale Kirchen ein Nationalgefühl stärken, hinter der Forderung der georgischen Kirche nach Selbständigkeit – während sie ein Exarchat[150] der russischen Kirche war -, es ginge den Georgiern primär um einen unabhängigen Nationalstaat und nur sekundär um die Kirche.[151] Zu dieser Zeit war Georgien ein Teil des russischen Zarenreichs und als eigenständige Nation nicht existent.[152]

Was macht die Besonderheiten der Orthodoxie, abgesehen von der Autokephalie, aus? Die Bedeutung von *orthodox* ist „rechtgläubig" und bezieht sich auf die Kirche des rechten Glaubens (in Abgrenzung zum Katholizismus und Protestantismus), die rechte Lehre und die rechte und richtige Lobpreisung Gottes.[153] Diese Vorstellung der richtigen Kirche im Gegensatz zur Falschen korrespondiert auch mit der Vorstellung von Auserwähltheit: „Nicht alle Menschen gehören zur Kirche, sondern nur auserwählte, und nicht einmal alle Christen gehören völlig zur wahren Kirche, sondern nur die Orthodoxen."[154] Hier wird versucht, die Auserwähltheit des Volkes Israel von Gott auf die Anhänger der Orthodoxie auszuweiten bzw. umzudeuten: Nur orthodoxe Christen sind von Gott auserwählt, nur sie haben den richtigen Glauben.

Es gibt eine orthodoxe Kirche, die in mehrere autokephale Kirchen aufgeteilt ist.[155] Erste Kirche dieser Gemeinschaft ist die Kirche von Konstantinopel.[156] Deren Patriarch ist *primus inter pares* und bestätigt und gewährt z.B. die Auto-

---

[150] Durch das Exarchat war die Georgisch Orthodoxe Kirche zu einem Verwaltungsbereich der Russisch Orthodoxen Kirche geworden und somit ihrer Unabhängigkeit beraubt.

[151] Vgl. hierzu BUCHENAU, KLAUS (2000) Nationalisierung der Religion und Sakralisierung der Nation in Ostmittel-, Südost- und Osteuropa im 19. und 20. Jahrhundert. In: *Bohemia*, Bd. 41: 2.

[152] Ausführlicher wird auf die damaligen Geschehnisse in Abschnitt 2.4 (Georgien unter dem Zaren (1801-1921)) eingegangen.

[153] Vgl. hierzu LARENTZAKIS, GRIGORIOS (2000) *Die Orthodoxe Kirche. Ihr Leben und ihr Glaube*. Graz: Styria, S. 14.

[154] BULGAKOV, SERGIJ (1996) *Die Orthodoxie. Die Lehre der orthodoxen Kirche. (Erstveröffentlichung in englischer Sprache 1935)*. Trier: Paulinus Verlag, S. 27.

[155] Diese eine orthodoxe Kirche hat als höchste Instanz den Zusammenschluss aller orthodoxen Bischöfe: „Die höchste Instanz der orthodoxen Synodalverfassung bildet das Ökumenische Konzil, das aus der Versammlung aller orthodoxen Bischöfe besteht. Die auf dem Ökumenischen Konzil versammelten Bischöfe entscheiden durch Mehrheitsbeschlüsse alle Fragen des orthodoxen Glaubens wie auch des Kultus und des Kirchenrechts. Als die sieben Ökumenischen Synoden werden anerkannt die Synoden von Nicaea 325, Konstantinopel 381, Ephesus 431, Chalcedon 451, Konstantinopel II 553, Konstantinopel III 680 und Nicaea II 787. Seitdem hat eine Ökumenische Synode nicht mehr stattgefunden." BENZ (1988) (siehe Fußnote 144), S. 63.

[156] Vgl. auch Fussnote 144.

kephalie.[157] Die autokephalen Kirchen halten die Gottesdienste in den jeweiligen Landessprachen ab. So wurde auch in den jeweiligen Landessprachen missioniert. Diese besondere Stellung der Landessprachen wird von der Auslegung der Geistausgießung an Pfingsten hergeleitet: „Die pfingstliche Geistausgießung wurde als die Taufe der Volkssprachen und als ihre Erhebung zum Werkzeug der Verkündigung der göttlichen Heilbotschaft auf der ganzen Welt unter allen Völkern verstanden."[158] Die Missionierung in den Landessprachen förderte die Entwicklung dieser Sprachen und führte zum Teil erst zur Entstehung von Schriften: „Viele Volkssprachen der von der orthodoxen Kirche missionierten Völker und Stämme Europas, Vorderasiens, Sibiriens und Zentralasiens sind erst dadurch in den Rang von Literatursprachen erhoben worden, daß orthodoxe Missionare die Bibel und die liturgischen Schriften in diese Sprachen übersetzten."[159] Autokephalie und die Liturgie in der Landessprache waren und sind für die Nationenbildung in Ländern mit einer orthodoxen Kirche außerordentlich zentral.

Die nationale Ausrichtung der orthodoxen Kirchen spiegelt sich in der Liturgie wider: „Die in ihrem ökumenischen Charakter begründete Flexibilität der Liturgie, die eine Komposition verschiedener Kulturtraditionen darstellt, hat auch die Verbindung von Kult und Nation, Liturgie und nationalem Schicksal bewirkt, so daß die überlieferten liturgischen Formen in der jeweils vertrauten Sprache zum Träger der orthodoxen und kulturellen Identität geworden sind, die keine erzwungene Uniformität darstellt, sondern Universalität in der Vielfalt."[160] So wird in vielen Liturgien – z.B. in der Chrysostomos-Liturgie, den Chrysostomos Fürbitten-Diptychen[161] und dem Segen und der Entlassung – der politischen Führung und des Landes gedacht. Im Fürbitten-Diptychen des Basileos liest sich das folgendermaßen: „Gedenke, Herr, (der politischen Führung), die du berufen hast, auf Erden zu herrschen. Kröne sie mit der Waffe der Wahrheit, der Waffe der Huld, beschirme ihr Haupt am Tag des Krieges. Stärke ihren Arm, erhöhe ihre Rechte, befestige ihre Herrschaft und

---

[157] Vgl. hierzu LARENTZAKIS (2000) (siehe Fußnote 153), S. 15.
[158] BENZ (1988) (siehe Fußnote 144), S. 93.
[159] Ders. (1988) (siehe Fußnote 144), S. 94.
[160] KALLIS, ANASTASIOS (1989) *Liturgie. Die Göttliche Liturgie der Orthodoxen Kirche.* Mainz: Matthias-Grünewald-Verlag, S. IX-X.
[161] Dyptichen waren ursprünglich antike Schreibtäfelchen aus zwei durch Scharnieren verbundenen Deckplatten zur Beschriftung auf der Innenseite. In der Liturgie wurden die Dyptichen für die Verlesung der Namen in den Fürbitten benutzt.

unterwirf ihr alle fremden Völker, die den Krieg suchen. Schenke ihr tiefen und unerschütterlichen Frieden, sprich in ihr Herz Gutes für deine Kirche und dein ganzes Volk, damit wir in ihrem Frieden ein friedliches und ruhiges Leben führen können in aller Frömmigkeit und Rechtschaffenheit."[162] Hier werden Gott, Kirche, Land und Regierung zu einer Einheit – die politische Führung wird als von Gott eingesetzt verstanden. Unklar ist, ob sich eine orthodoxe Kirche gegen einen Diktator stellen darf oder nicht. Dieser wäre ja auch von Gott eingesetzt.

Die Glaubenspraxis der orthodoxen Kirchen

Die Gemeinschaft der orthodoxen Kirche bildet sich auf der Grundlage der Sakramente: „Das sakramentale Leben durchdringt das persönliche Leben und bestimmt den Lebensrhythmus der Gesellschaft. Das bedeutet, daß das sakramentale Leben in der Orthodoxen Kirche eine intensive und bestimmende soziale Dimension hat. Es ist kein privates Ereignis (...). Sondern es ist ein gemeinschaftliches Ereignis der ganzen Ortskirche, das natürlich die ganze Kirche Christi betrifft."[163] Es gibt sieben Sakramente: Taufe, Myronsalbung, Eucharistie, Buße, Priesterweihe, Ehe und Ölsalbung. Durch Taufe und Salbung erfolgt die Aufnahme in die Kirche, in den Leib Christi. Durch die Taufe wird ein neues Leben erlangt, die Myronsalbung verleiht die Gaben des Heiligen Geistes.[164] Die Eucharistie ist kirchen-konstitutiv und darf nicht alleine gefeiert werden. Die Priesterweihe wird während der Eucharistie vorgenommen. Die Eucharistie steht als heiliges Erlebnis im Mittelpunkt der Gottesdienste: „Die Gott-Menschen-Gemeinschaft symbolisiert sich hier ganz real in einer greifbaren und erlebbaren Wirklichkeit."[165] Mehr noch, es findet eine Begegnung zwischen Christus und den Gemeindemitgliedern statt: „Dieses Wunder der Begegnung der Gemeinschaft der Getauften mit dem auferstandenen Herrn bei der Fortsetzung des von ihm selbst begonnenen messianischen Hochzeitsmahles über dem Brotbrechen ist der eigentliche schöpferische Mittelpunkt der ostkirchlichen Liturgie; was die Gemeinde hierbei erfährt, ist im Grunde

---

[162] KALLIS (1989) (siehe Fußnote 160), S. 230.
[163] LARENTZAKIS (2000) (siehe Fußnote 153), S. 59.
[164] Vgl. hierzu BULGAKOV (1996) (siehe Fußnote 154), S. 175 und FELMY, KARL CHRISTIAN (1990) *Die Orthodoxe Theologie Der Gegenwart. Eine Einführung.* Darmstadt: Wissenschaftliche Buchgesellschaft Darmstadt, S. 178 und S. 186.
[165] LARENTZAKIS (2000) (siehe Fußnote 153), S. 69.

nichts anderes als die Fortsetzung der Erscheinungen des Auferstandenen in ihrer Mitte."[166] Die Eucharistie bringt Bilder wie das der Vermählung zwischen Christi und seiner Braut der Gemeinde als auch die Aufnahme der Gemeinde in den Leib Christi durch das Mahl des Leibes und des Blutes hervor – beides sind stark gemeinschaftskonstituierende Vorstellungen.[167] Die Eucharistie ist auch ein Ritual im Sinne der Performanztheorie. Dadurch, dass Fleisch und Blut Jesus in Form von Hostien und Wein von den Körpern der Gläubigen einverleibt werden, entsteht in dieser Aufführung der Körper der Kirche.

Die Buße – das Bekennen einer Sünde vor dem Geistlichen – befreit von den Sünden. Es gibt keine Beichtstühle, die Beichte findet als „Ohrenbeichte" im Gespräch mit dem Priester statt.[168] Das Sakrament der Priesterweihe, das durch Handauflegung des Bischofs verliehen wird,[169] bezieht sich nur auf Männer. Frauen sind zwar nicht weiheunfähig, werden aber nicht geweiht.[170] Die orthodoxen Kirchen tun sich bis heute mit der Gleichberechtigung von Frauen äußerst schwer. Die Frage ob Frauen geweiht werden dürfen oder nicht – denn ein absolutes Verbot gibt es in der Orthodoxie nicht – führt auch zu Spannungen zwischen den orthodoxen Kirchen und dem Weltkirchenrat.

Das Zölibat gilt nur für Bischöfe, Priester dürfen nach der Weihe nicht mehr heiraten, können aber zum Zeitpunkt der Weihe verheiratet sein und dürfen es auch bleiben.[171] Die Ehe verbindet Mann und Frau für ein gemeinsames christliches Leben und die Geburt der Kinder. Es gibt die Möglichkeit der Ehescheidung, z.B. nach einem Ehebruch und die Erlaubnis für weitere Eheschließungen.[172] Das letzte Sakrament, die Ölsalbung, kann sowohl bei Kranken als auch bei Sterbenden vorgenommen werden.[173] Im Katholizismus wird die Salbung nur in Vorbereitung auf den Tod angewandt.

Maria wird als Gottesgebärerin und Mutter aller Christen an verschiedenen Festtagen (Geburt, Einführung in den Tempel, Gottesgebärerin und Entschlafung) verehrt. Die unbefleckte Empfängnis ist in der orthodoxen Kirche unbekannt, nicht aber die Jungfräulichkeit und die Aufnahme Marias in den

---

[166] BENZ (1988) (siehe Fußnote 144), S. 24.
[167] Vgl. hierzu VON BRAUN (2001) (siehe Fußnote 57), S. 292ff..
[168] Vgl. hierzu LARENTZAKIS (2000) (siehe Fußnote 153), S. 82.
[169] Vgl. hierzu BULGAKOV (1996) (siehe Fußnote 154), S. 176.
[170] Vgl. hierzu LARENTZAKIS (2000) (siehe Fußnote 153), S. 72.
[171] Vgl. hierzu BENZ (1988) (siehe Fußnote 144), S. 64.
[172] Vg. hierzu LARENTZAKIS (2000) (siehe Fußnote 153), S. 82 und BULGAKOV (1996) (siehe Fußnote 154), S. 176.
[173] Vgl. hierzu [S. 176]Bulgakov1996.

Himmel.[174] In den orthodoxen Kirchen gibt es keine Sitzbänke. Während des Gottesdienstes stehen die Anwesenden oder laufen umher. Auch das Verlassen der Kirche und späteres Zurückkehren ist üblich. Umherlaufende Kinder stören nicht. Es gibt keine Orgeln, die Musik im Gottesdienst ist reine Vokalmusik.[175] Das Fehlen von Instrumentalmusik hat auch einen dogmatischen Grund: „Der Mensch soll nicht tote Metalle und totes Holz benutzen, um Gott zu loben, sondern er soll selber ein lebendiges Instrument der Lobpreisung Gottes sein (...)"[176] Die reine Vokalmusik unterscheidet die orthodoxen Kirchen von der Musiktradition der katholischen und protestantischen Kirchen.[177]

Auch die herausragende Rolle der Ikonen unterscheidet die „Ostkirche" deutlich von der „Westkirche": Ikonen nehmen in der orthodoxen Kirche einen hohen Stellenwert ein. Die Ikonen in der Kirche werden in einer bestimmten Reihenfolge geküsst: zuerst die Christus-Ikone, dann die Marien-Ikone, gefolgt von den Ikonen der Heiligen und Engel und schließlich die Ikone des Heiligen des betreffenden Tages oder Kirchenfestes.[178] Ikonen sind zweidimensionale Abbildungen des Urbildes, die durch die besondere Art der Herstellung und die Weihe zu heiligen Bildern werden: „Das auf der Ikone erscheinende Antlitz Christi, der Gottesmutter, der Heiligen ist also echte Erscheinung, Selbstabbildung, Selbstabdruck der himmlischen Urbilder (...)."[179] Schon das Malen der Ikone ist ein heiliger Akt, der Goldgrund verkörpert die himmlische Aura. In der Legende geht der Ursprung z.B. der Christus-Ikonen auf die Darstellung des heiligen Schweißtuches zurück – Christi Gesicht soll sich als Abdruck in diesem Schweißtuch selbst abgebildet haben. Durch die Weihe der Ikone wird die Identität zwischen dem himmlischen Urbild und dem Abbild bestätigt.[180] Durch die Übereinstimmung zwischen Ikone und Urbild kann die Ikone die Anwesenheit und Erscheinung Christi (oder Marias, oder eines Heiligen) verkörpern und Wunder vollbringen: „Kraft dieser gnadenhaften Anwesenheit kann durch die

---

[174] Vgl. hierzu LARENTZAKIS (2000) (siehe Fußnote 153), S. 109-114.
[175] Vgl. hierzu DIEDRICH (1988) (siehe Fußnote 144), S. 44.
[176] BENZ (1988) (siehe Fußnote 144), S. 125.
[177] In Georgien ist die Kirchenmusik polyphon und im Vergleich zu anderen polyphonen Gesangstradition sehr eigen. Deswegen wurde die georgische Polyphonie 2001 zum Weltkulturerbe der UNESCO erklärt. Ein Stück aus Georgien wurde in die Grußbotschaft an eventuelle Außerirdische aufgenommen, die die Voyager-Mission 1977 mit sich führte. Vgl. NASA (2003).
[178] Vgl. hierzu BENZ (1988) (siehe Fußnote 144), S. 6.
[179] Ders. (1988) (siehe Fußnote 144), S. 9.
[180] Vgl. hierzu Ders. (1988) (siehe Fußnote 144), S. 12.

Ikone Hilfe gewährt werden, als ob sie von den darauf Abgebildeten selbst käme, und in diesem Sinne ist grundsätzlich jede Ikone, die ihre Bestimmung erlangt hat, d.h. jede geweihte Ikone, wundertätig."[181] Den Heiligen kommen in der Ikonenverehrung besondere Aufgaben zu: „Die orthodoxe Kirche verehrt die Heiligen als die ‚Hände Gottes', durch die er in der Kirche seine Werke vollbringt, die als Fürbitter und Helfer auch nach ihrem Tode in der Kirche Werke der Liebe tun (...); sie beweisen und aktivieren die Gegenwart der unsichtbaren oberen Kirche."[182]

Die orthodoxe Kirche geht von dem Grunddogma aus, dass Jesus gleichzeitig Mensch und Gott ist. Die Kirche und die Gemeinschaft der Gläubigen bilden den Leib Christi. Tradition und Schrift (Neues und Altes Testament) sind die göttliche Offenbarung, die Kontinuität und Identität des Christentums. Kontinuität und Identität sind untrennbar miteinander verbunden: „Das bedeutet, daß die Frage nach der Kontinuität zu einer Frage nach der Identität in der Kirche und für die Kirche selbst werden muß. Denn wenn die Identität des Glaubens in Frage gestellt oder vernachlässigt wird, kann man auch nicht von einer echten Kontinuität sprechen, auch nicht von einer intensiven Gemeinschaft mit der Kirche der Ursprünge. In diesem Sinne stellt die Kirche einen lebendigen Organismus dar, der im Wachstum steht, ohne die eigene Identität zu verlieren."[183]

Die Frage nach Identität und Kontinuität ist auch wegen der Beziehung zwischen dem Amt des Bischofs und Christi so wichtig: „Das Amt des Bischofs wird in unmittelbare Beziehung zu dem Amt der von Christus selbst erwählten Apostel gesetzt und gilt als Zeichen und Unterpfand der ungebrochenen Kontinuität der Kirche Christi: Christus setzte die Urapostel ein und vertraute ihnen die geistliche Amtsvollmacht an; die Urapostel setzten ihrerseits Vorsteher und Aufseher über die von ihnen gegründeten Gemeinden ein und teilten ihnen durch sakramentale Handauflegung ihre Amtsvollmacht und Amtsgnade mit, und diese Männer gaben ihrerseits auf demselben Wege der sakramentalen Handauflegung das Amt ihren Nachfolgern weiter – dieses Vorgehen wird in der gesamten christlichen Tradition eingehalten. Die apostolische Sukzession garantiert auf diese Weise die Rechtmäßigkeit nicht nur der bischöflichen

---

[181] BULGAKOV (1996) (siehe Fußnote 154), S. 213.
[182] BENZ (1988) (siehe Fußnote 144), S. 17.
[183] LARENTZAKIS (2000) (siehe Fußnote 153), S. 131.

Kirchenregierung, sondern auch die Rechtmäßigkeit der bischöflichen Lehre."[184] Die Verbindung von Christi, Kirche, Vergangenheit und Zukunft ist so eng, dass nach Larentzakis Interpretation ein Austreten aus der Kirche als orthodoxer Christ unmöglich ist: „Die Kirche ist also nicht nur Institution. Die Kirche ist vielmehr ein lebendiger und wachsender Organismus, der eine vertikale Verbindung mit dem lebendigen Dreieinigen Gott hat. Sie ist der Leib Christi und das Volk Gottes, das Mysterium, in dem auch das Charismatische vorhanden ist. Aus diesen Gründen kann man, nach orthodoxem Verständnis, nicht sagen: Jesus, ja, Kirche, nein. Denn die Kirche ist der Leib Christi. Austreten aus der Kirche würde daher auch totale Ablehnung Jesu Christi selbst bedeuten, wenn Kirche nicht oberflächlich verstanden wird. Kirche ist der Ort der direkten Identifikation."[185] Dies lässt sich auch mit der Performanztheorie erklären: Da Rituale Inszenierungen und Aufführungen sind, die die Anwesenden in den Leib der Kirche, in eine imaginierte Gemeinschaft, verwandeln, verweigern sich alle Nicht-Anwesenden dieser christlichen Gemeinschaft.[186] Ein Austritt aus der Kirche ist so die Verweigerung der gemeinsamen Verkörperung im Ritual, eine Gefahr für die Religion und wird deswegen verurteilt.

Orthodoxie und Nation aus Sicht der orthodoxen Kirchen

Wie wird der Zusammenhang von Orthodoxie und Nation und Orthodoxie und der Regierung eines Landes aus der orthodoxen Kirche heraus verstanden? Als ein Beispiel für die Verbindung von Kirche und Nation wurden die Fürbitten des Priesters für die politische Führung und das Land bereits genannt. Für Kallis erfolgen die Fürbitten in Anlehnung an das Neue Testament und zeigen keinerlei Verbindung zwischen einer bestimmten Kirche und einem bestimmten Land auf: „Daß der politischen Führung gedacht wird, bedeutet weder Anbiederung bei der Obrigkeit noch Komplizenschaft; vielmehr entspricht es der neutestamentlichen Auffassung: ‚Vor allem fordere ich zu Bitten und Gebeten, zu Fürbitte und Danksagung auf, und zwar für alle Menschen, für die Herrscher und für alle, die Macht ausüben, damit wir in aller Frömmigkeit und Rechtschaffenheit ungestört und ruhig leben können' (1 Tim 2,1 f)."[187] Es stellt sich dennoch die Frage, warum dann nicht einfach allen Menschen, allen Ländern und allen

---
[184] BENZ (1988) (siehe Fußnote 144), S. 60-61.
[185] LARENTZAKIS (2000) (siehe Fußnote 153), S. 166.
[186] Vgl. hierzu WULF/ZIRFASS (2004) (siehe Fußnote 68), S. 8-9.
[187] KALLIS (1989) (siehe Fußnote 160), S. 46.

Herrschern gedacht wird. Diese neutestamentliche Auffassung wird vermutlich nur in den seltensten Fällen mitgedacht werden.

Durch die Autokephalie wird eine Grenze zu anderen Kirchen gezogen. Die Kirchen sind in erster Linie für sich selbst verantwortlich und dürfen sich nicht in die Belange einer Nachbarkirche einmischen.[188] „Die Orthodoxie versteht sich selbst als ein Bund gleichberechtigter ‚autokephaler' Landes- bzw. Nationalkirchen."[189] So entsteht ein Spannungsfeld zwischen dem Anspruch, einer universalen Kirche – nämlich der einen orthodoxen Kirche – anzugehören und dem täglichen Erleben, Teil einer eigenständigen und von anderen abgegrenzten Kirche – nämlich der autokephalen Nationalkirche – zu sein. Larentzakis schreibt, durch die Taufe erfolge die Aufnahme in das „(...) auserwählte Volk Gottes. Diese Gemeinschaft kennt keine Grenzen. Sie realisiert sich unabhängig von Geschlecht, Rasse oder Nation, von sozialer Schicht und Herkunft."[190] Dies entspricht ganz dem Universalitätsanspruch des Christentums und so fährt Larentzakis fort, dass Gläubige einer autokephalen Kirche nicht unbedingt Angehörige nur einer Nation sein müssen, die Nationalität sei kein Dogma der orthodoxen Kirche. Trotzdem sehe sich die orthodoxe Kirche als Beschützerin, Förderin und sogar Freiheitskämpferin der nationalen Kultur und der Identität eines Volkes an: „Und wenn ein Volk in die Unfreiheit gerät, steht die Orthodoxe Kirche auf der Seite des Volkes und kämpft auch für seine Befreiung. So waren z.B. in den orthodoxen Ländern, welche jahrtausendelang unter der türkischen Herrschaft waren, die Klöster und viele Bischöfe diejenigen, die für die Erhaltung der Sprache, der Kultur, des Glaubens und der nationalen Identität dieser Völker gesorgt haben."[191] Eine Seite weiter bemüht sich Larentzakis das Bild wieder etwas zu glätten, indem er darauf verweist, dass nicht alle orthodoxen Kirchen Nationalkirchen seien und fügt eine Erklärung der Patriarchate vom 26. September 1995 an: „Hier betonen sie u. a.: daß sie ‚allen ganz klar machen wollen, vor allem jenen, die bewusst oder aus Unkenntnis das Bild der Orthodoxen Kirche entstellt darstellen, daß die orthodoxe, kirchliche Auffassung über ‚Nation' gar kein Element der Aggressivität und der Konfrontation zwischen den Völkern beinhaltet, sondern daß sie sich auf die Besonderheit eines jeden Volkes bezieht, auf ihr heiliges Recht, den Reichtum

---

[188] Vgl. hierzu LARENTZAKIS (2000) (siehe Fußnote 153), S. 15.
[189] DIEDRICH (1988) (siehe Fußnote 144), S. 30.
[190] LARENTZAKIS (2000) (siehe Fußnote 153), S. 66.
[191] Ders. (2000) (siehe Fußnote 153), S. 34.

ihrer Tradition zu bewahren und zu pflegen, damit sie dadurch für den Erfolg, für den Frieden und für die Versöhnung aller Menschen beitragen".[192] Die Betonung der Unterschiede soll so zum Wohle aller beitragen.

Der Theologe Bulgakov sieht die Balance zwischen autokephaler Nationalkirche und der universalen Gemeinschaft der Gläubigen sogar als beispielhaft, um der weiteren Zersplitterung des Christentums entgegenzuwirken: „Um die christliche Welt vor der protestantischen Zersplitterung ebenso wie vor einem despotischen Uniformismus zu retten, dazu ist eben die Orthodoxie berufen, die die ursprüngliche Identität der Nationalkirchen und gleichzeitig die Einheit der Kirche bewahrt hat. So ist die Einheit der Kirche im orthodoxen Verständnis. Sie ist Vieleinheit, Symphonie, in der verschiedene Stimmen und Themen in eines zusammenfließen."[193] Dies ist eine recht optimistische Sicht, brachten die einzelnen Nationalkirchen doch unterschiedliche Kirchenrechtsauffassungen hervor: „Die einzelnen Kirchenrechtssammlungen sind stark nach den Gesichtspunkten der einzelnen orthodoxen Nationalkirchen differenziert. Eine Sammlung, die von sämtlichen orthodoxen Kirchen als verpflichtend anerkannt würde – etwa von der Art des in der römisch-katholischen Kirche gültigen Codex Iuris Canonici – existiert nicht."[194] Diese – und andere – Differenzierungen der orthodoxen Kirche seien durch die nationale Ausrichtung der Kirchen entstanden, hervorgerufen durch die Übersetzung der Liturgie und des Evangeliums in die Landessprachen. Vor allem dieser Umstand habe zur Errichtung von Nationalkirchen und zur Übereinstimmung von Kirchen- und Nationalgrenzen geführt.[195] Die Verbindung von Kirche und Nation ist so stark, dass sie auch im Exil bestehen bleibt: „Im 19. und 20. Jahrhundert sind zahlreiche orthodoxe Gläubige, die den verschiedenen orthodoxen Nationalkirchen angehörten, nach Amerika ausgewandert. Diese orthodoxen Emigrantenkreise haben selbst dort, wo sie sich sprachlich rasch der neuen Umwelt assimilierten, an ihren nationalen Kirchentum als dem Grundpfeiler ihrer überlieferten nationalen Kultur festgehalten. Die enge Verbindung von Volkstum und Sprache, die ein Grundprinzip der orthodoxen Kirche selbst darstellt, hat diese Entwicklung noch begünstigt."[196]

---

[192] LARENTZAKIS (2000) (siehe Fußnote 153), S. 36.
[193] BULGAKOV (1996) (siehe Fußnote 154), S. 149.
[194] BENZ (1988) (siehe Fußnote 144), S. 62.
[195] Vgl. hierzu Ders. (1988) (siehe Fußnote 144), S. 67-68.
[196] Ders. (1988) (siehe Fußnote 144), S. 74.

Wie hat sich die Beziehung zwischen Nationalkirche und Staat entwickelt? Als Leitspruch galt hier das Prinzip der *Symphonia*, der Harmonie, der wechselseitigen Anerkennung der Machtsphären: „Der Staat erkannte als innere Richtschnur für sich das kirchliche Gesetz an, die Kirche hingegen sah sich zur Unterordnung unter den Staat verpflichtet."[197] Dies schließt natürlich gegenseitige Versuche der Vereinnahmung und Einflussnahme nicht aus. Nach Bulgakov nutzte und nutzt die orthodoxe Kirche vor allem die Einflussnahme von unten, also aus dem Volk und durch das Volk hinaus auf den Staat.[198] Benz erklärt die *Symphonia* noch etwas genauer: „Diese ‚Harmonie' bestand faktisch darin, daß die Kirche die hohen Machtbefugnisse des Kaisers als Schirmherr der Kirche und Wahrer der Einheit des Glaubens anerkannte und sich selbst auf ihre rein geistliche Domäne der Wahrung der orthodoxen Wahrheit und der kirchlichen Ordnung beschränkte. Der geistlichen Führung der Kirche unterstand allerdings auch der Kaiser, sofern er ein Sohn der Kirche war."[199] Gleichzeitig wird dem Patriarchen geistliche Freiheit und Selbständigkeit gegenüber dem Kaiser garantiert. Als Gefahr der *Symphonia* sieht Benz in erster Linie Versuche des Staates, in die innere Freiheit der Kirche einzugreifen und diese so zu einem Werkzeug des Staates zu machen.[200] Problematisch kann die Verschiebung des Gleichgewichts zwischen den ökumenischen und nationalen Teilen der orthodoxen Kirche hin zum Nationalismus werden, da durch die eigene liturgische Sprache, die eigene Kirchenrechtsverfassung und Autonomie der Landeskirchen die Gefahr des Nationalismus schon in der Grundstruktur der Orthodoxie zumindest angelegt ist.[201]

Autokephale Kirchen wirken auf die Nationenbildung ein. Sie tragen die Gefahr des Nationalismus strukturell in sich. Die Autokephalie und die Predigt in der Landessprache, das Gedenken an Land und politische Führung in der Liturgie, die eigene Kirchenrechtsauffassung und die Machtmöglichkeiten der Kirche, die das Prinzip der *Symphonia* zumindest ermöglicht, verknüpfen Kirche und Nation miteinander. Auch die Vorstellungen von der Körperlichkeit der Kirche als Leib Christi, nach der ein Christsein ohne die Kirche nicht möglich ist und die deswegen starke Bande zwischen Gläubigem, Kirche und Nation

---

[197] BULGAKOV (1996) (siehe Fußnote 154), S. 238.
[198] Vgl. hierzu Ders. (1996) (siehe Fußnote 154), S. 245.
[199] BENZ (1988) (siehe Fußnote 144), S. 143.
[200] Vgl. hierzu Ders. (1988) (siehe Fußnote 144), S. 147.
[201] Vgl. hierzu Ders. (1988) (siehe Fußnote 144), S. 184.

aufbaut und aufrechterhält sowie die Nationalheiligen als die „Hände Gottes", stärken die Verbindung von Nation und Orthodoxie. Wer sich der Kirche verweigert, verweigert sich auch Gott und der gemeinsamen Verkörperung der Gläubigen. Da orthodoxe Kirchen meist Kirche und Nation verkörpern, wird eine Verweigerung des „richtigen" Glauben dann auch zur Illoyalität der Nation gegenüber.

1.3 Nationenbildung in der Praxis: Religion, *Korenisazia* und Nation in der Sowjetunion

Nachdem die verschiedenen theoretischen Ansätze zur Theorie der Nationenbildung und dem Einfluss von Religion, Moderne und Sprache besprochen wurden, folgt nun eine Darstellung der sowjetischen Nationalitätenpolitik und deren Auswirkungen auf die Zeit nach dem Zusammenbruch der Sowjetunion. Diese Politik greift auf die besprochenen Merkmale, wie Sprache und Schrift, Religion, Kultur, Geschichte und Territorium zurück und führte in manchen Ländern und Landesteilen sogar erst zu einem Nationalgefühl. Insofern ist die sowjetische Nationalitätenpolitik einerseits als Anwendung der besprochenen theoretischen Konzepte zu sehen, andererseits wurden hier auch politische Weichen gestellt, ohne die ein Verständnis der georgischen Realität kaum möglich ist. Die Nationalitätenpolitik und auch der Umgang der Sowjetunion mit Religion und Kirche hat auf die ehemalige Sowjetrepublik Georgien Einfluss genommen und den Weg in die Unabhängigkeit mitbestimmt.

1.3.1 Religion in der Sowjetunion

Die Nationalitätenpolitik der Sowjetunion benutzte – im Lauf der Zeit – unterschiedliche Methoden, um die einzelnen Unionsrepubliken einzubinden.[202] In Hinblick auf die Religion konnte dies die Unterdrückung und damit auch die Schwächung einer nationalen Besonderheit bedeuten: „A member of a socialist nation had to be an atheist. The destruction of the nation began with spiritual

---

[202] Die Politik der Sowjetunion, die vom 30. Dezember 1922 bis zum 8. Dezember 1991 bestand, wurde vor allem durch die Parteichefs der KPdSU geprägt. Dies waren: 1903-1924 Wladimir Lenin, 1922-1953 Josef Stalin, 1953-1964 Nikita Chruschtschow, 1964-1982 Leonid Breschnew, 1982-1984 Juri Andropow, 1984-1985 Konstantin Tschernenko und von 1985-1991 Michail Gorbatschow. Die Ablösung eines Parteichefs brachte auch meist einen Politikwechsel mit sich. So lassen sich die verschiedenen Ausrichtungen der Politik an Personen binden.

degradation."[203] Diese Eindeutigkeit sowjetischer Politik war aber längst nicht immer vorhanden. Wenn Kirchen und Geistliche als Werkzeug oder zur Unterstützung der sowjetischen Politik benutzt werden konnten, dann wich die antireligiöse Haltung vom starren Beharren auf ideologischen Vorstellungen ab.[204] Der Spagat im Umgang mit den verschiedenen Religionen führte zum Teil auch zur Unterstützung von Religion und Kirche: „Religion was crucial to the formation of ethnic identity in the pre-modern world and remains pivotal to many ‚modern' national identities today. Ironically, communist regimes, despite considerable success against religious practices, have often reinvigorated ethnoreligious identity by a combination of religious repression and, in the search for national legitimacy, encouragement of church patriotism."[205]

In den Anfängen der Sowjetunion unter Lenin ging die Kommunistische Partei der Sowjetunion (KPdSU) zum Teil recht brutal gegen die Kirchen vor. Ziel war es, sich den Reichtum der Kirchen nutzbar zu machen, auch wenn Lenin die Einheit der Sowjetunion wichtiger war als eine Partei, der nur Atheisten angehören.[206] Unter Stalin verschärfte sich der Druck auf die Kirchen: Ab 1929 kam es zur Verfolgung Gläubiger, zu Parteiausschlüssen wegen Religionszugehörigkeit oder auch nur wegen der Freundschaft mit Geistlichen.[207] In diesen Jahren gewann der *Bund der militanten Gottlosen*[208] an Bedeutung. Er sollte helfen, die Sowjetunion in einen atheistischen Staat zu verwandeln. So wurde versucht, religiöse Symbole und Riten durch wirtschaftliche und ökologische Vorgaben abzuschaffen: „(...) the League motivated its campaign for the re-

---

[203] KONOVAL'CHIK, PETR (1995) The Christian Approach to Expressions of National Consciousness. In: *Religion, State and Society*, Bd. 23: 2, S. 197.
[204] Vgl. hierzu ARMSTRONG (1997) (siehe Fußnote 129), S. 601-602.
[205] JONES, STEPHEN F. (1989) Religion and Nationalism in Soviet Georgia and Armenia. In: RAMET, PEDRO (Hrsg.) Religion and Nationalism in Soviet and East Europeans Politics. London: Durham, S. 171.
[206] Vgl. hierzu WALTERS, PHILIP (1993) A Survey of Soviet Religious Policy. In: RAMET, SABRINA PETRA (Hrsg.) Religious Policy in the Soviet Union. Cambridge: Cambridge University Press, S. 5-6.
[207] Vgl. hierzu KOLARZ, WALTER (1961) *Religion in the Soviet Union*. London: Macmillan Press, S. 4.
[208] Diese deutsche Bezeichnung habe ich bei Baberowski gefunden. Vgl. hierzu BABEROWSKI, JÖRG (2005) *Zivilisation der Gewalt. Die kulturellen Ursprünge des Stalinismus (Antrittsvorlesung 10. Juli 2003)*. Berlin: Humboldt-Universität zu Berlin, Der Präsident, S. 30. Ansonsten bin ich nur in der englischsprachigen Literatur auf den *Bund* gestoßen, dort unter der Bezeichnung *League of the Militant Godless*. Deswegen wird in den englischsprachigen Zitaten oft nur von der *League* gesprochen. Leider haben die Autoren nie die russische Bezeichnung im Original angeführt.

moval of church bells by its desire to provide more precious ferrous metals for Soviet heavy industry, and it conducted the agitation against Christmas trees in the alleged interest of forest protection."[209] Der *Bund* war nach Themengebieten wie z.b. Kampagnen gegen Ostern und Weihnachten, atheistische Propaganda und Zuständigkeiten (für Kinder, Frauen oder Soldaten ebenso wie für Nationalitäten oder Dörfer oder Eisenbahnarbeiter) in verschiedenen Departements und Sektionen unterteilt. Zu seinen Hochzeiten versuchte der *Bund* durch „Gottlose Kollektive", „Gottlose Brigaden" usw. die Bevölkerung zu Atheisten zu erziehen.[210]

Alles in allem blieb die Arbeit des *Bundes* erfolglos. Der Zensus von 1937, in dem die Bevölkerung der Sowjetunion zum letzten Mal ankreuzen konnte, ob sie gläubig ist, verursachte einen Eklat: 50 Millionen Menschen bekannten sich zu einer Religion. Dieses Ergebnis des Zensus wurde unter Verschluss gehalten, die Verantwortlichen und auch etliche *Bund*-Mitarbeiterinnen und Mitarbeiter verhaftet.[211] Der *Bund der militanten Gottlosen* konnte sich von diesem Schlag noch einmal erholen, musste aber mit dem Ausbruch des Krieges im Juni 1941 die Arbeit einstellen. Jetzt war die Unterstützung des Krieges durch die Kirchen und die Gläubigen wichtiger als eine atheistische Sowjetunion. Vor allem die Russisch Orthodoxe Kirche konnte von dieser Situation profitieren: Sie durfte wieder einen Patriarchen wählen, eine Verwaltung etablieren, Kirchen, Klöster und Seminare eröffnen und religiöse Literatur veröffentlichen. Ähnlich wurde auch mit anderen Konfessionen umgegangen. Für dieses Entgegenkommen wurde von den Kirchen erwartet, dass sie patriotische Töne anstimmten und die Bevölkerung zum Kampf und zum Widerstand gegen Deutschland aufriefen.[212] Nach dem Ende des 2. Weltkrieg nahmen die Versuche einer atheistischen Erziehung wieder zu, und es kam unter Chruschtschow erneut zu Verfolgungen. Erst unter Breschnew wurde nicht länger davon ausgegangen, dass die Reli-

---

[209] KOLARZ (1961) (siehe Fußnote 207), S. 6.
[210] „It does not seem that there were at any time more than three hundred of such Godless Collective Farms, all over the Soviet Union. In collective farms where there were still believers and which could therefore not be given the title ‚godless' the members of the League were expected to form special ‚Godless Brigades' or sow ‚Godless Acres' (hectares) in excess of the plan. In the towns the League established ‚Model Godless Kitchen Gardens' and organised ‚Godless Shock Brigades', of which as many as 3,200 seem to have existed at the time when they were in fashion." Ders. (1961) (siehe Fußnote 207), S. 10.
[211] Vgl. hierzu Ders. (1961) (siehe Fußnote 207), S. 12.
[212] Vgl. hierzu WALTERS (1993) (siehe Fußnote 206), S. 17.

gionen irgendwann ausgestorben sein würden: „Khrushchev had been fond of proclaiming precise dates by which full communism would be achieved in the Soviet Union: presumably by then religion would have been extinguished. Under Brezhnev such predictions were no longer made. The present stage, ‚developed socialism', could continue indefinitely. Towards religion the policy became one of ‚divide and rule' – of granting concessions to registered congregations and even whole denominations, while dealing harshly with unregistered and dissident groups."[213]

1.3.2 Die sowjetische Nationalitätenpolitik der *Korenisazia*

Wie sah die sowjetische Nationalitätenpolitik aus? Unter Lenin war es Leitlinie, den kleinen Nationen das Recht auf einen eigenen Staat im Rahmen einer Unionsrepublik zuzubilligen – nationale Rechte wurden aufrechterhalten bzw. manchmal sogar erst eingeführt. Dies geschah in der Hoffnung, dass die einzelnen Länder dann bereitwilliger die Revolution und die Sowjetunion unterstützen würden, anstatt gegen sie anzukämpfen: „Die Förderung der nichtrussischen Völker geschah unter dem Vorbehalt und in der Erwartung, auf diese Weise die Herrschaft der Partei zu festigen bzw. überhaupt erst zu etablieren. Insofern war Nationsbildung ein Instrument der Sowjetisierung."[214] Diese Politik führte zu einer Verknüpfung von Nation und Territorium und zur Förderung nationaler Eigenheiten.[215] Die Unterstützung der Bolschewiken für nationale Sonderwege war gleichzeitig ein Kampf gegen den Absolutismus: „In contrast to their political opponents who advocated ‚one and indivisible Russia', the Bolsheviks supported political movements among the non-Russian peoples, viewing them as allies in the struggle against absolutism. The very first document adopted at the Second All-Russia Congress of Soviets, 25 October 1917, declared that the Soviet power ‚shall provide all the nations that inhabit Russia with the

---

[213] WALTERS (1993) (siehe Fußnote 206), S. 23.
[214] SIMON, GERHARD (1986) *Nationalismus und Nationalitätenpolitik in der Sowjetunion. Von der totalitären Diktatur zur nach-stalinistischen Gesellschaft.* Baden-Baden: Nomos, S. 38.
[215] Vgl. hierzu SMITH, GRAHAM (1996) The Soviet State and Nationalities Policy. In: Derselbe (Hrsg.) The Nationalities Question in the Post-Soviet States. London: Longman, S. 5 und 7. Ebenso Szporluk: „One of the fundamental aspects of the entire Soviet experience with ethnicity was to connect nationality and the rights of nationalities to territory." SZPORLUK, ROMAN (1994) Introduction. Statehood and Nation-Building in Post-Soviet Space. In: Derselbe (Hrsg.) National Identity and Ethnicitiy in Russia and the New States of Eurasia. Armonk NY: M.E. Sharpe, S. 5.

WIE EINE NATION ENTSTEHT 51

genuine right to self-determination'."[216] Dabei stellte sich jedoch die Frage, welche Kriterien die Grundlage dieser Nationen bilden sollten: „The census of 1897 (the first properly organized population census in Russia) had registered 146 languages and dialects in the country. Religion and language, not ethnicity, were regarded as the principles for group belonging. But the state proclaimed the right of self-determination for ‚formerly oppressed nations' (in Lenin's words) and introduced ethnic federalism; thus it became crucial to count not languages, but ethnic groups per se."[217]

Diese neue Politik der *Korenisazia*[218] – der Einwurzelung – führte zur Betonung der Ethnizität, die zu Beginn frei gewählt werden konnte. Alte Gruppen, Ethnien und Nationen wurden gestärkt, manche erst auf die Idee gebracht, eine Nation sein zu wollen: „Indeed, in some instances, notably in Central Asia, by federalising ethnic homelands into ethnic republics, the Soviet state actually created nations whose sense of nation-ness had previously barely existed. Moreover, this form of nation-building also encouraged ethnorepublic nation-builders to think of the ethnorepublic as the identity-marker of their homeplace."[219] Die Nationalitätenpolitik der Sowjetunion macht deutlich, dass die Behauptung vor allem postsowjetischer Politiker, dass die Nationenbildung der Unionsrepubliken durch die Sowjetmacht beendet wurde und erst wieder ab 1991 aufgenommen werden konnte, eher ein Mythos als Realität ist. Sicher wären die Republiken in eigener Verantwortung vermutlich andere Wege gegangen, aber ihrer Nationalität wurden sie nicht in Gänze beraubt.

Gefördert wurden durch die *Korenisazia* nationale Eliten, auf politischer wie intellektueller Ebene. So kam es zu einer Stärkung der nationalen Identität, die bis heute Auswirkungen hat. Nationale Eliten wurden durch Zugangsregelungen zur höheren Bildung und durch die Kommunistischen Parteien in den Ländern gebildet. Es gab nur eine Kommunistische Partei, die Parteien der Länder waren Abteilungen.[220] Zentrale Entscheidungen mussten befolgt

---

[216] TISHKOV (1997) (siehe Fußnote 35), S. 29.
[217] Ders. (1997) (siehe Fußnote 35), S. 30-31.
[218] Ähnlich wie bei den georgischen Eigennamen werden auch russische Eigennamen unterschiedlich transkribiert. Ich verwende die deutsche Transkription, die korrekte englische Transkription wäre *Korenizatsia*. An diese Schreibweise halten sich allerdings die wenigsten Autorinnen und Autoren. Deswegen gibt es auch in den Zitaten keine einheitliche Schreibweise.
[219] SMITH (1998) (siehe Fußnote 53), S. 6.
[220] Am Beispiel der Ukraine sah das folgendermaßen aus: „Es gab also keine Mitglieder der ukrainischen KP, sondern nur Mitglieder der KPdSU, die in der Ukraine wohnten."

werden, aber bei kulturellen Fragen gab es einen gewissen Spielraum vor Ort. Deswegen waren die lokalen Partei-Abteilungen Teil der *Einwurzelung*: „Um die Sowjetmacht in den nichtrussischen Gebieten zu verankern, wurden darüber hinaus einheimische Kader bewußt geschult und in führenden Positionen platziert. Auch diese Politik der ‚Korenisazija' [sic!] (Einwurzelung) förderte die Festigung nationaler (...) [Besonderheiten; E.F.]."[221] In Georgien sah dies in der ersten Zeit unter bolschewistischer Führung folgendermaßen aus: Die georgische Kultur wurde gestärkt, Schulen gebaut, Publikationen veröffentlicht, Oper, Theater und Film gefördert. Eine Alphabetisierungskampagne wurde initiiert und innerhalb von zehn Jahren lernten eine halbe Millionen Menschen lesen und schreiben. Regierungsposten wurden in erster Linie mit ethnischen Georgiern besetzt. Mitte der 20er Jahre waren fast alle wichtigen Posten in georgischer Hand. Russen und Armenier traf diese Politik besonders hart, viele Armenier wanderten aus.[222]

Die Förderung von Bildung und Kultur war ein Kernstück der Nationalitätenpolitik und wurde als Erfolg der Sowjetunion dargestellt: Schulbücher wurden entwickelt, Musik, Theater, Literatur und Kino ebenso gefördert wie wissenschaftliche Akademien, Massenmedien und Universitäten.[223] Für manche Nationen wurden erst Schriften[224] erfunden, die dann natürlich auch unter-

---

SIMON (1986) (siehe Fußnote 214), S. 21.

[221] Ders. (1986) (siehe Fußnote 214), S. 22-23. Saroyan betont wiederum, dass diese Phase der direkten Förderung zwar nur relativ kurz war, aber dennoch eine Langzeitwirkung mit sich brachte: „The federal system of national republics established not just the symbolic trappings of modern nation-states but also the institutional basis for the formation of indigenous ethnic-leaderships. The policy of *korenizatsiia* [sic!] (...), adopted at the Soviet communist party's Tenth Congress in 1921, promoted personnel from each republic's titular nationality into a program of training and recruitment for service in the republic's political, economic, and cultural administration. Although after 1934 the pace of nativization faltered, the net result was the creation of an ethnic administrative elite that remains durable to this day." SAROYAN, MARK (1996) Beyond the Nation-State: Culture and Ethnic Politics in Soviet Transcaucasia. In: SUNY, RONALD GRIGOR (Hrsg.) Transcaucasia, Nationalism, and Social Change. Essays in the History of Armenia, Azerbaijan, and Georgia. Ann Arbor: The University of Michigan Press, S. 404. Goldenberg weist darauf hin, dass in den Kaukasusrepubliken die Förderung nationaler Eliten in der Politik durch die vorhandenen Familiennetzwerke starke Machtstrukturen und damit einhergehend Korruption und Chauvinismus hervorbrachte. Vgl. hierzu GOLDENBERG, SUZANNE (1994) *Pride of Small Nations. The Caucasus and Post-Soviet Disorder*. London, New Jersey: Zed Books, S. 43.

[222] Vgl. hierzu SUNY, RONALD GRIGOR (1994) *The Making of the Georgian Nation*. Bloomington: Indiana University Press, S. 233.

[223] Vgl. hierzu TISHKOV (1997) (siehe Fußnote 35), S. 39.

[224] Die Nationenbildung der 20er und 30er Jahre leistete Enormes bei der Förderung und

richtet werden mussten: „In Belorussland und der Ukraine hieß das, daß viele Einheimische erst einmal die Schulbank drücken mußten, um ihre Nationalsprache zu erlernen. In den Schulen war der Gebrauch des Russischen oft gänzlich verboten. (...) Wo es keine vorzeigbare Volksliteratur oder Volksmusik gab, wurden entsprechende Spezialisten beauftragt. Schließlich gab es in der Sowjetunion keine sowjetische Nation mehr, der eine nationale Identität fehlte; viele der kleinen Völker verdanken dieser Politik, daß sie trotz der sowjetischen Vereinheitlichung nicht verschwanden."[225]

Auch der gebürtige Georgier Stalin unterstützte in Teilen weiterhin die Politik der *Korenisazia*, entsprach diese doch auch seiner Troika von einer Nation, einem Territorium und einer Republik, die dann die Unionsrepubliken der Sowjetunion bilden sollten. Diese Politik war auf die Stärkung der ethnischen Majoritäten ausgelegt – andere identitätsstiftende Merkmale wurden zurückgedrängt. Die erzwungenen Migrationen von Volksstämmen unter Stalin verstärkten nicht nur die Betonung des Ethnischen und eine neue Zusammensetzung in den Republiken, sondern führten zum Teil auch zu neuen Grenzverläufen.[226] *Korenisazia* führte nicht nur zur friedlichen Nationwerdung oder Stärkung schon vorhandener Nationen. Am Beispiel Georgiens wird sich zeigen, dass in manchen Gegenden die hegemoniale Kultur von den kleinen Volksgruppen als Bedrohung empfunden wurde.[227]

Entwicklung von nichtrussischen Sprachen. Laut Simon wurden insgesamt für 48 Völker erstmals Schriften entwickelt und Literatur gedruckt. Vgl. hierzu SIMON (1986) (siehe Fußnote 214), S. 57.

[225] STÖLTING, ERHARD (1991) *Eine Weltmacht zerbricht. Nationalitäten und Religionen in der UDSSR*. Frankfurt am Main: Eichborn, S. 23.

[226] „After the deportation of the Balkars, the Ingush, the Chechens, and other North Caucasian peoples, for example, Joseph Stalin apportioned for several years part of their lands to Georgia." STAROVOITOVA (1997) (siehe Fußnote 37), S. 12.

[227] Im Kaukasus – und vermutlich auch in vielen anderen Sowjetrepubliken – führte die Politik der *Korenisazia* dazu, dass die Nation und das Recht auf ein eigenes Territorium zusammen gedacht werden. Es kam zu einer Stärkung der großen Volksgruppen zu Ungunsten der kleineren, auch wenn es einen Schutz für Minoritäten gab, der in Georgien zur Einführung autonomer Landesteile führte, die bis heute die Stabilität des Landes gefährden: „As a result, minority communities such as the Abkhazians and Ossetians in Georgia and the Armenians in Azerbaijan found their interests in direct conflict with republican as well as Soviet authorities. The autonomous areas in which they were organised had helped to preserve their identity, but they were barred from expressing it fully. In many instances, it was these conflicts as much as resentment of Russian overlords which fuelled the nationalist movements of the late 1980s. In such a way, demands of democracy and independence became bloodied with ethnic conflicts." GOLDENBERG (1994) (siehe Fußnote 221), S. 215. Vgl. hierzu auch SAROYAN (1996) (siehe Fußnote 221), S. 407.

Zu Beginn der Sowjetunion konnte man seine Nationalität frei wählen. Ab Mitte der 30er Jahre war dies nicht mehr möglich: „The Soviet state further institutionalized ethnic identity in 1932, when it inaugurated an internal passport system that included an officially recognized ethnic affiliation for each Soviet citizen. Through the passport system the state established itself as a regulatory agency for ethnicity, since it both endowed its citizens with an ethnic marker and reserved the rights to maintain or change their formal ethnicity."[228] Der Eintrag der Ethnizität im Pass wurde nun bei verschiedenen Auswahlverfahren mitbeachtet: an der Universität, bei Stellenvergaben, beim Militär oder der Vergabe von Vergünstigungen. Kinder mit Eltern aus verschiedenen Nationen konnten sich ab 1954 aussuchen, welche Nationalität sie haben möchten.[229] So war zwar eine Wahlmöglichkeit gegeben, aber wenn kein Elternteil russisch war, konnte das Kind nicht Russin oder Russe werden.[230] So wurde trotz aller Russifizierung weiter das jeweilige Nationalbewusstsein gefördert.

Mit dem Fünfjahresplan von 1929 setzten in der Sowjetunion starke Veränderungen ein: Es begann die Kollektivierung und damit einhergehend der Versuch, widerspenstige kulturelle Traditionen zu untergraben. Der kulturelle Föderalismus wurde zurückgebaut, große Teile der nationalen Eliten umgebracht. Die Landessprachen wurden geschwächt: „Seinen symbolischen Abschluß hatte diese Entwicklung, als ab 1939 alle Sprachen der Sowjetunion mit kyrillischen Buchstaben zu schreiben waren. Nur die Georgier und die Armenier durften ihre alten Schriften beibehalten."[231] Die Verfassung von 1936 sah zwar das Recht der Sowjetrepubliken auf Sezession vor. Bis 1985 traute sich allerdings keine Republik, diesen Schritt zu gehen. Die Russifizierung der Sowjetrepubliken ging soweit, dass nach dem 2. Weltkrieg die nationalen Epen verboten und damit direkt in die Geschichtsschreibung eingegriffen wurde: „Die russische Eroberung war nicht mehr das relativ Gute, sondern das absolut Gute gewesen. Sie erst hatte den anderen Nationen das Licht der wahren Zivilisation gebracht. Die nationalen Besonderheiten wurden endgültig auf unterschiedliche Folkloren reduziert."[232] Erst der 20. Parteitag der KPdSU 1956 brachte eine Wende dieser

---

[228] SAROYAN (1996) (siehe Fußnote 221), S. 403.
[229] Vorher hatten sie automatisch die Nationalität der Mutter. STÖLTING (1991) (siehe Fußnote 225), S. 19.
[230] Vgl. hierzu Ders. (1991) (siehe Fußnote 225), S. 19.
[231] Ders. (1991) (siehe Fußnote 225), S. 23-24. Vgl. hierzu auch GOLDENBERG (1994) (siehe Fußnote 221), S. 41-42.
[232] STÖLTING (1991) (siehe Fußnote 225), S. 25.

Politik: Chruschtschow verurteilte die Verbrechen Stalins und die Liquidierungen genauso wie die Russifizierungsbemühungen und forderte, dass sich die nationalen Kulturen wieder entfalten können sollen. In diesem Klima entstanden nationale Gruppierungen, die sich bis zu Perestroika und Glasnost halten konnten.[233] Mitte der 70er Jahre wurde erneut versucht, die Landessprachen durch das Russische abzulösen. Das Russische war mittlerweile die unabdingbare Sprache geworden, wollte man im naturwissenschaftlich-technischen Bereich oder in der Verwaltung arbeiten oder innerhalb der Sowjetunion in eine andere Republik ziehen. In einigen Republiken wurde Russisch sogar zur alleinigen Sprache.

Ab den 80er Jahren entstanden in vielen Republiken Gruppen, die den Zustand der Nationalsprache beklagten oder sich um Fragen der Ökologie oder der Menschenrechte kümmerten – jeweils im nationalen Kontext. Missstände in allen drei Bereichen wurden der Sowjetunion angelastet und Forderungen nach Demokratisierung und Eigenständigkeit wurden laut.[234] Die Ausrichtung dieser Gruppen war unterschiedlich: „Ebenso vielfältig und gegensätzlich sind die Ausdrucksformen des neuen Nationalismus. Sie reichen von der Wiederbelebung des nationalen Kunsthandwerks und der Folklore bis zu terroristischen Untergrundgruppen."[235] Mit Beginn der Nationalbewegungen in den Republiken wuchs auch der Einfluss von Kirche und Religion: „The churches (...) became the focus for political opposition, and not only because of their ‚other-worldly' orientation. They were the only legal structures with buildings, leaders and (albeit limited) finances around which initiatives from below could be organised."[236]

Die sowjetische Nationalitätenpolitik führt insgesamt zu einer Stärkung von Ethnie und Nation – auch wenn nicht alle Ethnien und Unionsrepubliken gleich behandelt wurden. Zusammengefasst bedeutet dies für den Kaukasus: „(...) the nationalism of the Caucasian peoples was tempered by seventy years of Soviet government, whose ambivalent nationality policy on the one hand consolidated and popularized the concept of historically validated exclusive national territories (...) and promoted the development of official national cultural institutions and expressions (academies of sciences, universities, theatres, operas,

---

[233] Vgl. hierzu STÖLTING (1991) (siehe Fußnote 225), S. 26.
[234] Vgl. hierzu Ders. (1991) (siehe Fußnote 225), S. 29-30 und SIMON (1986) (siehe Fußnote 214), S. 323.
[235] Ders. (1986) (siehe Fußnote 214), S. 319.
[236] MERDJANOVA (2000) (siehe Fußnote 103), S. 256.

writers' unions, publishing houses, sanitized folk arts, etc.), while on the other it suppressed nationalist expression that overstepped a shifting dividing line between the tolerated and the dissident by challenging the ideological and political bases of the Soviet regime, or even questioning the desirability of incorporation in the Russian empire. Dissident intellectuals (artists and academics) faced severe penalties, but became underground heroes to their own ethnic communities."[237] Die Zwiespältigkeit der Sowjetunion im Umgang mit Religion und Kirche führte letzlich zu einer Stärkung nationaler Identität. So durchlief, wie noch genauer aufgezeigt wird, auch die georgische Kirche unterschiedliche Phasen der Unterdrückung, konnte dann aber zu dem Ort werden, an dem sich nationale Helden und Bewegungen sammelten. Statt den Zusammenhalt der Sowjetunion zu fördern, führte die ambivalente Nationalitätenpolitik im Ergebnis zur Stärkung der Unionsrepubliken als Nationen mit dem Wunsch nach Unabhängigkeit. Dies war nicht zuletzt auch wegen der Erfahrungen der Unterdrückung so, die von der Sowjetunion ausging und immer wieder zu Säuberungen, Verfolgung, Verschleppung und Mord an politisch unerwünschten – bzw. nicht mehr erwünschten – Personen führte.

1.3.3 Nationenbildung nach dem Zusammenbruch der Sowjetunion

Die Betonung von Ethnie und Nation durch die sowjetische Nationalitätenpolitik und die gleichzeitige Unterdrückung von Religion und Kirche hatte weitreichende Folgen auch für die Zeit nach dem Zusammenbruch der Sowjetunion: „During the Stalinist period of national-cultural construction, the formation of an ethnic environment centered around the production of cultural representations of ethnic identity in which the linkage of nation and territory was decisive. Thus, ethnic cultural practices promoted, as a rule, a conception of national identity that was inseparable from the given territory of the national republic."[238] In vielen Unionsrepubliken verursachte das 1989 entstandene Machtvakuum in Moskau den Ruf nach Unabhängigkeit. Die Unabhängigkeitsbestrebungen, die auch heute noch in den ehemaligen Unionsrepubliken für Unruhe sorgen, waren durch die Nationalitätenpolitik der Sowjetunion fast vorprogrammiert: Durch institutionalisierte Regierungen, nationale Symbole, eine eigene Tradition und Literatur waren die Unionsrepubliken schon beinahe eigenständige

---
[237] HERZIG, EDMUND (1999) *The New Caucasus. Armenia, Azerbaijan and Georgia*. London: The Royal Institute Of International Affairs, S. 7.
[238] SAROYAN (1996) (siehe Fußnote 221), S. 406.

Staaten. Gleichzeitig wurde unter der Sowjetunion erfahrenes Leid in nationales Leid umgedeutet und lokale Machteliten konnten die Menschen für die nationale Unabhängigkeit mobilisieren.[239] Smith sieht zwei Handlungsstrategien der Unionsrepubliken nach 1989: Entsowjetisierung und Grenzziehung. Entsowjetisierung bedeutet den Austausch sowjetischer Symbole durch nationale, um so die eigenen Nationalinteressen gegen das kolonialistische Andere – die Sowjetunion – zu behaupten. Grenzziehung meint z.b. einen Rückgriff auf die Geschichte, ein „Goldenes Zeitalter".[240] Zur Grenzziehung gehört auch, durch den Bezug auf eine bestimmte nationale Gruppe unüberwindbare Differenzen festzuschreiben: Man kann so entweder nur Russe oder Tschetschene sein, aber nicht beides.

Bei der Festschreibung von Differenzen kann die Religion ein mächtiges Unterscheidungsmerkmal werden.[241] Das Erstarken des Nationalismus nach 1989 steht auch im Zusammenhang mit Religion: „The revival of religion after the collapse of communism has been connected with spiritual quests, interest in church traditions, and restoration of persecuted religious communities. It has run, however, hand in hand with the rise of an aggressive, self-proclaiming of a collective religious identity which in the past was intermingled with ethnic and national identities, but under communist rule disappeared, or was repressed."[242]

---

[239] Vgl. hierzu SMITH (1996) (siehe Fußnote 215), S. 18. Ob hier das tatsächliche Interesse der Machterhalt der lokalen Eliten oder der nationale Wunsch nach Unabhängigkeit war oder eine Mischung von beiden, kommt ganz auf die Perspektive an. „Kalte Krieger" werden den nationalen Wunsch nach Unabhängigkeit betonen, mit ein wenig Abstand zu den Geschehnissen wird ev. der Blick auf die lokalen Eliten mehr Gewicht erhalten.

[240] Vgl. hierzu auch Stölting, der die Rückbesinnung auf ein „Goldenes Zeitalter" als ein Mittel der Einforderung eines bestimmten Territoriums sieht: „Bestimmend wird die mythische Periodisierung des Lebens der Nation. Das Schema ist stets das gleiche. Auf eine frühe Entstehungszeit folgt mindestens eine Zeit der Größe und ihr eine Periode der Unfreiheit und Selbstvergessenheit. Die Nationalbewegung markiert einen Aufstieg, ein Erwachen, eine Rückkehr zur alten Größe, die alten Symbole werden reaktiviert. Jede europäische Nationalbewegung seit dem 19. Jahrhundert war entsprechend eine ‚Wiedergeburt'. Dieser Rückweg zur alten Freiheit und Größe verlangt auch die Rückkehr des verlorenen Eigentums. Immer geht es daher auch um die Wiederherstellung alter Rechte. Zur wiedergeborenen Nation gehört alles Land, das von Menschen der gleichen Sprache bewohnt wird. Zu ihr gehören aber auch all jene Territorien, in denen einst Menschen dieser Sprache wohnten, aber durch fremde Völker assimiliert wurden. Schließlich gehört alles dazu, was in den Zeiten der Freiheit und Größe der Nation gehörte, gleichgültig, wer das fragliche Territorium bewohnt oder bewohnte. Kaum eine der sowjetischen Nationalbewegungen, die nicht territoriale Ansprüche stellt und dabei eine dieser drei Begründungsarten einsetzt." STÖLTING (1991) (siehe Fußnote 225), S. 11-12.

[241] Vgl. hierzu SMITH (1998) (siehe Fußnote 53), S. 15-16.

[242] MERDJANOVA (2000) (siehe Fußnote 103), S. 257.

Der Rückgriff auf die Religion lag nahe, da unter der Sowjetunion eine religiöse Einstellung zeitweise schon fast ein Akt der politischen Opposition war. Religiöse und nationale Identität gingen so eine Allianz gegen Sowjetisierungsversuche ein. Die Kirchen konnten zu Wächtern kultureller und nationaler Tradition werden und nahmen eine wichtige Rolle bei der Entstehung der National- und Menschenrechtsbewegungen ein.[243] Der Rückgriff auf ein „Goldenes Zeitalter" führt zu einer Transformation der Vergangenheit, in der die Religion einen wichtigen Stellenwert einnimmt: „Diese nationalistische Denkform ist von Litauen bis Usbekistan die gleiche. Daß sie es mit einem unterschiedlichen Stoff zu tun hat, daß zum ‚Wesen' der einen Nation der Katholizismus, zu dem der anderen der Islam gehören, (...) führt in die historischen Spezifika. Der nationalistische Typus greift historische Formen auf, transformiert sie und präsentiert sie in modernem Gewande neu. Gleichwohl bleibt dabei aber eine Geschichte präsent, die vor den nationalistischen Einebnungen geschah. Unter ihnen sind die politischen Formen – als Reiche verschiedener Konstruktion –, die Wirtschaftsformen, vor allem aber die Religionen wichtig."[244]

Die Welle der Nationenbildungen nach dem Zerfall der Sowjetunion erfolgt in den ehemaligen Unionsrepubliken vor allem über die Wiederentdeckung nationalistischer und chauvinistischer Elemente.[245] Den Beginn dieser Entwicklung sieht Glaeßner in der Mitte der 80er Jahre: „Nationalismus und die mit ihm verbundenen sozialen Bewegungen speisten sich aus zwei Quellen: Erstens der wachsenden Fähigkeit der Ethnien, ihre Interessen zu artikulieren und zweitens der Wahrnehmung von Nichtrussen und Russen, daß ihre Nation gefährdet sei, entweder demographisch, sprachlich oder kulturell."[246] Deswegen waren die Nationalbewegungen nach 1989 meist antisowjetisch und antikommunistisch und gingen zum Teil mit einer stark ausgeprägten Russophobie einher: „Sie ist zu spüren, wo Russen nicht mehr in Geschäften bedient werden; sie wird erkennbar in immer wieder auftauchenden Gerüchten, nach denen der KGB oder die Russen vergiftetes Fleisch in den Handel brächten oder umweltschädliche chemische Fabriken errichtet hätten, um die Einheimischen zu ermorden."[247]

---

[243] Vgl. hierzu MERDJANOVA (2000) (siehe Fußnote 103), S. 257.
[244] STÖLTING (1991) (siehe Fußnote 225), S. 13.
[245] Vgl. hierzu GLAEßNER, GERT-JOACHIM (1994) *Demokratie nach dem Ende des Kommunismus. Regimewechsel, Transition und Demokratisierung im Postkommunismus.* Opladen: Westdeutscher Verlag, S. 50.
[246] Ders. (1994) (siehe Fußnote 245), S. 60.
[247] STÖLTING (1991) (siehe Fußnote 225), S. 34. Auch für Georgien lassen sich solche Beispiele

Für die lokalen Politiker nach 1989 war es ein Leichtes zu behaupten, dass die Nation im Sozialismus verdrängt wurde und dass ihr nun zu neuen Würden verholfen werden müsse. Das bekannte politische System hatte sich aufgelöst und die Menschen waren verunsichert: „Das frühere gesellschaftliche Koordinatensystem ist plötzlich verschwunden. Lebenswichtige Institutionen lösen sich über Nacht auf. Die seit wenigstens zwei Generationen eingeübten Verhaltensmuster gelten nicht mehr.[248] Auch ist die kollektive Erinnerung an die vorkommunistische Gesellschaft verblasst. Besonders nützlich wäre sie auch nicht, denn zum Großteil handelt es sich um vordemokratische Regime."[249] So scheint die Nation – die durch die Nationalitätenpolitik und die Betonung und Rechte der Ethnien die ganze Sowjetzeit hindurch präsent geblieben ist –, der naheliegende Bezugspunkt zu werden: „Menschen werden in der Anfangsphase des Postkommunismus auf ihre ursprüngliche Identität zurückgeworfen. Diese drückt sich durch Zugehörigkeit zu Geschlecht, Familie und Nation aus. Von diesen drei Dimensionen ist öffentlich relevant vor allem die nationale Zugehörigkeit. Dadurch läßt sich die hervorstechende Rolle der Nation in der postkommunistischen Welt erklären. Menschen suchen nach neuem Halt in einer radikal veränderten sozialen Umwelt, und im Angebot ist allein die Nation."[250] Und wo es in der ehemaligen Sowjetunion um die Nation geht, ist die Kirche meist mitgenannt: „In postcommunist Central and Eastern Europe, appeals for and against secession and autonomy, on the basis of one or the other nation's (or Church's) alleged rights of self-determination (or monopoly on truth) are widespread."[251]

---

finden, z.b. das Erdbeben im Dezember 2000, nach dem allerortens darüber spekuliert wurde, ob das Beben durch unterirdische Sprengungen der Russen hervorgerufen wurde. Vgl. hierzu BECKER, DANIEL (2001) Saufen oder ab ins Bett. Die georgische Regierung laviert zwischen Russland und dem Westen, während Wirtschaft und Infrastruktur verfallen (Artikel vom 21.03.2001). In: *Jungle World* Bd. [2001]: 13.

[248] Dies mag für die Entwicklung in der DDR nach dem Anschluss an die BRD stimmen. Für die ehemaligen Unionsrepubliken, in denen sich alte Eliten und Machtstrukturen halten konnten, besteht die Schwierigkeit vielmehr darin, sowjetische Verhaltensmuster zu überwinden, Korruption zu verringern und sich in den Mechanismen einer Transformationsökonomie zu üben.

[249] RELJIC, DUSAN (1994) Nation als Opium des Volkes. Die Instrumentalisierung des Nationalismus in postkommunistischen Gesellschaften. In: PATTILLO-HESS, JOHN/SMOLE, MARIO (Hrsg.) Nationen. Wien: Löcker Verlag, S. 58.

[250] Ders. (1994) (siehe Fußnote 249), S. 59.

[251] RAMET, SABRINA P. (1997) *Whose Democracy? Nationalism, Religion, and the Doctrine of Collective Rights in Post-1989 Eastern Europe.* Lanham: Rowman & Littlefield, S. 94.

1.4 Religiös-nationale Gemeinschaften: ein „unmodernes" Konzept von Nation

Bevor im folgenden Kapitel die Geschichte und Kirchengeschichte Georgiens dargestellt werden wird, ein kurzes Resümée: Eine Nation ist in diesem Buch im Sinne Andersons eine als begrenzt und souverän imaginierte Gemeinschaft. Diese Definition von Nation ist nicht an die Zeit nach der industriellen Revolution geknüpft – auch ein Königreich kann eine als begrenzt und souverän imaginierte Gemeinschaft sein. Eine in der Realität nicht existierende Nation kann ebenso imaginiert werden, z.b. als Ziel einer Befreiungsbewegung. In diesem Fall ist eine Nation tatsächlich nur reines Gedankenkonstrukt, die durch die Imagination letzlich auf einer sichtbaren Ebene verankert werden kann: durch ein Territorium, eine eigene Sprache, nationale Symbole und religiöse Grenzen. Am Beispiel Georgiens ist wird sich zeigen, dass die Nation immer wieder reine Imagination war, in anderen Phasen eine in der Realität verankerte imaginierte Nation.

Der Rückgriff auf die Definition Andersons ist mir deswegen wichtig, da er deutlich macht, dass eine Nation immer etwas Artifizielles, Erdachtes, von Menschen gemachtes und keine zwangsläufig entstehende Entität ist. Gerade die Imagination macht die Nation so wirkungsmächtig: Sie kann immer wieder in gemeinschaftskonstituierenden Bildern neu (er)schaffen werden, z.B. in der Vorstellung eines gemeinsamen Körpers, eine Imagination, die auch im Christentum sehr wirkungsvoll war und ist. Oft wird die Nation auch als weiblicher Körper imaginiert. Die Verkörperung hat also zwei Ebenen: zum einen die Vorstellung eines gemeinsamen nationalen Körpers, in dem die einzelnen Menschen die verschiedenen Glieder und die politische und religiöse Führung den Kopf bilden; zum anderen die Imagination der Nation in weiblicher Gestalt, wie in Frankreich die Marianne, in Deutschland die Germania und in Georgien die Mutter Georgiens. Letztere wird in Tbilisi in Gestalt einer riesigen Statue verehrt, welche den Freunden Georgiens eine Schale Wein entgegenhält, die Feinde jedoch mit dem Schwert begrüßt (siehe Abbildung 1 auf S. 186). Die Nation wird in Frauengestalt imaginiert, da Körperlichkeit mit Weiblichkeit gleichgesetzt wird. So entsteht ein weiblicher Nationalkörper. Das Bild der Mutter Georgiens als Ernährerin und Beschützerin verdeutlicht die Zusammenhänge von Weiblichkeit und Körperlichkeit besonders gut. Auch

WIE EINE NATION ENTSTEHT 61

eine andere moderne Statue in Tbilisi „Long-Suffering Georgia"[252] stellt die Verbindung von Weiblichkeit und Nation dar. Hier bildet ein verstümmelter Frauenkörper ein Sinnbild für die geschundene, immer wieder verstümmelte georgische Nation. Der nationale Schmerz kann als körperlicher Schmerz, die nationale Beschädigung als körperliche Beschädigung gezeigt werden. Eine sonst unsichtbare Verstümmelung, wird durch den weiblichen Körper sichtbar gemacht. Die Vorstellung der Weiblichkeit der Nation, macht diese besonders schützenswert – gilt es doch, sie vor fremder Penetration zu bewahren. In diesem Zusammenhang müssen auch Vergewaltigungen von Frauen durch Soldaten im Kriegsfall gesehen werden: dem abstrakten Nationalkörper wird durch die real existierenden Körper der Frauen Gewalt angetan.

Auf welcher Grundlage kann eine Nation, eine nationale Identität nun entstehen und sich erhalten? In den meisten Punkten schließe ich mich Hastings an: Eine Nation als imaginierte Gemeinschaft entsteht auf der Grundlage einer gemeinsamen Sprache und Schrift im Zusammenwirken mit Religion. Sie bedarf einer vorherigen, vor-nationalen Gemeinschaft,[253] einer politischen Identität, einer gemeinsamen Kultur und eines Territoriums. Wichtig für eine nationale Identität ist natürlich auch die nationale Geschichtsschreibung und die damit zusammenhängenden Vorstellungen von Vergangenheit, Verwandtschaft und Zukunft, genauso wie die genealogische Ursprungskonstruktion im Mythos.

Diese Sicht ist eine andere als die gängige Vorstellung von der Moderne, die die Nation erst nach der Renaissance und Aufklärung und zusammen mit der Industrialisierung denkbar macht. Nationen, imaginiert anhand von Territorium, Sprache, Schrift, Religion und politischem System existieren schon lange vor der Moderne. Sprache und Religion werden als Faktoren bei der Nationenbildung so prominent genannt, da beide gemeinschaftskonstituierend wirken. Sprache und Schrift schaffen durch den Gebrauch in Alltag, Religion und Politik eine vorgestellte Gemeinschaft. Hinzu kommen Ideen einer mythischen Sprachherkunft und die Möglichkeit, eine nationale Vergangenheit

---

[252] Für eine Abbildung dieser Statue konnte ich leider die Bildrechte nicht erhalten. Die Statue ist als weibliche Figur zu erkennen, die auf Beinstümpfen steht. Ein Arm und eine Hand fehlt, der Körper hat Einschnitte, eine Brust ist zur Hälfte abgeschnitten, der Kopf nach links gebeugt. Die Statue ist aus Metall, die Oberfläche erinnert an eine Rüstung, die keinen ausreichenden Schutz geboten hat.
[253] Hastings spricht von Ethnien, ein Begriff der ähnlich wie die Nation kaum sauber zu definieren ist aber ev. im Sinne der sowjetischen Nationalitätenpolitik, bei der die Ethnie zu Beginn frei wählbar war, wiederum sinnvoll ist.

fixieren zu können. Auch die Religion stabilisiert die Imagination einer Nation: vor allem durch den Gebrauch einer „heiligen" Sprache, die die Gemeinschaft der Gläubigen zu einer Nationsgemeinschaft werden lässt und durch die Möglichkeit der Abgrenzung anderen Nationen und Religionen gegenüber. Die christliche und jüdische Religion hat zudem in der Exodus-Geschichte die Idee eines nationalen Freiheitskampfes manifestiert, auf den sich bezogen werden kann – eine Art Meta-Ebene in den Köpfen der Gläubigen. In der christlichen Orthodoxie werden diese Mechanismen durch die autokephalen Nationalkirchen, der Sakralisierung der Landessprache, das Gedenken an Land und politische Führung in der Liturgie, das eigene, nationale Kirchenrecht, der Entstehung der Nationalheiligen und der Vorstellung einer leiblichen Einheit von Christus, Kirche und Nation noch verstärkt. Das Ritual im Sinne der Performanztheorie, die Verwandlung in einen Gemeinschaftskörper, nimmt bei der Verkörperung der Nation eine wichtige Rolle ein, da es auf die Körper der Nation einwirkt und so Gemeinschaft entstehen lässt – sei es nun ein religiöses oder politisches Ritual. Wenn Religion und Politik im Ritual zusammenfallen, ist die Wirkkraft noch größer.

In den folgenden Kapiteln wird nun anhand verschiedener Beispiele der Frage nachgegangen, ob die Georgisch Orthodoxe Kirche als Nationalkirche, in Zusammenhang mit der georgischen Sprache und Schrift, seit ihrer Entstehung maßgeblichen Einfluss auf die Herausbildung der georgischen Nation bis in die Gegenwart hinein hatte und hat. Es wird aufgezeigt, dass die Nationalbewegung, Kirchenleute und Kämpfer für die georgische Unabhängigkeit immer wieder auf die imaginierte Einheit von Nation, Religion und Sprache zurückgreifen. Da Georgien bis 1991 eine sowjetische Unionsrepublik war, war es unumgänglich auf die Nationalitätenpolitik und den Umgang mit Religion und Kirche in der Sowjetunion einzugehen. Diese Ausführungen waren auch schon eine Anwendung der Nationentheorie. Nationenbildung in der Sowjetunion erfolgte auch anhand territorialer, sprachlicher, kultureller und religiöser Grenzen. Die Politik der *Korenisazia* führte zu einer Stärkung von Ethnie und Nation, zusammengedacht mit dem Recht auf ein eigenes Territorium. Der inkonsistente Umgang mit Kirche und Religion, in Georgien ermöglichte, dass die Kirche zur Bewahrerin von Nation und Sprache werden konnte. So lassen sich die Ursachen für die heutige Unabhängigkeit Georgiens und die Rückbesinnung auf Geschichte und Religion auch in der sowjetischen Nationalitätenpolitik verorten. Im folgenden

Kapitel bilden die georgische Geschichte und Kirchengeschichte erste Beispiele für das Zusammenwirken von Kirche und Nation.

Kapitel 2

Geschichte und Kirchengeschichte Georgiens

Die Geschichte Georgiens ist eine Geschichte der Fremdherrschaft und Besatzungen, abgelöst von kurzen Phasen nationaler Unabhängigkeit. Diese Erfahrungen prägen die georgische Nation bis heute. Die Besatzer stammten aus den unterschiedlichsten Kulturkreisen, und der jeweilige Glauben war ein wichtiges Unterscheidungs- und Widerstandsmerkmal: „The chronicle of foreign invaders who arrived on Georgian soil reads like a litany of cultures. The Romans arrived in the first century, the Persians in the sixth, the Arabs in the seventh, the Turks in the eleventh, the Mongols in the thirteenth, the Tartars in the fourteenth and fifteenth, the Turks and Iranians in the sixteenth and seventeenth. And the Czar in 1801."[254] Obwohl die georgische Kirche zum Teil stark unterdrückt wurde, konnte sie über die Jahrhunderte hinweg bestehen bleiben und die Idee einer souveränen georgischen Nation aufrechterhalten. In den verschiedenen Phasen der georgischen Geschichte zeigt sich immer wieder die Verbindung von Nation, Sprache und Religion. Für ein unabhängiges Georgien wurde zum Beispiel mit der Forderung nach dem Erhalt von Kirche und Sprache gekämpft. Die folgenden Abschnitte werden die georgische Geschichte und Kirchengeschichte in den verschiedenen Epochen darstellen: die Anfänge bis ca. 1100, die nationale Blütezeit, die Zeit des Niedergang, die russische Annexion 1801, die kurze Phase der Unabhängigkeit 1921 und schließlich die Sowjetzeit sowie die ersten Schritte in der Unabhängigkeit seit 1991.

---

[254] RUSSELL, MARY (1991) *Please Don't Call it Soviet Georgia: A Journey Through a Troubled Paradise*. London: Serpent's Tail, S. 4.

2.1 Die Anfänge (ca. 600 v. Chr. bis ca. 1100 n. Chr.)

Das heutige Georgien war in den Anfängen[255] in zwei Reiche aufgeteilt: Um 600 v. Chr. bildete sich in Westgeorgien, am Schwarzen Meer das Reich der *Kolchis* (georgisch: *Egrissi*) und wurde um 300 von *Iberien* (georgisch: *Kartli*) in Ostgeorgien ergänzt.[256] Durch diese Aufteilung gehörten die beiden Königreiche zu verschiedenen Machtsphären: „Während Kolchis Beziehungen zu Griechenland und später zu Rom und Byzanz pflegte, geriet Iberia mit seiner Hauptstadt Mzcheta unter persischen Einfluss und sah sich dann zwischen Perser und Römer gestellt."[257] Territorial lag die Kolchis näher an Konstantinopel und Iberien nahe an Armenien und Iran.

Um 300 n. Chr. wird das Christentum in Kartli/Iberien durch die Konversion des Königs Mirian zur Staatsreligion. Ob dieses Ereignis im Jahr 325, 337 oder 350 stattfand, ist nicht eindeutig belegbar – die meisten Autoren nennen das Jahr 337.[258] Einer georgischen Legende[259] nach wurde das Christentum durch die Gefangene Nino nach Georgien gebracht. Sie vollbrachte Wunder, heilte die Frau des Königs, Nana, von einer schweren Krankheit und überzeugte sie so von der neuen Religion. König Mirian wiederum wurde auf der Jagd im Gebirge von einer Sonnenfinsternis in Angst und Schrecken versetzt. Erst die

---

[255] Es gibt für die Besiedelung in Georgien natürlich auch frühere Zeugnisse, jedoch kann vor dem 7. Jahrhundert vor Christus noch nicht von einer Staatenbildung auf dem heutigen georgischen Territorium gesprochen werden.

[256] Siehe hierzu auch die Landkarte (Abbildung 3) auf S. 188.

[257] GROSS, ANDREAS (1998) *Missionare und Kolonisten. Die Basler und die Hermannsburger Mission in Georgien am Beispiel der Kolonie Katharinenfeld 1818-1870.* Hamburg: Lit, S. 6. Vgl. hierzu auch THOMSON, ROBERT W. (1996) The Origins of Caucasian Civilization: The Christian Component. In: SUNY, RONALD GRIGOR (Hrsg.) Transcaucasia, Nationalism, and Social Change. Essays in the History of Armenia, Azerbaijan, and Georgia. Ann Arbor: The University of Michigan Press, S. 27.

[258] Vgl. hierzu ZINZADZE, WACHTANG (1983) Über einige Besonderheiten der Basiliken im frühchristlichen Georgien (Die Architektur der Basilika des V. Jahrhunderts Sweti Zchoweli in Mzcheta). In: GEORGIEN, INSTITUT TSCHUBINASCHVILI D'HISTOIRE DE L'ART (Hrsg.) IV. Symposium International sur l'art Géorgien, Tbilissi 1983, Acedemie des Sciences de la SSR de Georgie. Tbilisi: Institut Tschubinaschvili D'Histoire De L'Art Georgien, S. 1, GROSS (1998) (siehe Fußnote 257), S. 10 und PÄTSCH, GERTRUD (Hrsg.) (1985) *Das Leben Kartlis. Eine Chronik aus Georgien 300-1200.* Leipzig: Dieterische Verlagsbuchhandlung.

[259] Diese Legende geht auf den Geschichtsschreiber Rufinus von Aquileia zurück, der sich auf die Informationen des georgischen Fürsten Bakur beruft und sie im 5. Jahrhundert niederschreibt. Zu den verschiedenen Versionen vgl. MARTIN-HISARD, BERNADETTE (2001) Das Christentum und die Kirche in der georgischen Welt. In: MAYEUR, JEAN-MARIE et al. (Hrsg.) Die Geschichte des Christentums. Religion, Politik, Kultur. Band 3: Der lateinische Westen und der byzantinische Osten (431-642). Freiburg: Herder. – Kapitel 3, S. 1241-1248.

Anrufung des Gottes der Christen brachte die Sonne zurück. Dieses Erlebnis überzeugte ihn von der Stärke des neuen Gottes. König und Volk ließen sich taufen und errichteten christliche Gotteshäuser.[260] Soweit die Legende. Die Geschichtsschreibung geht davon aus, dass das Christentum durch den Apostel Andreas nach Kartli kam. Das Konzil von Nizäa (325) nennt zumindest schon vor den Bekehrungsversuchen Ninos einen Bischof auf Pityuos, dem heutigen Pizunda in Westgeorgien.[261]

Die Christianisierung in Ostgeorgien verlief nicht einheitlich[262] und entlang territorialer Grenzen: „... der neue Glaube wurde bei weitem nicht überall mit gleicher Begeisterung aufgenommen. Er stieß auf den Widerstand der alten vorchristlichen Religion der Georgier, aber auch auf Gegenwehr seitens des von Persien propagierten Mazdaismus.[263] Während sich die Menschen in den fruchtbaren Niederungen, den Hauptsiedlungsgebieten und wirtschaftlichen Zentren des Landes, wo das Christentum schon in den ersten nachchristlichen Jahrhunderten Verbreitung gefunden hatte, verhältnismäßig rasch bekehren ließen, stieß das Christentum in den Gebirgsgegenden des Nordens (Swanetien, Mtiuleti, Chewi, Pschawi, Chewsurien, Tuschetien) auf völlige Ablehnung."[264] Die georgische Geschichtsschreibung aus dem 11. Jahrhundert beschreibt, dass Nino zusammen mit königlichen Truppen versuchte, die Bergbewohner durch Waffengewalt zu christianisieren. Kultstätten wurden vernichtet und der König zwang sie, höhere Abgaben zu zahlen. Diese gewaltsamen Christianisierungsversuche scheinen nicht besonders erfolgreich gewesen zu sein.[265] Heute noch

---

[260] Vgl. hierzu PÄTSCH (1985) (siehe Fußnote 258), S. 34 und S. 159-165.
[261] Vgl. hierzu SUNY, RONALD GRIGOR (1994) *The Making of the Georgian Nation*. Bloomington: Indiana University Press, S. 21 und GROSS (1998) (siehe Fußnote 257), S. 10. Auf die Ursprünge und Konsequenzen der verschiedenen Legenden um die Christianisierung wird in den Abschnitten 3.1 und 3.3 zu den christlichen Mythen und der georgischen Geschichtsschreibung genauer eingegangen.
[262] Vgl. hierzu auch THOMSON (1996) (siehe Fußnote 257), S. 27
[263] Der Zoroastrismus, auch Mazdaismus oder Parsismus genannt, war die führende Religion auf dem Gebiet des heutigen Iran. Der Glaube war von einem Dualismus gepägt: Ahura Mazda, als Garant der guten Ordnung steht Ahriman, als Verkörperung des bösen Prinzips gegenüber. Im Mittelpunkt steht der Kampf zwischen Gut und Böse, auch unter den Menschen, die im Zoroastrismus entweder in den Himmel oder in die Hölle kommen. Verehrt werden die Elemente, wie Feuer, Wasser oder Erde. Das heilige Feuer ist das Symbol für Ahura Mazda. Der Zoroastrismus ist eine Schriftreligion, die auf der Schrift der Avesta aufbaut.
[264] FÄHNRICH, HEINZ (1999) *Lexikon Georgischer Mythologie*. Wiesbaden: Reichert Verlag, S. 12.
[265] Vgl. hierzu Ders. (1999) (siehe Fußnote 264), S. 12-13.

praktizieren viele Menschen in den Gebirgsregionen des Kaukasus alte, vorchristliche Riten oder eine Mischung aus christlichen und vor-christlichen Bräuchen, wie z.B. in Chewsurien, in denen *dschwaris*, christlich-heidnische Kultstätten, statt Kirchen stehen und *chuzessi* anstelle von Priestern agieren.[266]

Der Übertritt des Königs von Kartli zum Christentum war auch eine politische Entscheidung: „In Georgien herrschte der von Parthern und Sassaniden verbreitete Mazdaismus, die zoroastrische Religion des Feuerkultes, vor. Die Entscheidung für das Christentum kam damit auch einer Entscheidung gegen die persische Großmacht gleich, die allein schon aufgrund ihrer geographischen Nähe bedrohender als die Römer empfunden wurde. Das Christentum war eine Waffe gegen die kulturelle Infiltration durch einen mächtigen Nachbarn."[267] Diese Entscheidung zu einer Orientierung in Richtung Rom führte auch dazu, dass Georgien von nun an zu einem christlichen Land an der Grenze zu den später islamischen Nachbarn wurde.[268] Nach Suny gab es auch wirtschaftliche Anreize zur Christianisierung: den Reichtum der nicht-christlichen Priester, den es zu übernehmen galt. So sei davon auszugehen, dass es während der Christianisierung Phasen des Bürgerkriegs gab.[269]

Mit der Übernahme des Christentums ging die Entstehung der georgischen Schrift sowie einer eigenen Kirchensprache und Literatur einher.[270] So beginnt im 4. Jahrhundert – entgegen der These der Verknüpfung von Nationenbildung und Moderne – die Nationenwerdung Georgiens: Durch die Übersetzung der Bibel ins Georgische und den gleichzeitigen Gebrauch dieser Sprache im Alltag entsteht die georgische Nation innerhalb territorialer, sprachlicher, religiöser und politischer Grenzen. Der Grundstein dafür, wer überhaupt Georgier bzw. Georgierin sein kann, wurde gelegt: „Georgier zu sein hieß bis ins 20. Jahr-

---

[266] Vgl. hierzu NIELSEN, FRIED (2000) *Wind der weht. Georgien im Wandel.* Frankfurt am Main: Societätsverlag, S. 255.
[267] BOCK, ULRICH (1988) *Georgien und Armenien. Zwei christliche Kulturlandschaften im Süden der Sowjetunion. DuMont Kunst-Reiseführer.* Köln: DuMont, S. 28-29.
[268] Vgl. hierzu CURTIS, GLENN E. (2002) Georgia: A Country Study. In: SIRAP, T.O. (Hrsg.) Georgia: Current Issues And Historical Background. New York: Nova Science Publ., S. 91.
[269] Vgl. hierzu SUNY (1994) (siehe Fußnote 261), S. 19.
[270] Ab der S. 73 und im Abschnitt 3.1 (Christliche Mythen) wird genauer auf die Entwicklung der georgischen Schrift und die christlichen Legenden eingegangen. Vgl. hierzu DÖPMANN, HANS-DIETER (1997) Religion und Gesellschaft in Südosteuropa. In: Derselbe (Hrsg.) Religion und Gesellschaft in Südosteuropa. München: Südosteuropa-Gesellschaft, S. 11 und STÖLTING, ERHARD (1991) *Eine Weltmacht zerbricht. Nationalitäten und Religionen in der UDSSR.* Frankfurt am Main: Eichborn, S. 221.

hundert hinein georgischer Christ zu sein; die Muslime georgischer Sprache rechneten sich selbst nicht zu den Georgiern und wurden ihnen auch von anderen nicht zugerechnet."[271] Kirche und nationale Identität bilden von Anfang an eine Einheit und der auf S. 31 schon beschriebene Mechanismus, dass nicht der Mehrheitsreligion angehörende Menschen der Nation gegenüber als illoyal angesehen werden, fand seinen Anfangspunkt.

Doch zurück ins 4. Jahrhundert: Das damalige Zentrum Kartlis, Mzcheta, wurde auch zum religiösen Zentrum und erst später vom nahe gelegenen Tbilisi als Hauptstadt abgelöst. Im Jahre 387 fiel Kartli (Iberien) unter sassanidische Herrschaft.[272] Die interne politische Struktur des Königreiches blieb trotz der Fremdherrschaft unangetastet.[273] Das Reich der Kolchis stand weiter unter römischen Einfluss. Auch unter König Wachtang Gorgaslan (446-502) konnte Kartli keine vollständige Unabhängigkeit erlangen. Trotzdem wurde er als ein großer König verehrt, auch wegen seiner Verdienste um die Kirche. Nach Pätsch setzte Wachtang den Grundstein für die Definition des Georgiertums: „Die Verdienste, die an Wachtang gerühmt werden, lassen sich zusammenfassen in dem Satz, den wir des öfteren bei Dschuanscher finden: ‚Er erbaute Kirchen, war mildtätig gegen die Armen, übte Gerechtigkeit gegen jedermann.' Damit ist das Ideal umrissen, das auf den König als Symbol und Mitte der nationalen Existenz orientiert. Diese Formel bildet den Kern für alle Lobeserhebungen, die den nachfolgenden Königen zuteil werden. Sie bedeutet: uneingeschränkte Zentralgewalt, christlich motivierte tätige Frömmigkeit im Vertrauen auf den Sieg des Guten, Gerechtigkeit ohne Ansehen der Person und schließlich Mut, sich im Kampf für die Erhaltung der staatlichen Integrität einzusetzen."[274] Die *Symphonia*, die Gleichstellung von Kirche und Staat, fand unter König Wachtang ihre Anfänge und ihre besondere georgische Ausprägung: Das Kirchenoberhaupt besaß beinahe eine stärkere Stellung als der König, sein Ansehen und seine Rechte waren denen des Königs gleichgestellt. Wurde das Kirchenoberhaupt beleidigt, galt dies gleichermaßen als Majestätsbeleidigung.[275] Hauptmann berichtet von

---

[271] STÖLTING (1991) (siehe Fußnote 270), S. 222.
[272] Das Sassanidenreich war von 224 bis 651 das zweite persische Großreich. Es stand in ständiger Rivalität mit dem römischen Reich.
[273] Vgl. hierzu MARTIN-HISARD (2001) (siehe Fußnote 259), S. 1236.
[274] PÄTSCH (1985) (siehe Fußnote 258), S. 36.
[275] Vgl. hierzu HAUPTMANN, PETER (1974) Unter dem Weinrebenkreuz der heiligen Nino, Kirchengeschichte Georgiens im Überblick. In: STUPPERICH, ROBERT (Hrsg.) Kirche im Osten. Studien zur osteuropäischen Kirchengeschichte und Kirchenkunde, Band 17. Göttingen: Vandehoeck & Ruprecht, S. 36.

einer Legende, die die georgische Ausformung der *Symphonia* verdeutlicht: Der Erzbischof Michael hatte König Wachtang mit einem Bann belegt. Als Wachtang zum Zeichen der Versöhnung Michael den Fuss küssen wollte, trat dieser ihm einen Zahn aus. In Georgien werden beide verehrt: Michael als der Verfechter der wahren Orthodoxie, Wachtang für seinen Märtyrertod gegen die Perser.[276]

Die Gottesdienste wurden bald nach der Christianisierung auf Georgisch abgehalten und die ersten Evangelien ins Georgische übersetzt. Die Reorganisation der Kirche unter Wachtang führte die Autokephalie ein. Nun wurde der Katholikos das Oberhaupt der georgischen Kirche mit Sitz in Mzcheta, der damaligen Hauptstadt. Damit war das politische und geistliche Zentrum Georgiens vereint. Vor der Reorganisation unterstanden die Erzbischöfe dem Patriarch von Antiochien, nun waren sie autonom: „A new structure of the church was formed, which introduced the hierarchy of the clergy in full. The church was now headed by a Catholicos with twelve new bishoprics under him. Since that time worship began to be nationalized."[277] Dies war jedoch noch eine Form der eingeschränkten Autokephalie: Bis 750 wurde der Katholikos durch den antiochischen Patriarchen bestimmt. Abgeschlossen war die Entwicklung hin zur vollständigen Autokephalie erst im 10. Jahrhundert, als auch der Patriarch von Konstantinopel die georgische Autokephalie anerkannte.[278]

---

[276] Vgl. hierzu HAUPTMANN (1974) (siehe Fußnote 275), S. 99 ff.. Auch Martin-Hisard geht auf diese Legende ein: Der Ausgangspunkt des Konfliktes ist hier Wachtangs Bemühen um die Autokephalie der georgischen Kirche. Die Entsendung eines Katholikos bedeutet nämlich die Entmachtung des Erzbischofs Michael, der bis dahin der Kopf der Kirche war. Wachtang schickte Michael zur Bestrafung zum Patriarchen nach Konstantinopel. Dieser verbannte ihn in ein Kloster. Martin-Hisard deutet dies weniger als eine Strafe dafür, dass Michael dem König unrecht getan hat. Die Strafe erfolgt, da sich Michael durch die Auflehnung gegen den zukünftigen Katholikos auch gegen den Patriarchen stellte und somit gegen die Autorität Gottes. Vgl. hierzu MARTIN-HISARD (2001) (siehe Fußnote 259), S. 1258-1260.

[277] MGALOBLISHVILI, TAMILA (1998) Introduction. In: Dieselbe (Hrsg.) Ancient Christianity in the Caucasus. Richmond: Curzon Press, S. 5.

[278] Vgl. hierzu HEISER, LOTHAR (1989) *Die georgisch-orthodoxe Kirche und ihr Glaubenszeugnis*. Trier: Paulinus Verlag, S. 34 und S. 37-38 und GROSS (1998) (siehe Fußnote 257), S. 10. Ob der erste Katholikos von Konstantinopel oder Antiochien entsandt wurde, geht aus der Literatur nicht klar hervor. Sicher scheint hingegen zu sein, dass nach der ersten Entsendung Antiochien für die georgische Kirche zuständig war. Verwirrend sind die Ausführungen von Martin-Hisard, die in einem ihrer Texte für das Nachschlagewerk „Die Geschichte des Christentums", Band 3, Quellen verwendet, die den ersten georgischen Katholikos Konstantinopel unterstellen. Vgl. hierzu MARTIN-HISARD (2001) (siehe Fußnote 259), S. 1259. In einem anderen Text, diesmal in Band 4, kritisiert sie hingegen Autoren, die Kartli „unsinnigerweise" zu Beginn dem Patriarchat von Konstantinopel zuschreiben.

Mit der Entwicklung der *Symphonia* und der Einführung der Autokephalie waren – neben der Liturgie in der Landessprache – die beiden am stärksten auf die Nationenbildung einwirkenden Elemente der Orthodoxie in Georgien entstanden.

Für das Reich der Kolchis verlief die Entwicklung anders: Die dortige Kirche war dem Patriarchat von Konstantinopel unterstellt. Mit der allmählichen Vereinigung der beiden georgischen Königreiche stellte sich auch die westgeorgische Kirche unter den Katholikos in Mzcheta: „In the latter half of the ninth century, the West Georgian Church broke away from Constantinople and placed itself under the Catholicos with the See at Mtskheta. This came about because by that time all of Georgia – ethnic Kartli, south Georgian Tao-Klarjeti, easternmost parts of Kakheti-Hereti – and West Georgia (united as the kingdom of Abkhazia) came to be regarded as a single entity on the strength fact that the Georgian language had become the language of the divine service and religious worship. The Catholicos of Kartli was proclaimed head of Georgian Autocephalic Church, and ever since the 11th century the office has been styled Catholicos-Patriarch of All Georgia, ranking as the sixth patriach in the world's pentarchy."[279]

In den Jahren 607 bis 608, unter Katholikos Kyrion I. von Mzcheta, kam es zum Schisma zwischen der georgischen und der armenischen Kirche: „The Georgians had never committed themselves to the monophysite position of the Armenians, and from now on they remained in communion with the Byzantine Church. This had concomitant political overtones..."[280] Die Anerkennung des Diophysismus[281] war auch eine Entscheidung für Byzanz und damit den abendländischen Kulturraum.[282]

Im 7. Jahrhundert wurde die Herrschaft der Perser durch die der Araber abgelöst: „In den Jahren 643-645 marschierte das Heer von Habib b. Maslama

---

MARTIN-HISARD, BERNADETTE (1994) Kirche und Christentum in Georgien. In: MAYEUR, JEAN-MARIE et al. (Hrsg.) Die Geschichte des Christentums. Religion, Politik, Kultur. Band 4: Bischöfe, Mönche und Kaiser (642-1054). Freiburg: Herder. – Kapitel 3, S. 550.
[279] MGALOBLISHVILI (1998) (siehe Fußnote 277), S. 7.
[280] THOMSON (1996) (siehe Fußnote 257), S. 35.
[281] Das diophysitische Dogma legt fest, dass Christus wahrer Gott und wahrer Mensch zugleich ist, dass er zwei Naturen in sich vereinigt. Der Monophysitismus hingegen sieht Christus als vollkommen göttlich und vollkommen menschlich, mit nur eine Natur, der gott-menschlichen, an.
[282] Vgl. hierzu PAITSCHADSE, DAVID (1995) Bemerkungen zur Geschichte Georgiens bis 1921. In: HALBACH, UWE/KAPPELER, ANDREAS (Hrsg.) Krisenherd Kaukasus. Baden-Baden: Nomos Verlagsgesellschaft, S. 54.

(614-662) in die ostgeorgischen Gebiete ein. Tbilisi und siebzehn der umliegenen Regionen bzw. Bevölkerungsgruppen kapitulierten sofort und willigten in die arabischen Schutzverträge (kitab al-aman) ein."[283] Andere Autoren nennen schon das Jahr 642 als den Beginn der Araberherrschaft.[284] Bis ins Jahr 1121 sollte Tbilisi ein Emirat bleiben. Allerdings wurde kein Druck zur Islamisierung ausgeübt. In Tbilisi war ein Emir ansässig, der den Pflichttribut einzog.[285] Das Territorium außerhalb Tbilisis verfügte weiter über relativ unabhängige Fürstentümer: Auch wenn Kartli direkt der arabischen Administration unterstand, konnten sich einzelne Regionen eine halbwegs autonome Existenz sichern, da die Araber vor allem die Städte und Handelsrouten kontrollierten und sich nicht allzu sehr um das kümmerten, was auf dem Land geschah.[286] Durch die Herrschaft der Araber war die Kirche Ostgeorgiens ab dem 8. Jahrhundert von den Patriachaten Antiochiens und Konstantinopels isoliert. Martin-Hisard geht davon aus, dass die georgische Kirche nur aufgrund ihrer Stärke diese Isolation unbeschadet überstehen konnte: „In dieser Epoche hatte sie glücklicherweise die eigenen dogmatischen Positionen geklärt und verfügte über solide Grundlagen: territorial mit einem Netz von Bischofssitzen, institutionell mit dem Katholikos, spirituell mit ihrer Liturgie, eigenen Märtyrern, einer religiösen Literatur und Klöstern sowie im historischen Selbstverständnis mit den Grundlagen für den Nino-Kult. In ihrer bis ins 10. Jh. dauernden Isolation waren es diese Faktoren, die ihr erlaubten, zu überdauern und sich in einer eigenständigen Weise zu entwickeln."[287]

Ab dem 9. Jahrhundert erfolgte die langsame Rückeroberung Georgiens durch die Bagratidenfamilie, die bis ins 19. Jahrhundert hinein die Könige stellen sollte. Um 1000 gelang es Bagrat III. (975-1014) die Fürstentümer Tao-Klardschetien und Abchasien (das Gebiet der ehemaligen Kolchis/Egrissi) mit Kartli zu vereinigen: „For the first time since the coming of the Romans the two principal parts of Georgia were united, and after 1008 a new word, sakartvelo, came into use to refer both to Kartli in the east and Egrisi in the west."[288]

---

[283] Vgl. hierzu MARTIN-HISARD (1994) (siehe Fußnote 278), S. 548.
[284] Vgl. hierzu REIßNER, ILMA (1989) *Georgien. Geschichte – Kunst – Kultur.* Freiburg: Verlag Herder, S. 225. Hier bietet sich in einer Synopse der Ereignisse in Griechenland, Rom, Byzanz, Russland, Georgien und Armenien ein guter Überblick.
[285] Vgl. hierzu MARTIN-HISARD (1994) (siehe Fußnote 278), S. 549-550.
[286] Vgl. hierzu SUNY (1994) (siehe Fußnote 261), S. 29.
[287] MARTIN-HISARD (1994) (siehe Fußnote 278), S. 553-554.
[288] SUNY (1994) (siehe Fußnote 261), S. 32-33.

GESCHICHTE UND KIRCHENGESCHICHTE 73

Die Einheit Georgiens war jedoch nur von kurzer Dauer: „For Georgians this turning point meant that their kingdom was almost alone as a Christian power in the East and was subject to the repeated blows that are known in Georgian history as the didi turkoba (the great Turkish troubles). Turkmen tribes began to raid Georgia early in the reign of Giorgi II (III) (1072-1089), enslaving the regions of Asis-Phorni, Klarjeti, Achara, Charcheti, Samtskhe, Kartli and others. These invasions and settlements had a debilitating effect on Georgia's economic and political order. Cultivated land became pasture for the nomads, and peasant farmers were pushed into the mountains."[289]

Durch *Symphonia*, Autokephalie und eine eigene Schrift und Sprache konnte sich Georgien trotz der Besatzung als Nation imaginieren. Weil die Besatzer einer anderen Religion angehörten, bot sich diese als Trennlinie geradezu an: Die nationale Identität vermischt sich mit der religiösen. Da die Entwicklung des georgischen Christentums und auch der georgischen Nation eng mit der georgischen Schrift zusammenhängt, wird nun deren Entstehung und Einfluss dargestellt.

Georgische Schrift

Welchen Stellenwert ist Schrift und Sprache in der Nationenbildung einzuräumen? Für Anderson können „heilige Sprachen" religiöse Gemeinschaft stiften, aber erst durch den Buchdruck und die entstehenden Massenmedien schaffen Schrift und Sprache auch eine nationale Indentität. Hastings hingegen – und dieser Sichtweise schließe ich mich an – geht davon aus, dass jede Schriftsprache, die von vielen Menschen im Alltag gesprochen wird und eine eigene Literatur entwickelt, eine vornationale Gemeinschaft zur Nation werden lässt. Diese Entwicklung soll nun für Georgien aufgezeigt werden.

Die frühesten Nachweise der georgischen Schrift stammen aus den Jahren 492/493 und finden sich in der Kathedrale von Bolnissi (siehe Abbildung 2 auf S. 187),[290] und etwas später auch in Palästina, dort als Teil eines Mosaikfussbodens in einem georgischen Kloster in Bethlehem aus der Mitte des 6.

---

[289] SUNY (1994) (siehe Fußnote 261), S. 34.
[290] Vgl. hierzu NICKEL, HEINRICH L. (1974) *Kirchen Burgen Miniaturen. Armenien und Georgien während des Mittelalters*. Berlin: VEB Deutscher Verlag der Wissenschaften, S. 33, BERIDSE, WACHTANG/NEUBAUER, EDITH (1980) *Die Baukunst des Mittelalter in Georgien vom 4. bis 18. Jahrhundert*. Berlin: Union Verlag, S. 19, PÄTSCH (1985) (siehe Fußnote 258), S. 485 und FÄHNRICH (1999) (siehe Fußnote 264), S. 5-6.

Jahrhunderts.[291] Dennoch wird in den georgischen Chroniken, der georgischen Geschichtsschreibung aus dem Mittelalter, schon König Parnawas aus dem 4.-3. Jahrhundert v. Chr. als Einführer oder zumindest Reformer[292] der Schrift genannt: „Und Parnawas war der erste König in Kartli aus den Geschlechtern des Kartlos. Er verbreitete die kartwelische Sprache, und in Kartli wurde keine andere Sprache außer Kartwelisch gesprochen. Und er schuf das kartwelische Schrifttum."[293] Der Chronist Leonte Mroweli – von dem diese Aufzeichnung stammt – lebte allerdings erst im 11. Jahrhundert.[294]

Die Entwicklung der georgischen Schrift im 4. und 5. Jahrhundert ging mit der Christianisierung des Landes einher. Auf einer Stele[295] aus dem 6. Jahrhundert sind die Erzengel Michael und Gabriel zu sehen, die die georgische Schrift in ihren Händen halten und so den Georgiern übergeben. Für die Übersetzungen der Bibel und der liturgischen Texte wurde das altgeorgische Alphabet, das Asomtrawruli, eingeführt (das neue, heutige Alphabet heißt Mchedruli und entstand im 11. Jahrhundert).[296] Möglicherweise haben die Erfinder der Schrift auf christliche Symbolik zurückgegriffen, der Buchstabe K, der Anfangsbuchstabe von Christus gleicht einem Kreuz.[297] Es gibt drei verschiedene georgische Alphabete: das älteste ist das Asomtrawuli, das nur aus Großbuchstaben besteht. Zusammen mit dem jüngeren Nushkuri, das nur aus Kleinbuchstaben besteht, bildet das Asomtrawuli die Khutsuri-Schrift. Die heutige Mchedruli-Schrift besteht, wie die Nushkuri, nur aus Kleinbuchstaben. Die drei Alphabete und ihre Transkription sind auf Seite 189 zu finden (siehe

---

[291] Vgl. hierzu NICKEL (1974) (siehe Fußnote 290), S. 32, HEISER (1989) (siehe Fußnote 278), S. 84 und THOMSON (1996) (siehe Fußnote 257), S. 33.

[292] Vgl. hierzu auch FÄHNRICH (1999) (siehe Fußnote 264), S. 6 und MEPISASCHWILI, RUSSUDAN/ZINZADSE, WACHTANG (1987) Georgien. Kirchen und Wehrbauten. Weinheim: Acta Humaniora, S. 19.

[293] PÄTSCH (1985) (siehe Fußnote 258), S. 77.

[294] Die Deutung dieser Art von Geschichtsschreibung wird in Abschnitt 3.3 genauer erläutert.

[295] Für eine Abbildung der Dawat-Stele konnte ich leider die Bildrechte nicht erhalten. Zu sehen ist sie in GAMBASCHIDZE, IRINE et al. (Hrsg.) (2001) Georgien: Schätze aus dem Land des goldenen Vlies: Katalog der Ausstellung des Deutschen Bergbau-Museums Bochum in Verbindung mit dem Zentrum für Archäologische Forschungen der Georgischen Akademie der Wissenschaften Tbilissi vom 28. Oktober 2001 bis 19. Mai 2002. Bochum: Dt. Bergbau-Museum, S. 33.

[296] Vgl. hierzu GAMKRELIDSE, THOMAS V. (1997) Christentum und altgeorgische Kultur. In: SCHRADE, BRIGITTA/AHBE, THOMAS (Hrsg.) Georgien im Spiegel seiner Kultur und Geschichte. Berlin: Berliner Georgische Gesellschaft e.V., S. 88 und HEISER (1989) (siehe Fußnote 278), S. 84.

[297] Vgl. hierzu NIELSEN (2000) (siehe Fußnote 266), S. 163.

hierzu Abbildung 4).[298] Die ersten Bibeln wurden schon im 5. Jahrhundert übersetzt und damit sichergestellt, dass der Gottesdienst, der zunächst auf Griechisch abgehalten wurde, auf Georgisch stattfinden konnte. Neben der Festigung des Christentums wurde gleichzeitig auch der Grundstein für ein eigenes kirchliches Schrifttum gelegt. Ab dem 6. Jahrhundert wurden Viten georgischer Heiliger niedergeschrieben. Trotz dieser frühen Übersetzungen kam es erst 1743 in der Nähe von Moskau zum Erstdruck der georgischen Bibel.[299] Der späte Erstdruck schmälert keineswegs die nationenbildende Wirkung der ersten Übersetzungen in Zusammenhang mit der Liturgie in der Landessprache: Da diese auch die Sprache des Alltags war, konnte eine religiös-nationale Gemeinschaft imaginiert werden.

Die Frage, ob zuerst das Christentum oder die Schrift da war, ist nicht zu beantworten. Beide Entwicklungen scheinen sich wechselseitig positiv beeinflusst zu haben: „Because contemporary Christianity was a faith based upon the written word, a crucial component of the process of conversion was the invention of a local script so that ecclesiastical texts could be transmitted to the various Georgian peoples."[300] Wie das georgische Alphabet genau entstand und von welchen anderen Alphabeten es Anregungen erfuhr – für diese Fragen lassen sich keine einheitlichen Antworten finden.[301] Wahrscheinlich wurde die georgische Schrift sowohl von der armenischen als auch der griechischen beeinflusst.[302] Erstere ist auch ein vollphonetisches Alphabet und greift auf die Alphabetlogik der Griechen zurück. Heftige Diskussionen ruft immer wieder die Frage hervor, ob nicht vielleicht ein Armenier das georgische Alphabet erfunden haben könnte: „Early in the fifth century, Mesrop Mashtots completed his Armenian alphabet,

---

[298] Vgl. hierzu HEINECKE (2009), ZIDOWIECKI (2004), GAMBASCHIDZE et al. (2001) (siehe Fußnote 295), UNICODE CONSORTIUM/ALLEN, JULIE D (2007) *The Unicode standard 5.0.* Upper Saddle River, NJ: Addison-Wesley und THE UNICODE CONSORTIUM (2008) *The Unicode Consortium. The Unicode Standard, Version 5.1.0, defined by: The Unicode Standard, Version 5.0, as amended by Unicode 5.1.0.* Addison-Wesley URL: http://www.unicode.org/versions/Unicode5.1.0/.

[299] Vgl. hierzu HAUPTMANN (1974) (siehe Fußnote 275), S. 21, HEISER (1989) (siehe Fußnote 278), S. 86 und THOMSON (1996) (siehe Fußnote 257), S. 25 und S. 33.

[300] RAPP JR, STEPHEN H. (1999) 7. From Bumberazi to Basileus: Writing Cultural Synthesis and Dynastic Change in Medieval Georgia (K'art'li). In: EASTMOND, ANTONY (Hrsg.) Eastern Approaches To Byzantium. Papers from the Thirty-third Spring Symposium of Byzantine Studies, University of Warwick, Coventry, March 1999. Aldershot: Publications for the Society for the Promotion of Byzantine studies (by Ashgate Variorum), S. 101.

[301] Vgl. hierzu Ders. (1999) (siehe Fußnote 300), S. 102 und MEPISASCHWILI/ZINZADSE (1987) (siehe Fußnote 292), S. 19.

[302] Vgl. hierzu HEISER (1989) (siehe Fußnote 278), S. 84.

and then, according to his biographer, Koriun, set out to devise alphabets for the Georgians and the Caucasian Albanians. This version of the invention of the first Georgian alphabet was later disputed by an eighth-century Georgian historian, Leonte Mroveli,[303] who claimed that a servant of King Parnavazi created the alphabet. A modern Georgian historian, Ivane Javakhishvili, has argued that Georgian writing goes back to the Phoenician-Semitic-Aramaic cultural world and is unrelated to Armenian. Soviet Georgian scholars, including A. G. Shanidze, also dispute the Armenian origin of the first Georgian alphabet, and the controversy continues."[304]

Einigkeit herrscht beinahe darüber, dass die georgische Sprache keine sonst bekannten Wurzeln hat: „Nach allem, was wir wissen, ist das Georgische mit keiner anderen Sprachgruppe der Welt verwandt, obwohl seit hundert Jahren ununterbrochen neue Vorschläge und Beweise zur Sprachverwandtschaft des Georgischen publiziert werden."[305] Im Kaukasus ist die georgische Sprache aber mitnichten alleinige Sprache: „Die landschaftliche Vielfalt schlägt sich in der sprachlichen Gliederung mit zahlreichen regionalen Sprachen und lokalen Dialekten nieder. Das Georgische bildet zusammen mit dem Mingrelischen, Lasischen und Svanischen die Untergruppe der südkaukasischen Kartvelsprachen innerhalb der Familie autochtoner Kaukasussprachen. Von ihnen besitzt allein das Georgische ein eigenes Alphabet (...)."[306]

Die Entstehung der georgischen Schrift stärkte nicht nur die christliche Religion,[307] sondern diente auch zur Abgrenzung von den Persern[308] und dem

---

[303] Mroweli hat erst im 11. Jahrhundert gelebt. Wie Suny auf diese frühere Zeit kommt ist unklar.
[304] SUNY (1994) (siehe Fußnote 261), S. 22-34.
[305] BOEDER, WINFRIED (1998b) Sprachen und Nationen im Raum des Kaukasus. In: HENTSCHEL, GERD (Hrsg.) Über Muttersprachen und Vaterländer. Zur Entwicklung von Standardsprachen und Nationen in Europa. Frankfurt am Main u.a.: Peter Lang, S. 189.
[306] REISNER, OLIVER (2003) *Die Schule der georgischen Nation : eine sozialhistorische Untersuchung der nationalen Bewegung in Georgien am Beispiel der "Gesellschaft zur Verbreitung der Lese- und Schreibkunde unter den Georgiern"(1850 - 1917)*. Wiesbaden: Reichert, S. 26.
[307] Boeder weist darauf hin, dass dies allerdings für die Anfangsjahre nur eine Vermutung ist: „Ob die Verschriftlichung des Georgischen bereits die Einheit von West- und Ostgeorgien symbolisch vorwegnahm und ob sie, vom Osten ausgehend, eine ähnliche Funktion hatte, wie sie Mesrop für das ebenfalls zwischen Persien und Byzanz geteilte Armenien gefunden hatte, nämlich 'die neue Religion tiefer in den Volksmassen zu verwurzeln und eine starke Barriere gegen die Assimilationsfluten von Byzanz aufzurichten', wissen wir nicht." BOEDER, WINFRIED (1994) Identität und Universalität: Volkssprache und Schriftsprache in den Ländern des alten Christlichen Orients. In: *Georgica*, Bd. 17, S. 82-83.
[308] Vgl. hierzu RAPP JR (1999) (siehe Fußnote 300), S. 102.

Mazdaismus[309] und zur Abkehr von der griechischen Kultur, da die griechische Sprache – zumindest in der Schrift und im Gottesdienst – nicht mehr benötigt wurde.[310] Gleichzeitig führte diese Entwicklung zu einer Abgrenzung der georgischen Kirche von anderen christlichen Kirchen: „Die georgische Übersetzung der Bibel hatte u.a. eine Identifikationsfunktion: Das georgische Christentum unterschied sich auf diese Weise deutlich vom griechischen und armenischen Christentum. Diese Funktion wurde auch äußerlich sichtbar gemacht durch die Schaffung eines eigenen Alphabets (...). (Die Georgier hätten sich wie die Goten mit dem griechischen Alphabet und einigen Zusatzbuchstaben begnügen können). Auf der anderen Seite waren die Inhalte der nun entstehenden Literatur gewissermaßen griechisch-orthodox. Die georgischen Mönche liebten es ja auch, gerade im Byzantinischen Reich georgische Klöster oder Klosterabteilungen zu gründen: im Heiligen Land und Syrien (im weiteren Sinne), auf dem Sinai und in Kleinasien, auf dem Berg Athos und im heutigen Bulgarien. Ihr Verhalten war ambivalent: Sie wollten gleichzeitig dazugehören und doch verschieden sein."[311]

Die Christianisierung des Landes gemeinsam mit der neuen Schrift, ließ ein erstes Verständnis von Nation entstehen.[312] Die Christianisierung und Alphabetisierung ermöglichte neue Formen der Abgrenzung von anderen, so dass eine eigene Kultur und die Idee eines nationalen Zusammenhanges in Sinne von Territorium, Sprache und Religion, denkbar wurde.[313] Diese Entwicklung fand ihren Abschluss im 10. Jahrhundert, als der Umkehrschluss zugelassen wurde. Nun gehörten alle Territorien, in denen Georgisch gesprochen wurde, zur georgischen Nation: „Um die Mitte des 10. Jh. wurde der Begriff ‚K'art'li' erstmals durch den Umfang der Verbreitung der Liturgie in georgischer Sprache definiert. Diese zugleich sprachliche und religiöse Definition hatte keine kanonische Bedeutung, praktisch spiegelte sie aber einen tatsächlichen Zustand wider. Das K'art'velische bzw. Georgische setzte sich im kultischen Bereich, ausgehend von seiner Wiegenstätte in Innerk'art'li, überall, selbst in Abchazien durch. Die Zunahme der Übersetzungsarbeiten in Palästina, dann in Tao-Klardzet'i sowie der Austausch der Handschriften zwischen den verschiedenen Mönchs-

---

[309] Vgl. hierzu SUNY (1994) (siehe Fußnote 261), S. 22.
[310] Vgl. hierzu BOEDER (1994) (siehe Fußnote 307), S. 78.
[311] BOEDER (1998b) (siehe Fußnote 305), S. 191.
[312] Vgl. hierzu GAMKRELIDSE (1997) (siehe Fußnote 296), S. 90.
[313] Vgl. hierzu LÜBECK, KONRAD (1918) *Georgien und die katholische Kirche*. Aachen: Xaverius-Verlag, S. 13.

gemeinschaften trugen erheblich zur weiteren Verbreitung und Dominanz der georgischen Sprache bei. (...) Die politischen Grenzen der Fürstentümer überschreitend, zeichnete sich eine auf die Sprache begründete nationale Einheit ab, welche die Geburt von Sak'art'velo einleitete."[314]

Die Zusammenhänge zwischen der entstehenden georgischen Nation, einer Nationalkirche und einer eigenen Sprache zeigen sich schon deutlich in den Anfängen der georgischen Geschichte. Der König lässt sich und sein Land christianisieren und in der Folgezeit stärken Sprache, Schrift und Kirche die Nation als klare Abgrenzungsmöglichkeit zu anderen Nationen. Gleichzeitig ruft diese Entwicklung den Wunsch nach Eigenständigkeit hervor, der unter David III. in Erfüllung gehen sollte.

2.2 Die Blütezeit (ca. 1000 bis 1300)

Von 1089 bis 1125 unter der Herrschaft David III. (ein Kirchenfresko mit David III. findet sich in Abbildung 5 auf S. 190), auch der Erneuerer oder der Erbauer genannt, begann die Blütezeit Georgiens im Mittelalter. David ließ das Kloster und die Nationalakademie in Gelati bauen, richtete 1118 ein stehendes Heer ein und siegte über die Seldschuken. 1121 gelang es ihm, Tbilisi zu befreien und zur künftigen Hauptstadt Georgiens zu machen. 1123 konnte er Nordarmenien annektieren.[315] Die Vereinigungsbemühungen von 1000 konnte David wiederholen und festigen: „Am Ende des 11. Jahrhunderts und zu Beginn des 12. Jahrhunderts formiert sich die georgische Nation. Sie besteht aus vier ethnischen Hauptgruppen: den Karten, Megrelen, Swanen und Abchasen. Die Karten bildeten dank ihres hohen kulturellen Niveaus den Kern der ethnischen Konsolidierung. Deshalb bekam der einheitliche Staat den Namen ‚Sakartwelo' – d.h. das Land der Karten. Die in europäischen Sprachen gebräuchlichen Termini ‚Georgien',[316] ‚Géorgie', ‚Georgia' stammen,

---

[314] MARTIN-HISARD (1994) (siehe Fußnote 278), S. 579.
[315] Vgl. hierzu REIẞNER (1989) (siehe Fußnote 284), S. 229.
[316] Nach Pätsch kam der Name Georgien erst mit den Kreuzzügen auf. In einem Lagebericht aus dem 13. Jahrhundert des französischen Kreuzfahrers De Bois wird der Name das erste Mal genannt und bezieht sich ev. auf das Volk des heiligen Georg. Die Figur des heiligen Georg geht auf den weißen Georg, den Mondgott vorchristlicher Zeit, zurück, der erst später zu einem christlichen Heiligen umgeformt und verehrt wurde. Vielleicht bezieht sich De Bois aber auch auf den Namen des damals regierenden Königs Georg Lascha, der dem Papst Unterstützung im Kreuzzug versprochen hatte. Vgl. hierzu PÄTSCH (1985) (siehe Fußnote 258), S. 5-6.

wie der georgische Historiker des 18. Jahrhunderts, Wachuschti Bagrationi, behauptet, einerseits von ‚Giorgi' (der Arbeitende, der Ackerbauer) und sind andererseits mit dem Kult des heiligen Georg verbunden, der der beliebteste und populärste Heilige in Georgien ist."[317] Auch wenn die Eigenbezeichnung der Georgier *Sakartwelo* und nicht Georgien ist, so findet sich der heilige Georg auf den u.a. die Bezeichnung Georgien zurückgeführt wird, als Schutzheiliger auf dem Wappen Georgiens wieder.[318] Der heilige Georg gilt als der Beschützer Georgiens. Interessant ist hier eine Abbildung des heiligen Georg vom Ende des 10. oder Anfang des 11. Jahrhunderts (siehe Abbildung 6 auf S. 191). Während die typischen Darstellungen des heiligen Georg ihn bei der Tötung eines Drachen zeigen, tötet er hier einen Menschen, um den Georgiern, so ließe sich deuten, auch in den tatsächlichen Schlachten zur Seite zu stehen. Im Mittelalter wurde dem heiligen Georg eine Kathedrale geweiht: die Kirche in Alawerdi wurde im 11. Jahrhundert erbaut und ist der höchste historische Kirchenbau Georgiens.[319] Auch im 21. Jahrhundert ist der heilige Georg noch populär: Teile der georgischen Nationalbewegung der 80er Jahre demonstrierten unter dem Banner des heiligen Georg (diesmal traditionell als Drachentöter dargestellt) für die Unabhängigkeit Georgiens (siehe Abbildung 8 auf S. 193).

Der Bezeichnung *Sakartwelo*, das Land der Karten, ging eine Entwicklung voraus: *Kartweli* bezeichnete zuerst die Bewohner des Territoriums von Kartli und wurde dann auf die Bewohner des Königsreiches Kartli ausgedehnt. Ab dem 10. Jahrhundert wurden alle, die Georgisch sprechen und der georgischen Kirche angehören, zum Teil Sakartwelos: „This ‚gradual broadening' of the symbolic and linguistic frontiers was primordial for the creation of subsequent physical and political boundaries, and for today's national identity as a single Georgian people, ‚Kartvelni'."[320]

Das neuerrichtete Kloster in Gelati wurde zu einer Akademie der Wissenschaften, von der Landwirtschaft und dem Weinbau bis hin zur Astronomie; gleichzeitig auch zu einem Hüter der georgischen Kultur und Literatur.[321] König David stellte seine Zentralgewalt sicher, schützte und unterstützte die georgische

---

[317] PAITSCHADSE (1995) (siehe Fußnote 282), S. 55.
[318] Vgl. hierzu REHDER, PETER (Hrsg.) (1993) *Das neue Osteuropa von A-Z*. München: Droemer Knaur, S. 219.
[319] Ein Foto der Kathedrale von Alawerdi ist auf S. 192 zu sehen.
[320] CHATWIN, MARY ELLEN (1997) *Socio-Cultural Transformation and Foodways in the Republic of Georgia*. Commack New Yorck: Nova Science Publishers, S. 47.
[321] Vgl. hierzu HEISER (1989) (siehe Fußnote 278), S. 46.

Kirche und kämpfte für die Souveränität des Staates – er war ein Herrscher ganz nach dem unter Wachtang entstandenen Ideal und wurde dementsprechend verehrt: „Das oft beschworene Herrscherideal gewann Gestalt in David dem Erbauer. Sein Chronist rühmt ihn mit außergewöhnlicher Beredsamkeit, er verteidigt ihn leidenschaftlich gegen alle Vorwürfe, er umgibt ihn mit Legenden und erhebt ihn über die Helden Homers."[322]

Im Jahr 1103 fand die Landessynode von Ruis-Urbnisi statt, auf der die Reform der Kirche verhandelt wurde. Es kam zur Kanonisierung der Andreas-Legende, also der Feststellung, dass der Apostel Andreas Georgien christianisiert habe. Diese Kanonisierung konnte allerdings die Begeisterung für die heilige Nino nicht einschränken. Bedeutender war die Neuordnung der Kirche: Das Amt des Erzbischofs von Tchkondidi (oder Cqon-Didi), zu dieser Zeit das höchste Bischofsamt in Georgien und das Amt des Reichskanzlers wurden zusammengelegt. Immunitäts- und Finanzfragen, Privilegien der Kirche und Vorschriften des Gottesdienstes, König und Heer betreffend, fielen in dessen Aufgabenbereich und konnten so vom König beeinflusst werden – auch wenn die Entscheidungen über kirchlich-hierarchische Fragen weiter dem Katholikos zustanden. Somit wurde es der Kirche ermöglicht, eine prominente Rolle in der Regierung einzunehmen.[323] Es kam zur Stärkung der Beziehungen zwischen König und Kirche, die wiederum auch auf die Nation zurückwirkte: „Die Neuordnung des kirchlichen Lebens führte zur Festigung des Gemeinschaftsbewusstseins im Volk und im Staat."[324] Die *Symphonia* wurde erneut bestätigt und ausgebaut.

Nach König David regierte von 1125-1156 Demetrius III. und in den Jahren 1156-1184 Georg III. Beiden Herrschen gelang es, den Machtbereich Davids zu erhalten und zum Teil weiter auszudehnen: 1167 reichte Georgien bis zum Kaspischen Meer und 1174 fielen Gebiete Nordarmeniens samt der Hauptadt Ani an Georgien. Von 1184 bis 1213 regierte die Königin Tamar, die bedeutendste Herrscherin Georgiens.[325] Im Jahr 1204 gründete sie zusammen mit Byzanz

---

[322] PÄTSCH (1985) (siehe Fußnote 258), S. 44.
[323] Vgl. hierzu TARCHNISVILI, MICHEIL (1995) Das Verhältnis von Kirche und Staat im Königreich Georgien. In: *Oriens Christianus*, Bd. Band 39, S. 90 und GVOSDEV, NIKOLAS K. (1995) The Russian Empire and the Georgian Orthodox Church in the First Decades of Imperial Rule, 1801-1830. In: *Central Asian Survey*, Bd. 14: 3, S. 408.
[324] HEISER (1989) (siehe Fußnote 278), S. 48.
[325] Dass so früh schon eine Frau Königin werden konnte und tatsächlich die Macht des Landes in ihren Händen hielt, ist ungewöhnlich; zumal Tamar mit in die Kriege zog. Auf Tamar folgen weitere Königinnen, wie z.B. Ketewan und Rusudan.

das Kaiserreich von Trapezunt, 1206 eroberte sie Kars, die zweite armenische Hauptstadt und von 1208 bis 1210 gelang es ihr, Georgien auch auf nordiranische Gebiete auszudehnen.[326] Im Jahr 1213, als Tamar starb, verfügte Georgien über ein Territorium, dessen Größe nicht mehr erreicht werden sollte.[327] Einen Eindruck der damaligen Größe Georgiens vermittelt die Landkarte auf S. 195 (siehe Abbildung 10).

Tamar war eine gläubige Christin, von der berichtet wurde, dass sie oft und regelmäßig betete und an den Messen teilnahm. Ebenso soll sie Armen und Bedürftigen geholfen sowie Kirchen und Klöster beschenkt haben.[328] Gleichzeitig stand sie für das Postulat der Glaubensfreiheit ein: „Schon zur Zeit Dawit des Erbauers, mehr aber noch zu Tamars Regierungszeit galt Georgien als Beschützer der Christenheit gegen die islamische Welt im vorderasiatischen Raum. Aber im Innern des Landes herrschte große Toleranz in Glaubensfragen. Monophysitische Armenier und islamische Perser, Türken und Araber genossen ebensolche Religionsfreiheit wie die diophysitischen Georgier."[329] Trotz dieser Toleranz gegenüber anderen monotheistischen Glaubensrichtungen versuchte auch Tamar, die widerständischen Bergvölker zum Christentum zu bekehren: „Bis in das hohe Mittelalter hinein standen die georgischen Gebirgsbewohner zu ihrem alten Glauben. (...) Ein Chronist aus der Zeit der Königin Tamar (13. Jh.) berichtete, die Bewohner des Gebirges dienten dem Dshwari (den heidnischen Kultstätten), gäben aber vor, Christen zu sein. An dieser Situation hat sich bis heute nichts Wesentliches geändert, denn die Mongoleninvasion und die nachfolgende politische Zersplitterung des Landes brachten die Christianisierung der Gebirgsgegenden Georgiens zum Stillstand. Nur durch militärische Gewalt war es der Zentralmacht gelungen, den georgischen Gebirgsstämmen die neue Religion aufzuzwingen. Trotzdem setzte sich der christliche Glaube im Bergland nur scheinbar durch."[330] Der Versuch Tamars, wie schon die Bemühungen König Mirians, die Bergvölker zu christianisieren, sind auch Versuche, die Nation zu stärken und die Einheit von Nation und Religion auf das gesamte Territorium

---

[326] Vgl. hierzu REIßNER (1989) (siehe Fußnote 284), S. 229-230.
[327] Vgl. hierzu SARDSHWELADSE, SURA/FÄHNRICH, HEINZ (Hrsg.) (1998) *Chroniken der georgischen Königin Tamar*. Jena: Friedrich-Schiller-Universität, S. 11.
[328] Ein Kirchenfresko, auf dem Tamar dargestellt ist, findet sich in Abbildung 9 auf S. 194.
[329] Dies. (1998) (siehe Fußnote 327), S. 12. Vgl. hierzu auch ANONYM (1972) *Georgische Sozialistische Sowjetrepublik*. Moskau: APN-Verlag, S. 16.
[330] FÄHNRICH (1999) (siehe Fußnote 264), S. 13. Vgl. hierzu auch HEISER (1989) (siehe Fußnote 278), S. 49.

auszudehnen. Ähnlich wie David stand auch Tamar für enge Bande zwischen Staat und Kirche und ordnete sich selbst in der Hierarchie von Königtum und Kirche der Kirche unter: Die Geistlichen, von Gott erwählt und dessen Sprecher, stehen in dieser Hierarchie ganz oben. Ein Auflehnen des Thrones gegen die Kirche käme so einer Auflehnung gegen Gott gleich.[331]

Die Regentschaft Tamars und ihr Umgang mit der Kirche führten nicht nur zu ihrer Heiligsprechung[332] sondern sicherten auch ihre Berühmtheit bis heute: „Die geistige Wirksamkeit Tamars reichte weit über ihre Lebenszeit hinaus. Sie wurde zur Symbolfigur für die Größe und den Glanz, die Einheit, Macht und den Wohlstand Georgiens. In der Zeit der Mongolenherrschaft, der politischen Zersplitterung und Kleinstaaterei war die Erinnerung an sie eine ständige, unversiegbare geistige Kraft."[333] Die Berühmtheit Tamars speist sich auch aus dem historischen Faktum, dass Georgien damals das einzige christliche Land in der Region war und dennoch expandieren konnte.[334]

In dieser Epoche der Blüte und der nationalen Festigung erreichte auch die georgische Kirche eine besondere Stärke und Machtentfaltung. Die *Symphonia* fand eine neue Ausformung. Die Könige wurden gesalbt und somit in die Sphäre des Sakralen aufgenommen und beinahe Teil der kirchlichen Hierarchie. Diese Fürsorge verpflichtete die Königin oder den König im Gegenzug dazu, sich um die Belange und Sorgen von Kirche und Glauben mitverantwortlich zu fühlen.[335] Gleichzeitig verfügte die Kirche über Privilegien: Sie war von Abgaben und Lasten befreit und alle Kleriker und dessen Lehnsleute unterstanden nicht der weltlichen Gerichtsbarkeit (alle Streitsachen waren Aufgabe eines geistlichen Gerichts). Wer unter den Kirchenbann fiel, verlor auch die Achtung des Königs und verlor seine Güter und das Recht, Waffen zu tragen.

---

[331] Vgl. hierzu HEISER (1989) (siehe Fußnote 278), S. 49.
[332] Auch David wurde heilig gesprochen. Vgl. hierzu RAPP JR (1999) (siehe Fußnote 300), S. 114-115.
[333] SARDSHWELADSE/FÄHNRICH (1998) (siehe Fußnote 327), S. 13.
[334] „With the collapse of the last Armenian state on the Armenian plateau in the eleventh century, Georgia was left as a solitary outpost of Christianity. Yet it was just at this moment that the Georgian state reached the peak of its powers. From the eleventh century, the term ‚Sakartvelo', describing all the land occupied by the Georgians, entered into common usage and, for the first time, all the Georgian lands, stretching from the Black Sea to the Caspian and south into present-day Turkey and Iran, were united under one ruler." JONES, STEPHEN/PARSONS, ROBERT (1996) Georgia and the Georgians. In: SMITH, GRAHAM (Hrsg.) The Nationalities Question in the Post-Soviet States. London: Longman, S. 291.
[335] Vgl. hierzu TARCHNISVILI (1995) (siehe Fußnote 323), S. 81.

Der Einfluss der Kirche war enorm und schloss auch Kunst und Kultur mit ein: „Die Kirche dieser Epoche stellt eine solche geistige Potenz dar, daß sie das gesamte Leben der Nation erfaßt und nach christlichen Grundsätzen gestaltet. Sie beherrscht nicht nur alle Äußerungen der religiösen Kultur, Literatur, Kunst, Wissenschaft; unter ihrer Einwirkung steht zu gleicher Zeit ebenso die derzeitige hochentwickelte weltliche Literatur. Die Meisterwerke dieses Zweiges, wie der Mann im Tigerfell von Schotha Rusthaveli, Thamariani, Abdul-Messia (Knecht des Messias), Amiran-Daredzania sind inhaltlich durchweht vom Hauche des christlichen Geistes und der christlichen Moral und heben mit der Anrufung Gottes oder dem Lob der h. Dreifaltigkeit an. So befindet sich das katholische Mittelalter Georgiens auf allen Gebieten seiner Lebensäußerungen ganz im Banne der christlichen Prinzipien."[336] Im Austausch für die kirchlichen Privilegien konnte der König auf die Personalentscheidungen der Kirche Einfluss nehmen. Diese bedurften allerdings immer noch der Bestätigung durch den höheren Klerus.

Trotz der Machtfülle der Kirche deutet Tarchnisvili das Verhältnis zwischen Kirche und Staat als ein Miteinander von Gleichgestellten und Gleichgesinnten und nicht als ein Übereinander.[337] Zumindest war der Katholikos mit seinen Ländereien, dem Reichtum (er war der reichste Großgrundbesitzer neben dem König) und seiner Macht eine ernsthafte Konkurrenz zum König und dies nicht nur in religiösen Fragen: „Da der Kathedrale von Mchet'a schon frühzeitig etwa 237 Dörfer gehörten, deren Bewohner als ‚Söhne der Kirche' ausschließlich dem Katholikos unterstanden, auch hinsichtlich der Rechtsprechung, war dieser schon bald der reichste Großgrundbesitzer und mächtigste Freudalherr von ganz Georgien, zumal er später auch noch eigene Truppen aufstellen konnte, die freilich nur unter dem Oberbefehl des Königs ins Feld zogen."[338] Doch nicht nur auf der Ebene des Katholikos und des Königs waren die Beziehungen so eng. Die meisten Bischöfe waren Adelige und oft war der Bischof einer Region mit dem lokalen Fürsten verwandt. Wie die Fürsten verfügten die Bischöfe über Vasallen, Diener und eigene Truppen – die Bischöfe waren also keineswegs nur geistliche Herren, sondern durchaus auch der Politik zugewandt. Die geistliche Hierarchie und der Staat waren auch durch Verwandschaftsbeziehungen miteinander

---

[336] TARCHNISVILI (1995) (siehe Fußnote 323), S. 88-89.
[337] Vgl. hierzu Ders. (1995) (siehe Fußnote 323), S. 92.
[338] HAUPTMANN (1974) (siehe Fußnote 275), S. 37. Vgl. hierzu auch LÜBECK (1918) (siehe Fußnote 313), S. 9-10.

verwoben.³³⁹

Bevor die georgische Nation wieder zerbrechen sollte, herrschten von 1213-1223 der König Georg Lascha und von 1222-1247 die Königin Rusudan. Ab 1220 begannen die Einfälle der Mongolen und beendeten die kurze Blütezeit Georgiens.³⁴⁰

Die Verbindung von Nation, Kirche und Sprache wird in der Blütezeit Georgiens noch enger. Georgier ist nun, wer Georgisch spricht und der georgischen Kirche angehört. Um die Nation zu stabilisieren, kam es zu erneuten Christianisierungsversuchen. König und Katholikos teilen sich die Macht über das Land. Auf diese Phase der georgischen Geschichte mit ihrer Einheit von Kirche und Staat wird sich die georgische Nationalbewegung, die im Zarenreich entsteht, immer wieder berufen und die alte Glorie erneut anstreben. In den folgenden Jahrhunderten des Zerfalls und der Zersplitterung wird die Idee einer eigenständigen georgischen Nation weiterbestehen und durch die angeschlagene georgische Kirche mit am Leben erhalten. Was Hastings für Armenien beschreibt, lässt sich auf Georgien übertragen: „The kingship did not survive, what did was the Armenian Bible, liturgy and related literature. (...) The key to their national survival seems to me the way that Christian conversion produced both a vernacular literature and the idea of a nation of which grew a real nation able to endure across the political vicissitudes of the centuries"³⁴¹

2.3 Der Niedergang (ca. 1300 bis 1800)

Die Zeit des Niedergangs der georgischen Nation ist von Wirren geprägt. Georgien war kaum existent. Die schlechte Quellenlage für diese Phase ermöglicht nur eine Beschreibung der Geschehnisse anhand von einzelnen Daten. Erst zum Ende des 18. Jahrhunderts wird eine erneute Nationenbildung für Georgien möglich.

Die Mongolen kamen erstmals 1220 bis 1222 und von 1235 bis 1239 nach Georgien. 1247 setzten sie die Fürsten David Narin und Ulugh David als Regenten ein. So begann die erneute Zersplitterung Georgiens: zwei Teilreiche, Ost- und Westgeorgien, entstanden. Erst unter König Georg V. (1314-1346)

---

³³⁹ Vgl. hierzu Gvosdev (1995) (siehe Fußnote 323), S. 409.
³⁴⁰ Vgl. hierzu Reißner (1989) (siehe Fußnote 284), S. 230 und Groß (1998) (siehe Fußnote 257), S. 6.
³⁴¹ Hastings, Adrian (1997) *The Construction of Nationhood: Ethnicity, Religion and Nationalism.* Cambridge MA: Cambridge University Press, S. 198.

GESCHICHTE UND KIRCHENGESCHICHTE   85

kam es zu einer kurzen Phase der Konsolidierung.[342] Innerhalb von 20 Jahren ab 1386 ziehen die Mongolen unter Timur Lenk sechsmal plündernd und mordend durch Georgien. Der Zwang zur Islamisierung nimmt zu. In Folge dieser Überfälle zerfällt Georgien in 26 Fürstentümer. 1390 teilt sich auch die georgische Kirche: In Pitzunda (später mit Sitz in Kutaissi) entsteht ein eigenes Katholikat für Westgeorgien, dass bis 1815 bestehen bleibt. Für das östliche Georgien bleibt das Katholikat in Mzcheta bestehen.

Im 15. Jahrhundert wird Georgien zum Streitfall zwischen Persern und Türken.[343] Diese teilen 1555 Georgien, Armenien und Aserbaidschan untereinander auf. 1578 werden die Fürstentümer Samzche und Tao-Klardschetien Teil des Osmanischen Reiches und islamisiert. Die Islamisierung im heutigen Adscharien scheint ein langsamer Prozess gewesen zu sein, der mehr durch ökonomische und politische Faktoren bedingt wurde, als durch Gewalt: „Conversion had advantages such as the possibility to possess land and to pay lower taxes than Christians and it opened up possibilities for political career."[344] Es gab eine Kopfsteuer für Christen, die zu Beginn des 16. Jahrhunderts erhöht wurde und zu Übertritten zum Islam, aber auch zu Auswanderungen führte. Teile der Aristokratie nahmen den Islam an, um ihre Privilegien zu sichern.[345] Die Islamisierung scheint nicht gewaltsam vonstatten gegangen sein.[346] Dennoch schwächte diese Entwicklung die georgische Kirche und die nationale georgische Identität in der Region. Lübeck sieht dies ideologisch: „Wieder andere aber zahlten leider den Tribut der Schwäche und bekannten sich äußerlich wenigstens zur Lehre Mohammeds. Letzteres war besonders in dem Fürstentum Samtzke (Meskheti) der Fall. Heute noch sprechen dort mehrere tausend Moslim die georgische Sprache und kennzeichnen sich damit als Nachkommen jener Georgier, welche einst (1625) in schwerer Stunde unter dem Drucke Safar Paschas den

---

[342] Vgl. hierzu REIẞNER (1989) (siehe Fußnote 284), S. 231.
[343] Vgl. hierzu Dies. (1989) (siehe Fußnote 284), S. 232 und HEISER (1989) (siehe Fußnote 278), S. 51-53.
[344] PELKMANS, MATHIJS (2002) Religion, Nation and State in Georgia: Christian Expansion in Muslim Ajaria. In: *Journal of Muslim Minority Affairs*, Bd. 22: 2, S. 254.
[345] Vgl. hierzu FEURSTEIN, WOLFGANG (2000) Die Eroberung und Islamisierung Südgeorgiens. In: MOTIKA, RAOUL/URSINUS, MICHAEL (Hrsg.) Caucasia Between The Ottoman Empire And Iran, 1555-1914. Wiesbaden: Reichert Verlag, S. 25.
[346] Feurstein verweist darauf das im Gebiet Samzche der Islam sehr tolerant war. Dort wurden christliche Kirchen zum Beispiel nicht zerstört, sondern zu islamischen Gebetsstätten umfunktioniert und zumindest erhalten. Vgl. hierzu Ders. (2000) (siehe Fußnote 345), S. 26.

christlichen Glauben verleugneten."³⁴⁷ Der Übertritt zum Islam ist in dieser Lesart der Geschehnisse, die jederzeit in Erinnerung gerufen werden kann, Landesverrat, die Konfession Zeichen der Loyalität bzw. Illoyalität der Nation gegenüber. Die teilweise Islamisierung Adschariens bereitet Georgien bis heute Schwierigkeiten, wenn es z.B. um Fragen von Religion und Nation geht.³⁴⁸

1590 gelingt es den Türken, ganz Georgien zu annektieren. Zu Beginn des 17. Jahrhundert fällt Ostgeorgien unter Schah Abbas I. wieder an Persien. 1616 wird König Luarsab II. von Kartli wegen Glaubenstreue erdrosselt, 1624 wird die Königin Ketewan verbrannt.³⁴⁹ 1724 bittet König Wachtang VI. (1703-1737) Rußland vergeblich um Hilfe. König Heraklius II. (1744-1798) gelingt es 1762, Kartli und Kachetien wieder zu einem ost-georgischen Königreich zu vereinen und somit die imaginierte Nation erneut Realität werden zu lassen. 1783 handelt Heraklius II. mit Russland einen Schutzvertrag aus, der allerdings 1795, als die Perser Tbilisi eroberten und 20.000 Georgier als Sklaven verschleppten, nicht die erwünschte Hilfe brachte. Vorgeblich um den Schutz Georgiens in Zukunft besser gewährleisten zu können, annektiert der Zar Paul Kartli-Kachetien 1801.³⁵⁰

Trotz aller Wirren wurde die *Symphonia* aufrechterhalten. Die spezielle georgische Umsetzung, die dazu führte, dass der Katholikos oft auch Mitglied der Königsfamilie war, wurde beibehalten: „Cathlicos Antonii I (1744-56; 1765-88) was the son of King Iese; and Antonii II (ruled 1788-1811) was the son of King Iraklii. In turn, the Church strongly supported royal authority."³⁵¹ In Russland, wo der Zar 1721 das Patriarchat abschaffte und die Kirche sich selbst unterstellte, sah dies ganz anders aus. Die unterschiedlichen Auffassungen der Rollen von Staat und Kirche sollte unter der russischen Herrschaft viele Konflikte mit sich bringen. In der Zeit vom 12. bis zum 19. Jahrhundert blieb die georgische Kirche – wenn auch nicht mehr so einflussreich wie früher und durch die teilweise Islamisierung geschwächt – erhalten und weiterhin mit dem Königshaus gleichgestellt. Die Eingliederung ins Zarenreich sollte die Georgier und die georgische Kirche dann vor ganz neue Probleme stellen.

---

³⁴⁷ LÜBECK (1918) (siehe Fußnote 313), S. 45.
³⁴⁸ Mehr zu Adscharien findet sich in Abschnitt 2.5 (Die Unionsrepublik Georgien (1921-1991)).
³⁴⁹ Vgl. hierzu REIßNER (1989) (siehe Fußnote 284), S. 233.
³⁵⁰ Vgl. hierzu Dies. (1989) (siehe Fußnote 284), S. 234 und GROß (1998) (siehe Fußnote 257), S. 6-7.
³⁵¹ GVOSDEV (1995) (siehe Fußnote 323), S. 408.

2.4 Georgien unter dem Zaren (1801-1921)

Nach der russischen Annektion Ostgeorgiens wurde im September 1801 durch Zar Alexander I. das georgische Königtum abgeschafft und das neue russische Gouvernement „Grusien" in fünf Distrikte aufgeteilt. Ab 1810 wurde auch Westgeorgien dem Zarenreich angeschlossen.[352] Die russische Politik führte zu einer Schwächung des georgischen Nationalgedankens: „Die administrative Politik Rußlands war auf die Teilung Georgiens ausgerichtet; man teilte das Land mehrfach. Der Begriff ‚Georgier' verschwand, es gab kein einheitliches Georgien mehr, nur noch Kartli, Kacheti, Imereti, Megrelien, Abchasien usw."[353]

Die georgische Nation, die sich seit ihren Anfängen auch in der Abgrenzung zu anderen definiert hatte, beginnt nun, sich in der Grenzziehung zwischen Georgiern, Armeniern und Russen innerhalb des georgischen Territoriums erneut zu formieren. Auch der wirtschaftliche Aufschwung konnte an dieser Trennung nach Nationen nicht viel ändern, da dieser an den Georgiern, die in erster Linie Bauern oder verarmter Landadel waren, vorbeilief: „Eine eigene Entwicklung nahm Tiflis unter dem Generalgouverneur Transkaukasiens Fürst Woronzow (1845-1854). Er bemühte sich, das Land wirtschaftlich zu entwickeln und machte die Stadt zur Metropole Transkaukasiens. Die ‚Grand Tour' der russischen Adelssprößlinge führte hierher, und dank des wirtschaftlichen Aufschwungs entlang der Eisenbahn im Kura-Tal wurde Tiflis reich. Gesellschaftlich dominierten nun die großen armenischen Unternehmer und Bankiers, denen Handwerker und Kaufleute folgten. Tiflis wurde eine überwiegend armenische Stadt und eine der Zentren der armenischen Kultur."[354] Die Dominanz der Armenier, die aus georgischer Sicht nicht nur einer anderen Nation, sondern auch der „falschen" Religion angehörten, verstärkte die Spannungen. Schließlich gefährdete die starke Präsenz der wirtschaftlich mächtigen, dem Monophysitismus angehörenden Armenier die von Russland annektierte georgische Nation, die auf der Einheit von Nation und Kirche beruht und für ihren Bestand auf georgische Christen angewiesen ist.

Im 19. Jahrhundert kam es zur Landflucht des georgischen Adels, aber auch vieler Bauern, in die von den Armeniern dominierten Städte, vor allem nach

---

[352] Vgl. hierzu GROSS (1998) (siehe Fußnote 257), S. 6-7 und REIßNER (1989) (siehe Fußnote 284), S. 234.
[353] PAITSCHADSE (1995) (siehe Fußnote 282), S. 59.
[354] STÖLTING (1991) (siehe Fußnote 270), S. 226.

Tbilisi: „The traditional relationships of Georgians and Armenians shifted rapidly after 1860. The Georgian nobility, once the unquestioned first estate in the land, was threatened by the wealthy Armenian bourgeoisie. And as the agrarian economy turned to increasing involvement with the commercial economy of towns, and peasants and lords migrated to the cities, the new proximity with the Armenians raised the likelihood of bitter confrontation. Georgians of various classes came face to face with a well-entrenched, financially secure, urban middle class whose members spoke a different language, went to a different church, and held very different values. Social distinction betweeen classes were reinforced by cultural and linguistic differences."[355]

Im Laufe der Zeit und auch mit dem vermehrten Zuzug von Russen glichen sich die prozentualen Anteile der unterschiedlichen Bevölkerungsteile in Tbilisi an. Dies änderte jedoch nichts daran, dass die meisten Georgier weder über politische noch wirtschaftliche Macht verfügten. Georgier waren in der Mehrheit Arbeiter, Russen gehörten zur Armee, waren Beamte oder Handwerker und die Armenier bestimmten den Handel.[356] Reisner beschreibt diese Entwicklung als eine „kulturelle Arbeitsteilung", in der nationale Identität und sozialer Status zusammenfallen und zu beachtlichen Spannungen führten.[357] Die Rollen hatten sich vertauscht: „Der früher leibeigene und vom Adel ausgepreßte armenische Handwerker- und Kaufmannsstand emanzipierte sich nun ökonomisch und politisch aus dieser Vormundschaft zur ‚Klasse der armenischen Bourgeosie', da er die besseren Voraussetzungen für eine moderne, kapitalistische Wirtschaftsweise besaß. Solche Kenntnisse fehlten dem wirtschaftsfremden, im Abstieg begriffenen und überwiegend wandlungsunfähigen georgischen Adeligen. Häufig mußten sie sich tief bei Armeniern verschulden, die dann in ihre städtischen Domizile und auf ihren Landgütern Einzug hielten."[358] Diese Unterschiede kulminierten in rassischen Stereotypen, wie ein russischer Beobachter berichtete: „A Russian observer, S. Maksimov, early in the 1870s echoed many other visitors: Trade in the Caucasus is entirely in the hands of clever and calculating Armenians. Armenians are higher than Georgians in intelligence and in love for work, and for that reason there is nothing surprising in the fact that Georgian

---

[355] SUNY (1994) (siehe Fußnote 261), S. 114-115.
[356] Vgl. hierzu Ders. (1994) (siehe Fußnote 261), S. 116.
[357] Vgl. hierzu REISNER, OLIVER (1995) Die Entstehungs- und Entwicklungsbedingungen der nationalen Bewegungen in Georgien bis 1921. In: HALBACH, UWE / KAPPELER, ANDREAS (Hrsg.) Krisenherd Kaukasus. Baden-Baden: Nomos Verlagsgesellschaft, S. 70.
[358] Ders. (1995) (siehe Fußnote 357), S. 76.

properties are rapidly falling into Armenian hands. Georgians are dependent on them just as the Poles are on the Jews and similarly feel toward them the same contempt and hatred (if not more than the Poles feel toward the Jews). The commercial Armenians reveal much more cleverness, wiliness, are always ready with flattery; their thirst for profit leads them to cheating and swindling."[359] Die Armenier werden wegen ihrer wirtschaftlichen Stärke und ihrer Religion wie die Juden in Europa zu einem „Fremdkörper" stilisiert, der die nationale Einheit gefährdet. Diese Entwicklung ist besonders interessant, da die eigentliche Gefährdung der georgischen Kirche und der georgischen Nation von Russland ausging. Da die Georgisch Orthodoxe Kirche nun ein Exarchat der russischen Kirche war, wurde sie ihrer Autokephalie beraubt.[360] Die Armenier stellten den Sündenbock dar, der aufgrund der tatsächlichen Machtverhältnisse eher angreifbar war als das Russland des Zaren.

Vor diesem Hintergrund entstehen zwei wichtige politische Richtungen in Georgien: der nostalgische Nationalismus des Adels, angeführt von Ilia Tschawtschawadse und der Marxismus. Diese Entwicklung Georgiens entspricht auch der in Westeuropa und die Theorien zur Nationenbildung von Anderson, Hobsbawm und Gellner, die die Nation erst in der Moderne verorten, lassen sich hier auf Georgien anwenden: Industrialisierung, Massenmedien und Alphabetisierung als Grundlage der Nationenbildung seien hier erneut genannt. Tschawtschawadse stand für ein antikapitalistisches, antisozialistisches Programm, das die Nation ohne Klassenkämpfe erneut einen sollte, während die Sozialisten die Teilung der Gesellschaft in verschiedene Klassen problematisierten.[361] Der georgische Marxismus, vor allem geprägt von Noe Zordania (1868-1953) und Pilipe Makharadze (1868-1941), sah sich zwei Hauptgegnern gegenüber: den russischen Besatzern und der armenische Bourgeoisie. Um sich gegen beide zu wehren sahen sie die Notwendigkeit einer im ersten Schritt politischen Revolution gegen die Kapitalmacht Russland und im zweiten Schritt einer sozialistischen Revolution gegen die „kapitalistischen" Armenier. Grundlage dafür sollte eine nationale Befreiungsbewegung sein.[362] Auch wenn Georgien unter dem Zaren nach Ethnien und Verwaltungsdistrikten aufgeteilt wurde, war in diesen mehr als 100 Jahren auch eine nationale Konsolidierung möglich.

---

[359] SUNY (1994) (siehe Fußnote 261), S. 118.
[360] Die Auswirkungen der Russifizierung der georgischen Kirche werden ab S. 92 beschrieben.
[361] Vgl. hierzu Ders. (1994) (siehe Fußnote 261), S. 132.
[362] Vgl. hierzu Ders. (1994) (siehe Fußnote 261), S. 145.

Die wechselnden Besatzungen und Kriegswirren der vorangegangenen Jahrhunderte fanden ein Ende. Die russische Verwaltung führte zwar zu Russifizierung, andererseits konnte sich Georgien durch die neugewonnene Stabilität politisch und wirtschaftlich wieder vereinen.[363]

Die kurze Phase der georgischen Unabhängigkeit von 1917 bis 1921 wurde durch die Februarrevolution im März 1917 möglich.[364] Die Menschewiki[365] beendeten die Zarenherrschaft in Russland. Die Georgier konnten sich das entstandene Machtvakuum genauso zunutze machen wie die wiedergewonnene politische und ökonomische Einheit des Landes. Die Menschewiki stellten in Georgien die nationale Führung und wurden von nahezu allen Klassen der Gesellschaft unterstützt. Dennoch blieb die nationale Aufspaltung bestehen: Die Russen waren in der Verwaltung, die Armenier kontrollierten die Wirtschaft, die Georgier hatten die geringste wirtschaftliche Macht.[366] Diese drei Gruppen beherrschen – nun zwar vordergründig nicht mehr entlang der Klassengrenzen, sondern entlang der verschiedenen Richtungen des Sozialismus – alle Entscheidungen im Land: „In the stratified ethnic conglomerate of Tiflis Zhordania's three major revolutionary forces were at one and the same time three different social classes made up predominantly of three different ethnic groups and influenced primarily by three political parties. The workers were Georgian and Menshevik,[367] the peasant soldiers Russian and SR, and the ‚progressive' bourgeosie Armenian and Dashnak. Every issue which arose in 1917 – the introduction of the 8-hour day, the question of the war, the Coalition government, Georgian national autonomy or Soviet power – was debated and decided by balancing and satisfying the competing interests and suspicions of these political actors."[368]

---

[363] Vgl. hierzu SUNY (1994) (siehe Fußnote 261), S. 114.
[364] Im Herbst 1917 übernahmen die Bolschewiki um Lenin und Trotzki in der Oktoberrevolution die Macht. Im Dezember 1922 kam es dann zum Zusammenschluss der Sowjetischen Sozialistischen Repupliken in der UdSSR.
[365] Die Menschewiken gingen aus der Spaltung der revolutionären Sozialdemokratischen Arbeiterpartei Russlands (SDAPR) hervor. Im Gegensatz zu den radikaleren Bolschewiken unter Lenin wollten sie weniger eine Revolution, sondern zuerst Reformen herbeiführen.
[366] Vgl. hierzu Ders. (1994) (siehe Fußnote 261), S. 180-181.
[367] Die georgischen Sozialdemokraten hatten sich 1905 den Menschewiken angeschlossen. Vgl. hierzu Ders. (1994) (siehe Fußnote 261), S. 164.
[368] SUNY, RONALD GRIGOR (1996a) Nationalism and Social Class in the Russian Revolution: The Cases of Baku and Tiflis. In: Derselbe (Hrsg.) Transcaucasia, Nationalism, and Social Change. Essays in the History of Armenia, Azerbaijan, and Georgia. Ann Arbor: The University of Michigan Press, S. 253.

GESCHICHTE UND KIRCHENGESCHICHTE

Am 26. Mai 1918 erklärte Georgien seine Unabhängigkeit und führte eine neue Flagge (rot mit einem schwarzen und einem weißen Streifen) ein. Russland hatte 1917 noch einige georgische und armenische Gebiete an das Osmanische Reich abgetreten und die Georgier verfügten über keine nennenswerte Militärmacht, um sich vor der Türkei schützen zu können. Deswegen wurden Verhandlungen mit Deutschland, vertreten durch General von Lossow, über einen möglichen deutschen Schutz Georgiens vor der Türkei geführt. Schließlich wurden deutsche Truppen in Georgien stationiert. Als Gegenleistung erhielt Deutschland das Nutzungsrecht über das georgische Eisenbahnnetz, das Hafenrecht und das Monopol über Kohle und andere Rohstoffe. Auch die deutsche Währung wurde eingeführt.[369]

Während der Unabhängigkeit erhielten nur Georgier Posten in der Armee und der Verwaltung.[370] Die Spannungen zwischen Georgiern und Armeniern hielten weiter an: „Durch den Zuzug armenischer Flüchtlinge aus Anatolien und Baku wurde der Konflikt weiter angeheizt. Es kam zu Repressalien gegen Armenier in Tiflis. Obwohl die Stadt noch immer mehrheitlich armenisch war, gelang es den Georgiern, den Stadtrat zu erobern. Nun begann eine armenische Abwanderung aus Georgien."[371] Auch die Sprachpolitik dieser Ära war ganz auf die Wiederherstellung der georgischen Nation ausgerichtet: „(...) a policy of Georgianisation was introduced in an attempt to reverse the effects of a century of Russification: Georgian was specified as the sole official language of the republic, and Tbilisi State University was founded as a Georgian-medium institution of higher education."[372] Eine nationale Konsolidierung anhand von Sprache und Religionszugehörigkeit wurde versucht. Georgien sah sich weiteren Problemen gegenüber: Grenzstreitigkeiten mit Armenien, schwierige Beziehungen zu Aserbaidschan und Russland, kaum Anerkennung der Unabhängigkeit in Westeuropa und die Gefahr, die von den russischen Bolschewiki ausging.[373] Im Februar 1921 setzte dann der Einmarsch der Roten Armee in Georgien und die Flucht der georgischen Menschewiki der Unabhängigkeit wieder ein Ende:

---

[369] Vgl. hierzu SUNY (1994) (siehe Fußnote 261), S. 192-193 und NIELSEN (2000) (siehe Fußnote 266), S. 93.
[370] Vgl. hierzu RUSSELL (1991) (siehe Fußnote 254), S. 58.
[371] STÖLTING (1991) (siehe Fußnote 270), S. 228.
[372] LAW, VIVIEN (1998) Language Myths and the Discourse of Nation-Building in Georgia. In: SMITH, GRAHAM et al. (Hrsg.) Nation-building in the Post-Soviet Borderlands. The Politics of National Identities. Cambridge: Cambridge University Press, S. 170.
[373] Vgl. hierzu SUNY (1994) (siehe Fußnote 261), S. 202.

Georgien wurde nun zu einem Teil der UdSSR.[374]

Die Georgisch Orthodoxe Kirche unter dem Zaren

Wie erging es der Georgisch Orthodoxen Kirche in dieser Zeit? Ab 1817 wurde die Kirche von russischen Exarchen geleitet und die ursprünglich 25 Bischofssitze auf 4 dezimiert. Vorangegangen war 1811 die Aufhebung der Autokephalie und die Umwandlung der georgischen Kirche in ein Exarchat der Heiligen Synode Russland mit der Zustimmung des Ökumenischen Patriarchats in Konstantinopel. Der Katholikos von Mzcheta, Antoni II., wurde nach Petersburg in den Ruhestand zwangsversetzt. Seine Nachfolge trat der Georgier Varlaam als Exarch an, der dann 1817 wegen Unbeugsamkeit gegenüber der russischen Synode durch einen Russen, den Erzbischof Theophilakt Rusanov, ersetzt wurde. Bis 1917 sollten ausschließlich russische Exarchen die georgische Kirche leiten.[375] Damit war der 1500-jährigen Tradition der Unabhängigkeit der georgischen Kirche ein Ende gesetzt.[376] Diese Einverleibung der Georgisch Orthodoxen Kirche sollte verhindern, dass die Kirche ein Ort der nationalen Opposition werden könnte: „Now, having abolished both the Georgian monarchies, the Russian found that the Church was becoming a focus for Georgian national solidarity."[377] Die Einheit von Nation und Kirche war den russischen Besatzern bewusst und wurde von ihnen bekämpft.

Die Umwandlung der georgischen Kirche in ein Exarchat Russlands hatte weitgehende Folgen. Theophilakt, der erste russische Exarch, unterstellte die Kirche direkt dem Staat. Mit diesem Schritt wurde die langjährige Tradition der *Symphonia* gebrochen. Der Gottesdienst wurde nun in der kirchenslawischen Liturgie abgehalten und somit die georgischen Liturgie abgeschafft. Der

---

[374] Vgl. hierzu SUNY (1994) (siehe Fußnote 261), S. 207.
[375] Vgl. hierzu BRYNER, ERICH (1996) *Die Ostkirchen vom 18. bis zum 20. Jahrhundert (Kirchengeschichte in Einzeldarstellungen 3, Bd. 10)*. Leipzig: Evangelische Verlagsanstalt, S. 66, REIßNER (1989) (siehe Fußnote 284), S. 234, GVOSDEV (1995) (siehe Fußnote 323), S. 412, REISNER (2003) (siehe Fußnote 306), S. 35-36, PAITSCHADSE (1995) (siehe Fußnote 282), S. 59, SUNY (1994) (siehe Fußnote 261), S. 84 und HEISER (1989) (siehe Fußnote 278), S. 59.
[376] Vgl. hierzu GROß (1998) (siehe Fußnote 257), S. 10.
[377] LANG, DAVID MARSHALL (1962) *A Modern History of Georgia*. London: Weidenfeld & Nicolson, S. 56. Vgl. hierzu auch SUNY (1994) (siehe Fußnote 261), S. 84. Gvosdev weist zusätzlich noch darauf hin, dass auch der Reichtum der Kirche als mögliche Basis eines nationalen Aufstandes gegen Russland gesehen wurde. Vgl. hierzu GVOSDEV (1995) (siehe Fußnote 323), S. 418.

Gottesdienst in georgischer Sprache wurde verboten, also ein weiteres Element der Ursprünge der georgischen Nation aufgehoben. Die Priesterausbildung fand auf Russisch statt, Kirchen wurden im neurussischen Stil erbaut, russische Mönche und Nonnen in die Klöster Georgiens versetzt.[378] Entsetzen verbreitete die Überstreichung georgischer Fresken: „Ihm [Theophilakt; E.F.] gefiel auch die innere Ausschmückung der georgischen Kirchen nicht. Sie wurden nach russischer Art mit Kalk überstrichen, so daß die alten georgischen Fresken, die lebendigen Zeugen uralten georgischen Christentums, verloren gingen. Weder Perser, Araber noch Mongolen und Türken hatten sich erlaubt, was das rechtgläubige, orthodoxe Rußland der georgischen Kirche antat."[379] Das eine orthodoxe Kirche georgische Fresken entweiht und zerstört, ist schwer nachvollziehbar. Es kommt so nicht nur zur Zerstörung einer Bildersprache durch die Russisch Orthodoxe Kirche, sondern auch zur einer Beschädigung der Heiligen selbst, die durch die bildhafte Darstellung im Hier und Jetzt verkörpert werden. Es kam ebenso zu Diebstahl und zur Zerstörung georgischer Kunstschätze.[380] 1852 gingen alle Ländereien der Kirche gegen einen symbolischen Preis in russischen Staatsbesitz über. Nun bekam die georgische Kirche jedes Jahr ein Budget zugewiesen.[381] Die Russisch Orthodoxe Kirche verstieß so gegen die Regeln der Orthodoxie, schließlich verbietet die Autokephalie die Einmischung in die Belange einer anderen autokephalen Kirche.

Die Versuche, Struktur und Eigenart der georgischen Kirche zu zerstören, waren folgenreich. Georgischen Bischöfen, die widerständisch waren, drohte die Versetzung nach Russland.[382] Die Kirchenstruktur wurde zentralisiert. Konnten vor dieser Reform die Bischöfe unabhängig vom Kirchenoberhaupt Entscheidungen über die Ländereien und das Kirchenpersonal fällen, bekam der Exarch nun größere Entscheidungsbefugnis.[383] Aus den Texten geht allerdings hervor hervor, dass die georgischen Bischöfe im Amt blieben und nicht (oder nur in seltenen Fällen) durch russische ersetzt wurden. So ist anzunehmen, dass

---

[378] Vgl. hierzu REISNER (2003) (siehe Fußnote 306), S. 36, PAITSCHADSE (1995) (siehe Fußnote 282), S. 59, LANG (1962) (siehe Fußnote 377), S. 56, GROSS (1998) (siehe Fußnote 257), S. 11, BRYNER (1996) (siehe Fußnote 375), S. 83 und HEISER (1989) (siehe Fußnote 278), S. 59.
[379] PAITSCHADSE (1995) (siehe Fußnote 282), S. 59.
[380] Vgl. hierzu HEISER (1989) (siehe Fußnote 278), S. 59 und BRYNER (1996) (siehe Fußnote 375), S. 83.
[381] Vgl. hierzu GVOSDEV (1995) (siehe Fußnote 323), S. 416.
[382] Vgl. hierzu REISNER (2003) (siehe Fußnote 306), S. 36.
[383] Vgl. hierzu GVOSDEV (1995) (siehe Fußnote 323), S. 413.

sich ev. georgische Parallelstrukturen in der russifizierten Kirche hatten halten können.

Das zum Teil recht brutale Vorgehen Russlands unter dem Zaren zog auch militärische Konflikte nach sich: „In 1820, the Russians arrested the Archbishops of Gelati and Kutaisi, the principal ecclesiastical leaders of Western Georgia. Archbishop Dositheus of Kutaisi, stabbed and maltreated by Russian Cossacks, died soon afterwards. Spontaneous uprisings followed these Russian outrages. The insurgents planned to restore the monarchy of Imereti. The upland district of Ratcha was the scene of bitter fighting."[384] Es gab immer wieder Versuche, gegen die Russifizierung anzukämpfen: „Erzbischof Pawel (Lebedew), 1882 bis 1887 Exarch von Georgien, entging nur durch Zufall einem gegen ihn gerichteten Attentat. Erzbischof Nikon (Sofiski), der 1906 bis 1908 das georgische Exarchat leitete, wurde von Georgiern, die für ihr nationales Recht kämpften, ermordet. Auch ein Rektor des Priesterseminars von Tbilissi, der sich gegen die studentische Forderung nach Wiedereinführung der georgischen Unterrichtssprache in grober Weise zur Wehr gesetzt hatte, wurde erstochen."[385] Als die Sozialisten in Georgien immer stärker wurden, wurde auch die georgische Kirche zu einem Teil der Nationalbewegung – ob und inwieweit der georgische Klerus mit den Sozialisten tatsächlich zusammenarbeitete, ist aber unklar. Priester und Bischöfe forderten die Autokephalie. Ein Treffen zu diesem Thema, 1905 in Tbilisi, wurde von der Polizei gestürmt und brutal aufgelöst.[386]

Die Widerstände gegen die Russifizierung der Kirche unter dem Zaren konnte die Schwächung der georgischen Kirche nicht verhindern. Viele Georgier mieden die Kirchen. Dies geschah wegen des Widerwillens, einer von Russen gelenkten und russifizierten Kirche anzugehören.[387] So fasst Bryner zusammen: „Was den Türken und Persern jahrhundertelang nicht gelungen war, nämlich einen Keil zwischen Kirche und Volk zu treiben und das Vertrauen der Bevölkerung in ihre Kirche zu untergraben, schaffte die zaristische Kirchenbürokratie mit ihrer Russifizierungspolitik in kürzester Zeit."[388] Die Kirche war de facto keine Nationalkirche mehr, die Verbindung zur Bevölkerung war schon durch die Liturgie in kirchenslawischer Sprache gekappt.

---

[384] LANG (1962) (siehe Fußnote 377), S. 56.
[385] BRYNER (1996) (siehe Fußnote 375), S. 67.
[386] Vgl. hierzu LANG (1962) (siehe Fußnote 377), S. 154-155.
[387] Vgl. hierzu HEISER (1989) (siehe Fußnote 278), S. 59-60.
[388] BRYNER (1996) (siehe Fußnote 375), S. 66.

Die Georgisch Orthodoxe Kirche sah ihre Chance zur Unabhängig 1917 gekommen: Kaum gab es die ersten Nachrichten von der Februarrevolution, stürmten georgische Bischöfe das russische Exarchat und vertrieben den russischen Bischof und seine Mitarbeiter. Die Autokephalie wurde erneut ausgerufen, allerdings weder von der Russisch Orthodoxen Kirche noch vom Patriarchat in Konstantinopel anerkannt. Bischof Kyrion wurde zum Katholikos-Patriarchen gewählt. Er starb schon 1918 und wurde von Patriarch Leonid abgelöst. 1917 wurde in Tbilisi und 1921 im Kloster Gelati eine Landessynode abgehalten, die Kirche versuchte, sich erneut national zu organisieren.[389]

Die Situation in Adscharien

In Adscharien, dem eher muslimisch geprägten Teil Georgiens, sah die Situation anders aus. Erst 1878 wurde Adscharien Teil des Zarenreiches. Nach dieser „Wiedervereinigung" flohen viele Adscharier ins Osmanische Reich, da sie als Muslime Nachteile im christlichen – von Russland besetzten – Georgien befürchteten. Die Abwanderung nahm ein so großes Ausmaß an, dass den Muslimen, als Anreiz zu bleiben bzw. zurückzukommen, garantiert wurde, dass sie ihren Glauben ausüben dürfen, dass weiterhin muslimische Gerichte, die nach den Gesetzen des Koran und der Scharia entscheiden, existieren sollten, und die Steuern nicht erhöht würden. Außerdem wurde die adscharische Bevölkerung vom Wehrdienst befreit und ihr die Möglichkeit in Aussicht gestellt, höhere Positionen in der Verwaltung erreichen zu können. Diese Entwicklung wurde unterstützt durch die georgischen Nationalbewegung, die befürchtete, Adscharien erneut an das Osmanische Reich zu verlieren, wenn sich die Muslime nicht als Georgier verstünden. Zwei Drittel der Ausgewanderten kehrten daraufhin 1881 und 1882 zurück.[390] Dennoch wurde auch in dieser Region der Einfluss der russifizierten georgischen Kirche ausgedehnt. Von muslimischer Seite wurde dies als ein Versuch angesehen, das Christentum in der Region zu institutionalisieren.[391]

Die georgische Nationalbewegung und Kirche bemühte sich in Adscharien um zweierlei: Adscharien sollte Teil eines in Zukunft wieder eigenständigen Georgiens sein. Das Postulat der Glaubensfreiheit sollte die Adscharier zu

---

[389] Vgl. hierzu LANG (1962) (siehe Fußnote 377), S. 195, GROSS (1998) (siehe Fußnote 257), S. 10 und HEISER (1989) (siehe Fußnote 278), S. 60.
[390] Vgl. hierzu PELKMANS (2002) (siehe Fußnote 344), S. 256.
[391] Vgl. hierzu Ders. (2002) (siehe Fußnote 344), S. 257.

Verbündeten werden lassen. Gleichzeitig wurde versucht, das Christentum in dieser Region wieder Fuß fassen zu lassen und so das Territorium abzustecken. Pelkmans geht in seinen Ausführungen zu Adscharien nicht darauf ein, dass die georgische Kirche zu dieser Zeit nur ein Exarchat der russischen Kirche war. Dies lässt vermuten, dass die georgischen Bischöfe mehr Einfluss hatten, als zu vermuten ist, und sie weiter als Georgisch Orthodoxe Kirche auftraten. Dies scheint ein Indiz für nicht zu unterschätzende Parallelstrukturen innerhalb der Kirche zu sein.

Mit der Entwicklung in Adscharien ging der Versuch der Nationalbewegung einher, unter den Adschariern ein georgisches Nationalgefühl zu etablieren und diesen Teil des Landes als Teil Georgiens wiederzuentdecken.[392] Um keine Ängste vor Christianisierung zu schüren, gehörten Zurückhaltung und Toleranz gegenüber dem Glauben der „Mitbrüder" zur Losung der Nationalbewegung.[393] So gelang es in den dreißig Jahren der Herrschaft des Zarens zumindest teilweise, ein georgisches Nationalbewusstsein innerhalb der adscharischen Eliten und den Einwohnern von Batumi herzustellen. Die Majorität der Population definierte sich allerdings immer noch anhand religiöser Linien und blieb den christlichen Georgiern gegenüber skeptisch eingestellt.[394] Bis heute gibt es eine Diskrepanz zwischen der adscharischen und georgischen Deutung der Geschichte. Das fängt schon bei der Bewertung der Osmanischen Besatzung an. Georgische Historiker unterstellen den Adschariern, dass sie die osmanische Besatzung als Unterdrückung empfanden: „Ihr (das der Adscharier; E.F.) Zugehörigkeitsbewußtsein zu den georgischen ‚leiblichen Brüdern' und das Streben nach Befreiung vom osmanischen ‚Joch' hin zur Vereinigung wird von der georgischen Historiographie bis heute bemüht."[395]

Die georgische Sprache unter dem Zaren

Die georgische Sprache verlor unter dem Zaren an Bedeutung und wurde nicht nur als Kirchensprache verboten. 1840 wurde Russisch zur Amtssprache, unge-

---

[392] Vgl. hierzu REISNER, OLIVER (2000) Integrationsversuche der muslimischen Adscharer in die georgische Nationalbewegung. In: MOTIKA, RAOUL/URSINUS, MICHAEL (Hrsg.) Caucasia Between the Ottoman Empire and Iran, 1555-1914. Wiesbaden: Reichert Verlag, S. 211.
[393] Vgl. hierzu Ders. (2000) (siehe Fußnote 392), S. 220.
[394] Vgl. hierzu PELKMANS (2002) (siehe Fußnote 344), S. 257.
[395] REISNER (2000) (siehe Fußnote 392), S. 207.

achtet dessen, dass die Mehrheit der Georgier diese Sprache nicht beherrschte.[396] Jetzt war Russisch als Amtssprache für den Staatsdienst unerlässlich: „From 1868 Georgian was clearly inferior to Russian, not only in popular attitudes or the views of officials, but in the law as well. The teaching of Russian was required in all schools in the empire, and Georgian was no longer a required subject. Beginning in the 1870s only private schools taught courses in Georgian, usually on the primary level, with Russian given as a special course. (...) As the result of state policy and legal discriminations, the percentage of schools that taught a local Caucasian language steadily declined and those that taught all subjects in Russian increased."[397]

Der Verlust der Landessprache rief einen bis zum Ersten Weltkrieg wichtigen Teil der Nationalbewegung ins Leben. Hier nahm der Fürst Ilia Tschawtschawadse, über den in Abschnitt 3.2 ausführlich berichtet wird, eine herausragende Rolle ein. Zusammen mit Jakob Gogebaschwili und Irakli Cereteli war er 1879 einer der Gründer der „Gesellschaft für die Verbreitung des Lesens und Schreibens unter den Georgiern". Die Alphabetisierungsgesellschaft sammelte altgeorgische Handschriften und finanzierte Volksschulen und Bibliotheken. Gogebaschwili schrieb das erste Buch über das georgische Alphabet, *Deda Ena* (Muttersprache), das bis heute kaum verändert benutzt wird.[398] Die Förderung der georgischen Sprache sollte im Umkehrschluss das Nationalbewußtsein stärken: „Diese Gruppe, die eher ein konservatives Weltbild besaß, agierte mit den programmatischen Postulaten mamuli, ena, sarcmunoeba (Vaterland, Sprache, Glaube). Vor dem Hintergrund einer überwiegend analphabetischen Bevölkerung erachteten sie die Renaissance der georgischen Sprache und Kultur als Voraussetzung für die nationale Wiedererweckung des Landes."[399] Der Widerstand gegen den Verlust des Georgischen erzielte 1915 auch einen politischen Erfolg: Zar Nikolaj II. erlaubte den muttersprachlichen Unterricht in allen Fächern bis auf den Russischunterricht.[400] Mit der Unabhängigkeit hatte die Alphabetisierungsgesellschaft ihr Ziel erreicht und viele ihrer Aufgaben, wie die Förderung der georgischen Sprache, wurden nun vom Staat übernommen.

---

[396] Vgl. hierzu SUNY (1994) (siehe Fußnote 261), S. 72.
[397] Ders. (1994) (siehe Fußnote 261), S. 128.
[398] Vgl. hierzu BOEDER (1998b) (siehe Fußnote 305), S. 195, REISNER (2003) (siehe Fußnote 306), S. 21 und GERBER, JÜRGEN (1997) *Georgien: nationale Opposition und kommunistische Herrschaft seit 1956*. Baden-Baden: Nomos Verlagsgesellschaft, S. 30.
[399] Ders. (1997) (siehe Fußnote 398), S. 30
[400] Vgl. hierzu REISNER (2003) (siehe Fußnote 306), S. 254.

Einige Mitglieder nahmen in Behörden und Institutionen, wie z.B. in der 1918 neu gegründeten georgischen Universtität in Tbilisi, eine wichtige Rolle ein.[401] Die Zugehörigkeit zum Zarenreich war für Georgien eine Zeit der nationalen Unterdrückung: die Kirche wurde russifiziert, die Sprache abgewertet, Georgien in Verwaltungsdistrikte aufgeteilt und die nationale Identität geschwächt. Neben den negativen Folgen der Annektion verfügte Georgien im Gegenzug über militärischen Schutz – zumindest wechselten die Besatzer nicht.[402] Das Verhältnis der Georgier zu den Russen blieb ein ambivalentes: „But, although Georgians were grateful to the Russians for protecting them from their Muslim neighbours and regaining their lost territories, they bitterly resented the division of Georgia into separate administrative provinces and the persistent denigration of their culture and language. It is an ambivalence towards the Russian presence that persist to this day."[403] Georgien unter dem Zaren erlebte nicht nur Unterdrückung, sondern auch eine Zeit, in der sich die Nationalbewegung entlang der Linien Sprache und Religion formierte. Die georgische Kirche, die durch die Russifizierung stark geschwächt war, wurde Teil dieser Nationalbewegung. Die kurze Phase der Unabhängigkeit unter den georgischen Menschewiki verhalf der Kirche erneut zur Autokephalie, auch wenn diese noch nicht von außen anerkannt wurde, und Georgien zur kurzen Existenz als eigenständiger Nationalstaat.

2.5 Die Unionsrepublik Georgien (1921-1991)

1921 besetzte die Rote Armee Tbilisi und 1922 wurden Georgien, Armenien und Aserbaidschan als Transkaukasische Förderation der UdSSR eingegliedert. Den Status einer Unionsrepublik erhielt Georgien erst 1936.[404] Widerstand gegen die Angliederung an Russland wurde hart bekämpft: Im August 1924 wurden 4.000 Georgier hingerichtet – ein Vorgeschmack dessen, was in den dreißiger Jahren an Verfolgung und politischem Mord geschehen sollte.[405] Gleichzeitig brachte der Einmarsch der Roten Armee Georgien erneut politische Stabilität

---

[401] Vgl. hierzu REISNER (2003) (siehe Fußnote 306), S. 260 und S. 261.
[402] Vgl. hierzu PETERS, C. J. (= PSEUDONYM VON STEPHEN F. JONES) (1988) The Georgian Orthodox Church. In: RAMET, PEDRO (Hrsg.) Eastern Christianity and Politics in the Twentieth Century. Durham: Duke University Press, S. 15.
[403] JONES/PARSONS (1996) (siehe Fußnote 334), S. 292.
[404] Vgl. hierzu HEISER (1989) (siehe Fußnote 278), S. 60 und REIßNER (1989) (siehe Fußnote 284), S. 236.
[405] Vgl. hierzu JONES/PARSONS (1996) (siehe Fußnote 334), S. 295.

und Sicherheit: „In Georgia, as in much of the Soviet Union, the mid-1920s was a period of recovery, stabilization, and gradual economic growth. When the Red Army arrived in Tiflis, food supplies were extremely low, currency in short supply, and workers were leaving the towns for their village. The Bolsheviks set about reorganizing the economy, collecting the tax in kind from the peasantry to feed the cities, and using the printing press to issue money."[406] Die schon beschriebene Politik der *Korenisazia* förderte die nationale Identität: Schulen wurden gebaut, Veröffentlichungen auf Georgisch unterstützt, Oper, Theater und Film gefördert und Georgier – zum Nachteil der Russen und Armenier – vermehrt in der Regierung und Verwaltung angestellt, eine Alphabetisierungskampagne gestartet und die Zahl der Studierenden erhöht.[407] Schon 1922 erkannten die Russen das Georgische als Staatssprache an.[408] 1921 gab es den erfolglosen Versuch, Russisch zur Staatssprache zu erheben: „Attempts after 1921 to reintroduce Russian were resisted by Georgian communists as well as by the intelligentsia, to the point where Sergo Orzhonikidze, first secretary of the Georgian Communist Party, had to remind Georgians that Russian was not ,the language of oppression', but ,the language of the October Revolution'."[409] Die Politik der *Korenisazia* zuerst unter Lenin und dann unter Stalin[410] half dabei, die Opposition klein zu halten.

Ab 1929 begann die Kollektivierung der Landwirtschaft und die gleichzeitige Industrialisierung, die mit Beginn der 1930er Jahre und dem Stalinismus brutal vorangetrieben wurde. Wirtschaft und Gesellschaft veränderten sich stark. Die Kollektivierung führte in Georgien zu einer radikalen Transformation der Landwirtschaft und des Dorflebens: Die Bauern verloren die Kontrolle über ihre

---

[406] SUNY (1994) (siehe Fußnote 261), S. 225.
[407] Vgl. hierzu Ders. (1994) (siehe Fußnote 261), S. 233.
[408] Vgl. hierzu JONES, STEPHEN (1995) The Georgian Language State Program and Its Implications. In: *Nationalities Papers*, Bd. 23: 3, S. 535.
[409] LAW (1998) (siehe Fußnote 372), S. 171.
[410] Stalin, Josef Dschugaschwili kam im Dezember 1879 im georgischen Gori zur Welt. Ab 1897 gehörte er den georgischen Sozialisten an und trat 1898 in die SDAPR ein. Aufgrund seiner politischen Tätigkeiten wurde er mehrmals verbannt. Er lernte Lenin kennen und war ab 1912 Mitglied des Zentralkommitees der Bolschewiken. Er nannte sich nun Stalin. Ab 1922 war er der Parteivorsitzende der KPdSU. Ab 1927 hatte er seinen Machterhalt in der Partei gesichert und wurde in den folgenden Jahren seiner Regierungszeit zu einem gefürchteten Diktator, der morden und verschleppen ließ. Im März 1953 starb er in der Nähe von Moskau. In seinem Geburtsort Gori befindet sich heute ein Stalin-Museum aus den 70er Jahren: Neben der seit Jahren nicht überarbeiteten Dauerausstellung und dem Eisenbahnwaggon, mit dem Stalin über die Lande fuhr, steht dort Stalins Geburtshaus, um das ein tempelartiger Bau errichtet wurde. (Siehe Abbildung 11 auf S. 196.)

Arbeit und ihre Produkte. Hatten sie zu Beginn der 20er Jahre noch gewisse Freiheiten, wurden sie nun zu Staatsdienern, die ohne Erlaubnis nicht einmal ihr Land verlassen durften. Gleichzeitig wurden die Entscheidungsstrukturen der Dörfer durch Strukturen der Partei und Parteimitglieder ersetzt, deren Entscheidungen weniger nach den Bedürfnissen der Landbevölkerung ausgerichtet waren, als nach den Wünschen und Befehlen aus Tbilisi und Moskau.[411] Mit der Kollektivierung der Landwirtschaft einher ging die „Säuberung" von Partei und Intelligenz. Unter Berija[412] wurde ab 1933 nahezu die gesamt Führungsriege der georgischen KP ausgetauscht, ab 1934 traf es die Intelligenz: „Far from benefiting from Stalin's patronage, it is probable that proportionately Georgia suffered more than any other republic during the purges."[413]

Dennoch hatten nach Simon die Georgier (und auch die Armenier) unter Stalin eine Sonderstellung: Dies zeigt sich zum einen an den hohen Prozentzahlen von Einheimischen in der Partei und daran, dass auch der Abbruch der *Korenisazia* daran nichts änderte.[414] Die Hochschulen wurden in Hinblick auf die Unterrichtssprache und die Zusammensetzung der Studierenden beinahe vollständig nationalisiert. In Georgien studierten 1928 zu 82% und 1935 zu 77% Georgier.[415] Eine weitere Besonderheit in Georgien und auch in Armenien war, dass sie als einzige Sowjetrepubliken 1938 ihre Landessprachen als Staatssprachen in der Verfassung festschreiben konnten.[416] Auch die Kollektivierung ging in Georgien langsamer als in anderen Republiken voran: die meisten Bauern traten erst 1936/1937 in Kolchosen ein, die 1937 in Georgien

---

[411] Vgl. hierzu SUNY (1994) (siehe Fußnote 261), S. 256.
[412] Lawrenti Berija kam im März 1899 in Abchasien zur Welt. 1917 schloss er sich den Bolschewiken an und wurde 1927 Chef der georgischen Staatspolizei. 1932 übernahm er den Vorsitz der KP der Transkaukasischen Föderation. Er wurde 1938 Chef des Geheimdienstes der UdSSR und blieb dies bis zu Stalins Tod 1953. Danach wurde Berija verhaftet und für die Gräuel des Stalinismus verantwortlich gemacht. 1953 wurde er nach einem Gerichtsverfahren im Dezember zum Tode verurteilt und erschossen. Vgl. hierzu ENCYCLOPAEDIA BRITANNICA (2006) Beria, Lavrenty Pavlovich. In: Encyclopaedia Britannica. Encyclopaedia Britannica Premium Service URL: http://www.britannica.com/eb/article-9078771.
[413] JONES/PARSONS (1996) (siehe Fußnote 334), S. 296. Vgl. hierzu auch NAHAYLO, BOHDAN/ SWOBODA, VIKTOR (1990) *Soviet Disunion: A History of the Nationalities Problems in the USSR*. London: Hamish Hamilton, S. 76-77.
[414] Vgl. hierzu SIMON, GERHARD (1986) *Nationalismus und Nationalitätenpolitik in der Sowjetunion. Von der totalitären Diktatur zur nach-stalinistischen Gesellschaft*. Baden-Baden: Nomos, S. 49.
[415] Vgl. hierzu Ders. (1986) (siehe Fußnote 414), S. 74.
[416] Vgl. hierzu NAHAYLO/SWOBODA (1990) (siehe Fußnote 413), S. 79.

nur 76,5% der landwirtschaftlichen Produktion ausmachten im Vergleich zu einem Unionsdurchschnitt von 93%.[417] Trotz einiger Privilegien war die gesellschaftliche Umwälzung, die Georgien (und die gesamte Sowjetunion) unter Stalin erlebte, radikal: „In the quarter-century between 1928 and 1953 Georgia was transformed more fundamentally than in any comparable period in its three-thousand-year history. (...) A basically peasant country with over 80 percent of its people living in the countryside at the time of the revolution, Georgia had steadily become an urban society during the Stalin period. In 1926 the rural population was still at 78 percent; thirty-three years later it had fallen to 58 percent. Tbilisi swelled from a small city of 294,000 to one of the largest cities in the Soviet Union (703,000) in the same period. The number of workers and, employees (sluzhashchie) in the economy had tripled in the Stalin years, numbering over 600,000 in the early 1950s."[418]

Durch die Transformation ging in Georgien vor allem bäuerliche Tradition verloren, gleichzeitig wurde die georgische Identität, im Sinne der sowjetischen Nationalitätenpolitik, gestärkt: In den 1950ern sprachen und lasen mehr Menschen als jemals zuvor die georgische Sprache. Es gab georgische Volkstanz-Kompanien, Opern, Filme und georgische Literatur. Die wichtigen politischen Positionen waren von Georgiern besetzt.[419] Während des Zweiten Weltkrieges machten georgische Schriftsteller und Künstler aktiv Kriegspropaganda. Filme und Theateraufführungen beschäftigten sich mit den georgischen Helden der Vergangenheit: Giorgi Saakadze (ein großer Krieger), König Erekle, König Wachtang Gorgasal, Königin Tamar und David der Erneuerer. Die Erinnnerung an die Vergangenheit wurde so wachgehalten und mystifiziert.

Georgien nach Stalin

Mzhavandaze war von 1954 bis 1972 erster Sekretär in Georgien. Er führte die *Korenisazia*-Politik weiter und stärkte die georgische Geschichtsschreibung.[420] Dies führte nach Aves zu folgender Entwicklung: „Typically, for Soviet Communist Parties from the late Stalin period the Communist Party of Georgia

---

[417] SIMON (1986) (siehe Fußnote 414), S. 109.
[418] SUNY (1994) (siehe Fußnote 261), S. 280.
[419] Vgl. hierzu Ders. (1994) (siehe Fußnote 261), S. 281.
[420] Vgl. hierzu JONES, STEPHEN F. (1989) Religion and Nationalism in Soviet Georgia and Armenia. In: RAMET, PEDRO (Hrsg.) Religion and Nationalism in Soviet and East Europeans Politics. London: Durham, S. 183.

(CPG) has gradually tried to legitimaze its rule on a nationalist basis. To this end Georgia's medieval ‚Golden Age' if David the Builder and Queen Tamar has been glorified in official mass literature. Since the period of Soviet rule has coincided with that of mass literacy, a national identity stressing patriarchal relations, Christianity and cultural, rather than economic achievements, has become embedded in the popular consciousness."[421]

Die Nach-Stalin-Ära brachte einige Veränderungen: Chruschtschow, der seit 1953 Vorsitzender der KPdSU war, prangerte 1956 die Verbrechen des Stalinismus an und sprach sich gegen den Stalinkult aus. In Georgien kam es daraufhin zu den ersten Massenprotesten seit der Angliederung an die UdSSR: Zu Stalins Geburtstag gingen in Tbilisi Studenten auf die Straße. In den folgenden Tagen kam es zu Demonstrationen, die schließlich von Polizei und Armee brutal aufgelöst wurden, es gab viele Verletzte und einige Tote. Demonstrationen gab es auch in Suchumi, Gori und Batumi.[422] Was war die Ursache für diesen Konflikt? Anscheinend stand zu Beginn der Demonstrationen die Verehrung Stalins im Vordergrund. Diese wurde dann schnell von nationalen Forderungen bis hin zum Ruf nach Unabhängigkeit abgelöst. Dies war aber eine Lesart der Geschehnisse, die in Moskau nicht anerkannt wurde.[423] Nach Suny sollte man die Demonstrationen nicht als ein Einstehen entweder für Stalin oder für den Wunsch nach Unabhängigkeit sehen, sondern vielmehr als eine Verknüpfung von beidem in einem Land, dass unter Stalin von der Modernisierung stark verändert und gleichzeitig national gestärkt wurde: „(...) Georgian national culture had been revitalized through Soviet sponsorship. Georgians had become a cohesive nationality with large numbers of people educated in the national language and history. By 1956 the growing national awareness, coupled with anxiety about the loss of unique ethnicity in the face of modernization, had led to a strong resurgence among young people of a commitment to Georgian ethnic identity. For young Georgians, not fully acquainted with the darker side of Stalin's reign, his memory was still sacred, and his career represented a great achievement by one of their nation."[424]

Die lange Amtszeit von Mzhavandaze, die 19 Jahre dauerte und die Bevorzu-

---

[421] AVES, JONATHAN (1991) *Paths to National Independence in Georgia 1987-90*. London: SSEES, University of London, S. 3-4.
[422] Vgl. hierzu SUNY (1994) (siehe Fußnote 261), S. 303 und NAHAYLO/SWOBODA (1990) (siehe Fußnote 413), S. 120.
[423] Vgl. hierzu Ders. (1990) (siehe Fußnote 413), S. 120.
[424] SUNY (1994) (siehe Fußnote 261), S. 303.

gung der ethnischen Georgier bei der Stellenvergabe hatten zu Korruption und Schattenwirtschaft geführt: „This combined with the Caucasian reliance on close familial and personal ties in all aspects of life and the reluctance to betray one's relatives and comrades, led to an impenetrable system of mutual aid, protection, and disregard for those who were not part of the spoils system."[425] 1972 wurde Eduard Schewardnadse[426] Erster Sekretär der Kommunistischen Partei Georgiens und startete eine Anti-Korruptions-Kampagne, die den politischen Säuberungen ähnlich war: „During the next 18 months, some 25,000 arrests are reported to have been made in all-out effort to break up local mafias and eliminate ‚capitalistic' tendencies. There was fierce opposition to this purge. It took the form of arson and bombings, including the destruction of the Tbilisi Opera House in May 1973, and apparently, assassination attempts against Shevardnadze."[427] Verhaftet wurden Partei- und Verwaltungsmitglieder und Schwarzmarkthändler. Schewardnadse verbot die illegale Ausfuhr georgischer Produkte, die davor einen großen Teil der Schwarzmarkthandels ausmachten.[428]

Unabhängig von der Politik Schewardnadses gewann ab Beginn der 70er Jahre die georgische Dissidentenbewegung um Swiad Gamsachurdia[429] und Merab Kostawa[430] an Bedeutung. Beide waren schon ab 1956 in der Unabhängigkeitsbewegung aktiv und bekamen immer wieder Haftstrafen auferlegt.

---

[425] SUNY (1994) (siehe Fußnote 261), S. 306-307.
[426] Eduard Schewardnadse kam am 25. Januar 1928 im georgischen Mamati zur Welt. 1959 wurde er Mitglied des Obersten Sowjets der Georgischen SSR. Von 1965 bis 1972 war er georgischer Innenminister und danach bis 1985 der erste Sekretär. 1985 bis 1990 war er Außenminister der Sowjetunion und wurde 1992 mitten im Bürgerkrieg Vorsitzender des Staatsrates des unabhängigen Georgiens. 1995 wurde er zum Präsidenten Georgiens gewählt und zweimal bestätigt. 2003 wurde seine politischen Karriere durch die „Rosenrevolution" um Mikhail Saakaschwili beendet. Vgl. hierzu BRITANNICA, ENCYCLOPAEDIA (2006) Eduard Shevardnadze. In: Encyclopaedia Britannica. Encyclopaedia Britannica Premium Service URL: http://www.britannica.com/eb/article-9067333 und INTERNATIONALE GESELLSCHAFT FÜR MENSCHENRECHTE (Hrsg.) (1992) Menschenrechte in Georgien 1992. IGMF Informationssammlung 5. Oktober 1992. Frankfurt am Main: IGFM, S. 53-54.
[427] NAHAYLO/SWOBODA (1990) (siehe Fußnote 413), S. 180.
[428] Vgl. hierzu SUNY (1994) (siehe Fußnote 261), S. 380. Mit dieser Politik war Schewardnadse durchaus erfolgreich: „Shevardnadze's success in accelerating economic growth, combating corruption, and installing a degree of optimism and enthusiasm in his cadres was officially recognized when he was awarded an Order of Lenin on his fiftieth birthday in 1978 and became a „Hero of Socialist Labor" in 1981." Ders. (1994) (siehe Fußnote 261), S. 312.
[429] Swiad Gamsachurdia (1939-1993) wurde 1991 der erste frei gewählte Präsident des unabhängigen Georgiens. Seine Politik wird in Abschnitt 4.1 ausführlich dargestellt.
[430] Kostawa kam im Oktober 1989 bei einem Autounfall ums Leben. 100.000 Menschen kamen zu seiner Beerdigung. Vgl. hierzu STÖLTING (1991) (siehe Fußnote 270), S. 231.

Thematisiert wurde die Unterdrückung der Kirche, die Korruption im Patriarchat und der Umgang der Russen mit georgischen Kulturdenkmälern.[431] So wurde das Klostergelände von David Garetscha aus dem 6. Jahrhundert, das insgesamt ein Gelände von 120 Quadratkilometern umfasst und im 14. Jahrhundert als östlichster Vorposten des Christentums zur Verteidigung vor den Arabern genutzt wurde, von der Roten Armee als Übungsgelände zweckentfremdet und beschädigt.[432] Ob die georgische Nationalbewegung tatsächlich erst ab den 1970er Jahren an Bedeutung gewann oder ob sie in der Zeit davor auch schon einflussreich war, ist unklar. Die vorhandenen deutsch- und englischsprachigen Quellen lassen zumindest vermuten, dass ohne vorherige Bemühungen das Erstarken ab den 70er Jahren nicht möglich gewesen wäre.

Die 1980er Jahre

In den 1980er Jahren wurden in Georgien immer nationalistischere Töne laut. 1978 kam es zu erfolgreichen Massendemonstrationen, um die Stellung der georgischen Sprache vor dem Russischen zu behaupten.[433] Im Zuge einer Verfassungsreform sollte Russisch Staatssprache werden. Schewardnadse setzte sich schließlich erfolgreich für den Erhalt des Georgischen als Staatssprache ein.[434] Der Konflikt war jedoch nicht vollständig gelöst und 1980 und 1981 gab es erneut Proteste gegen Russifizierungsbemühungen, diesmal gegen den vermehrten Schulunterricht auf Russisch zu Ungunsten des Georgischen.[435] Ein weiteres Konfliktfeld waren die ab 1980 immer wieder aufkommenden Spannungen mit Abchasien. In Abchasien lebende Georgier beschwerten sich

---

[431] Vgl. hierzu GERBER (1997) (siehe Fußnote 398), S. 61 und S. 63 und STÖLTING (1991) (siehe Fußnote 270), S. 231.

[432] Vgl. hierzu SKHIRTLADZE, ZAZA (1999) 10. Newly Discovered Early Paintings in the Gareja Desert. In: EASTMOND, ANTONY (Hrsg.) Eastern Approaches to Byzantium. Papers from the Thirty-third Spring Symposium of Byzantine Studies, University of Warwick, Coventry, March 1999. Aldershot: Publications for the Society for the Promotion of Byzantine studies (by Ashgate Variorum), S. 149-150 und TOMPOS, ERZSÉBET (1975) Georgien. Fotos von Károly Gink (Übersetzt von Irene Kolb). Budapest: Corvina Verlag, S. 46-47. Um einen Eindruck von David Garetscha zu gewinnen, siehe Abbildung 12 auf S. 197.

[433] Vgl. hierzu JONES/PARSONS (1996) (siehe Fußnote 334), S. 297.

[434] Vgl. hierzu STÖLTING (1991) (siehe Fußnote 270), S. 230-231, SUNY (1994) (siehe Fußnote 261), S. 309, NAHAYLO/SWOBODA (1990) (siehe Fußnote 413), S. 202 und SIMON (1986) (siehe Fußnote 414), S. 392.

[435] Vgl. hierzu Ders. (1986) (siehe Fußnote 414), S. 392-393 und NAHAYLO/SWOBODA (1990) (siehe Fußnote 413), S. 205.

über Diskriminierungen. Allein 1981 kam es zu fünf Demonstrationen, die neben den Forderungen nach Schutz für Sprache, Geschichte und Kultur auch die Situation in Abchasien thematisierten.[436] 1988 entstand ein radikaler Flügel innerhalb der Nationalbewegung.[437] Beschwerden über die Diskriminierung von Georgiern nicht nur in Abchasien, sondern auch in den Regionen des Landes mit einer Bevölkerungsmehrheit von Armeniern und Aserbaidschanern wurden laut: „What made matters worse was that corrupt Georgian party officials had been illegally selling state land to Azeris, many of them settlers from neighbouring Azerbaijan. With land at a premium because of the population density, Georgian nationalists began to call for the expulsion of Azeri settlers and the establishment of a pro-Georgian demographic policy."[438]

Trotz aller Bemühungen, die georgische Sprache zu Gunsten des Russischen zu schwächen, wurde das Georgische durch die Politik der *Korenisazia* im Vergleich zum Sprachgebrauch im 19. Jahrhundert gestärkt: „Wurde es zuvor als Hochsprache vor allem vom Adel und den Intellektuellen gepflegt, während die bäuerliche Bevölkerung eine Fülle örtlicher Dialekte sprach, so vereinheitlichte und nationalisierte sich Georgien nun durch die modernen Medien, Zeitungen und Radio."[439] Ebenso war die Verweigerung des Russischen weiter ein Akt des Widerstandes.[440] So konnten 1979 nur 26,7% der Georgier fließend Russisch sprechen.[441] 1988 wurde ein Staatsprogramm für die georgische Sprache initiiert. Es richtete sich vor allem gegen die Praxis, in den autonomen Republiken das Russische anstelle des Georgischen als Amtssprache zu benutzen. Dieses Vorgehen heizte die Spannungen zwischen den Republiken und Georgien weiter an, zumal die Abchasen und Süd-Osseten sich daraufhin für die Dreisprachigkeit einsetzten: Georgisch-Abchasisch-Russisch bzw. Georgisch-Ossetisch-Russisch.[442] Beinahe alle Minoritäten gaben in Georgien dem Russischen den Vorzug, auch im Schulunterricht, und so forderte das 1989 ausformulierte Staatsprogramm zur

---

[436] Vgl. hierzu NAHAYLO/SWOBODA (1990) (siehe Fußnote 413), S. 211.
[437] Vgl. hierzu JONES/PARSONS (1996) (siehe Fußnote 334), S. 299.
[438] Dies. (1996) (siehe Fußnote 334), S. 300.
[439] STÖLTING (1991) (siehe Fußnote 270), S. 230.
[440] Vgl. hierzu TISHKOV, VALERY (1997) *Ethnicity, Nationalism and Conflict In and After the Soviet Union. The Mind Aflame.* London: Sage Publications, S. 98.
[441] Vgl. hierzu SUNY (1994) (siehe Fußnote 261), S. 300. Gerber sieht durch den hohen Status der georgischen Muttersprache die Konsolidierung der georgischen Titularnation zu Ungunsten des Russischen und der Minderheiten. Verstärkt noch dadurch, dass es kaum Mischehen zwischen Georgiern und anderen Nationalitäten gab. Vgl. hierzu GERBER (1997) (siehe Fußnote 398), S. 41.
[442] Vgl. hierzu TISHKOV (1997) (siehe Fußnote 440), S. 100.

Förderung der georgischen Sprache, Georgisch zur tatsächlichen Staatssprache werden zu lassen. Geschehen sollte dies durch vermehrten Georgischunterricht bei Nicht-Muttersprachlern, Georgischtests für Studenten, Pflichtkurse zur georgischen Sprache und Sprachgeschichte an der Universität und die Einrichtung eines Tages der georgischen Sprache, der auch heute noch zelebriert wird.[443] Für die autonomen Republiken waren diese Pläne jedoch untragbar.[444]

Gestärkt durch die Teilerfolge in der Abwehr von Russifizierungsversuchen, trat die Nationalbewegung ab 1987 stärker in die Öffentlichkeit. Der Ton wurde immer nationalistischer. Die Heiligsprechung des Fürsten Tschawtschawadse, der sich für die Einheit und Unabhängigkeit Georgiens eingesetzt hatte, im Herbst 1987 zu seinem 150. Geburtstag durch die Georgisch Orthodoxe Kirche, führte zur Gründung der St. Ilia-Tschawtschawadse-Gesellschaft durch Gamsachurdia und Kostawa, die zu den nationalistischsten Gruppierungen zählte. Sie forderte 1988 eine separate georgische Staatsbürgerschaft, eine eigene Armee, einen Immigrationsstopp und die Anerkennung, dass die sowjetische Annexion von 1921 illegal gewesen sei.[445] Der Ruf nach Unabhängigkeit wurde durch die Verwendung der rot-schwarz-weißen Fahne des unabhängigen Georgiens zwischen 1917 und 1921 unterstützt.[446] Die meisten Gruppen der Nationalbewegung, wie die Helsinki-Gruppe, die National-Demokratische Partei oder die Georgische-Nationale-Unabhängigkeits-Partei, betonten, wie wichtig die enge Verbindung eines zukünftigen unabhängigen Georgiens mit der Georgisch Orthodoxen Kirche sei und banden somit auch die jungen Georgier ein, die in großer Zahl in die wiedereröffneten Kirchen kamen.[447]

1989 eskalierten die Ereignisse: Forderungen Abchasiens nach Unabhängigkeit von Georgien verursachten georgische Gegendemonstrationen in Tbilisi, die sich schnell zu Massendemonstrationen wandelten, auf denen wiederum die Unabhängigkeit Georgiens von der Sowjetunion gefordert wurde.[448] Die

---

[443] Vgl. hierzu LAW (1998) (siehe Fußnote 372), S. 172 und JONES (1995) (siehe Fußnote 408), S. 536 und S. 539.

[444] „Its vagueness and exclusive attention to Georgian – it only rarely mentions the problems of non-Georgian speakers – and the absence of legislation, such as a law on national minorities to specify minority language rights, led the more vulnerable language groups, such as the Abxazians and South Ossetians, to see the program as a threat to their social and economic position." Ders. (1995) (siehe Fußnote 408), S. 541.

[445] Vgl. hierzu STÖLTING (1991) (siehe Fußnote 270), S. 231 und GERBER (1997) (siehe Fußnote 398), S. 31.

[446] Vgl. hierzu STÖLTING (1991) (siehe Fußnote 270), S. 232.

[447] Vgl. hierzu JONES/PARSONS (1996) (siehe Fußnote 334), S. 299.

[448] Vgl. hierzu Dies. (1996) (siehe Fußnote 334), S. 300.

Demonstrationen waren für Moskau anscheinend so bedrohlich, dass das Militär eingriff: „On 9 April troops armed with sharpened spades and toxic gas were sent in against peaceful nationalist demonstrators in Tbilisi. Twenty protesters (unofficial accounts claimed a higher figure), the majority of them women, were killed and dozens injured. The authorities also arrested a number of prominent Georgian dissidents and imposed a curfew. (...) Soon afterwards Gorbachev appealed for calm, but issued a strong warning that nationalist troublemakers would not be tolerated."[449]

Die autonomen Territorien innerhalb Georgiens

Obwohl Georgien eine recht kleine Unionsrepublik war, beinhaltete das Staatsgebiet drei autonome Territorien: zwei autonome Republiken, Abchasien und Adscharien und eine autonome Region, Süd-Ossetien (siehe hierzu auch die Landkarte in Abbildung 3 auf S. 188, die auch die heutigen Grenzen Georgiens und die autonomen Territorien darstellt). Abchasien und Süd-Ossetien wurden entlang ethnischer, Adscharien anhand religiöser, Linien etabliert. Dieses Vorgehen der UdSSR in Adscharien war einmalig, keine andere Republik wurde aufgrund einer bestimmten Religionszugehörigkeit der Bevölkerungsmehrheit ins Leben gerufen.[450] Als Georgien in der Stalinzeit immer „georgischer" wurde, ging das auf Kosten der Minderheiten und der autonomen Regionen.

Abchasien war 1921 zunächst als eine eigenständige Sowjetrepublik gegründet worden, wurde aber noch im gleichen Jahr in die Georgische Republik eingegliedert. Die abchasische Verfassung aus dem Jahr 1925 schrieb sowohl die Unabhängigkeit als auch die Vereinigung mit Georgien fest, 1931 wurde Abchasien dann eine autonome Republik Georgiens und verlor damit einen Teil der Unabhängigkeit.[451] Abchasien erfuhr in den kommenden Jahren eine Politik der „Georgifizierung", die bis zum Beginn der 50er Jahre anhielt: Die abchasischen Schulen wurden abgeschafft, auch der Unterricht in der Muttersprache,

---

[449] NAHAYLO/SWOBODA (1990) (siehe Fußnote 413), S. 322. Vgl. hierzu auch NIELSEN (2000) (siehe Fußnote 266), S. 113.

[450] Vgl. hierzu STAROVOITOVA, GALINA (1997) *National Self-Determination: Approaches and Case Studies (Occasional Paper 27)*. Providence RI: Thomas J. Watson Jr. Institute For International Studies, S. 41, PELKMANS (2002) (siehe Fußnote 344), S. 259 und NODIA, GHIA (2000) A New Cycle of Instability in Georgia. New Troubles and Old Problems. In: BERTSCH, GARY K. (Hrsg.) Crossroads and Conflict: Security and Foreign Policy in the Caucasus and Central Asia. New York: Routledge, S. 193.

[451] Vgl. hierzu HERZIG, EDMUND (1999) *The New Caucasus. Armenia, Azerbaijan and Georgia*. London: The Royal Institute Of International Affairs, S. 76.

und statt Abchasisch wurde nun Georgisch gelehrt. Selbst die abchasische Schrift wurde georgifiziert: „(...) a new Abkhaz alphabet was introduced based on the Georgian. Thirty-three letters were borrowed directly, and six new letters were formed for specifically Abkhaz phonemes. Korenizatsiia [sic!] had ‚grown over' into a Georgian chauvinism, parallel to the growth of Russian nationalism (often disguised as Soviet patriotism) on the all-union level."[452] Unter Berija kam es ab 1936 zu einer georgischen Einwanderungswelle nach Abchasien.[453] Das, was die Georgier an der Politik der Russifizierung kritisierten, praktizierten sie selbst in Abchasien. Erst ab 1950 gab es an einzelnen Schulen wieder Abchasisch-Unterricht. Dieses Vorgehen Georgiens führte mit zu den abchasischen Forderungen nach Unabhängigkeit, die soviel Unruhe im Land schufen und im Krieg endeten. Im April 1989 unterschrieben 30.000 Menschen die Forderung der Wiedererrichtung der abchasischen Unionsrepublik und lösten so die erwähnten Massendemonstrationen in Tbilisi aus. [454] Im August 1992 kam es schließlich zum Krieg zwischen Abchasien und Georgien. Ab 1994 war die Situation halbwegs befriedet, GUS-„Friedenstruppen" sind in Abchasien stationiert, die Grenzen zu Georgien geschlossen. Bis heute ist der Konflikt nicht gelöst, im georgisch-abchasischen Grenzgebiet kommt es immer wieder zu Schießereien und die Anerkennung der Unabhängigkeit Abchasiens von Russland im Herbst 2008 hat die Situation weiter verschärft.[455]

Die Entwicklung in Adscharien verlief anders: Die politische Elite in Batumi hatte überwiegend christliche Wurzeln mit starken Anti-Türkischen und Anti-Islamischen Ressentiments. Sie tat alles um den Einfluss des Islams in der Region zu minimieren: „In the public domain, the role of Islam was effectively broken by the end of the 1930s, and remained of some importance only in family life. All 172 madrassahs and 158 mosques in Ajaria – save the one in Batumi – were destroyed or transformed into stabels and storage houses."[456] Da die adscharischen Muslime durch die Grenze zwischen der Sowjetunion und Türkei von der islamischen Welt isoliert waren, gab es auch kaum Widerstand gegen die Repressalien. So wurde die islamische Identität über die Jahre der Sowjetzeit

---

[452] SUNY (1994) (siehe Fußnote 261), S. 282.
[453] Vgl. hierzu KOKEEV, ALEXANDER (1993) *Der Kampf um das Goldene Vlies: Zum Konflikt zwischen Georgien und Abchasien*. Frankfurt am Main: Hessische Stiftung Friedens- und Konfliktforschung, S. 4.
[454] Vgl. hierzu Ders. (1993) (siehe Fußnote 453), S. 6.
[455] Mehr zu diesem Konflikt ab S. 155.
[456] PELKMANS (2002) (siehe Fußnote 344), S. 259.

geschwächt und trotz der Sonderrolle der autonomen Republik Adscharien wieder fester an Georgien angebunden als in der Zeit davor. Pelkmans schreibt: „During my stay in Ajaria I was repeatedly told by local scholars that the Soviet period in fact had saved Ajaria and that in essence it had brought the Ajarians back into the orbit of the Georgian nation. What this commentators had in mind of course was that Soviet rule had weakened or even destroyed the Muslim structures, and more importantly, that Islam no longer constituted the prime reference for the identity of the Ajarians."[457] Seit 2004 hat Adscharien seinen Sonderstatus verloren und gehört nun ganz zu Georgien.

1991 kam es in Süd-Ossetien zu kriegsähnlichen Zuständen. Seitdem ist die Region de facto unabhängig von Georgien. Der Konflikt um Süd-Ossetien hat sich in den letzten Jahren erneut zugespitzt, da Saakaschwili, der georgische Präsident, den Druck zur Wiedereingliederung erhöht hat. Die Ereignisse kulminierten im August 2008 als georgische Truppen in Süd-Ossetien einmarschierten. Es kam zum Krieg zwischen Russland und Georgien, der dadurch beendet wurde, dass russische Truppen nach Georgien einmarschierten und nur langsam und durch internationalen Druck aus dem georgischen Kernland wieder abzogen. In der Folge dieser Ereignisse erkannte Russland auch Süd-Ossetien als unabhängigen Staat an. Die Aufarbeitung des Kriegs dauert noch an.[458]

Die Georgisch Orthodoxe Kirche in der Unionsrepublik Georgien

Wie in anderen Republiken der Sowjetunion auch, waren die ersten Jahre geprägt von der Verfolgung und Unterdrückung jeglichen religiösen Lebens. Patriarch Ambrosius, der 1922 die Unterdrückung anprangerte, wurde 1924 der Prozess gemacht, und er starb schließlich 1927 in Haft. Unter Berija kam es zu den stärksten Verfolgungen. Geistliche kamen in Straflager, Kirchen und Klöster wurden geschlossen, umfunktioniert oder abgerissen.[459] Auch in Georgien gab es anti-religiöse Propaganda, angeführt von einem georgischen Zweig des *Bundes der militanten Gottlosen*, der einer der größten in der Sowjetunion war. 1931 hatte der *Bund* in Georgien 101.586 Mitglieder und 1.478

---

[457] PELKMANS (2002) (siehe Fußnote 344), S. 258.
[458] Mehr zu der Entwicklung in Süd-Ossetien auf S. 163. Eine genauere Analyse dieses Krieges, der Rolle Georgiens und Russlands und der georgischen Kirche und den Ansprachen Ilia II. ist in diesem Buch, dessen Grundlage aus dem Jahr 2006 stammt, nicht leistbar. Mit diesen Fragen werde ich mich jedoch in meiner Promotion, die sich mit dem Zusammenhang von Religion und Nation in Georgien, der Ukraine und Litauen beschäftigt, auseinandersetzen.
[459] Vgl. hierzu HEISER (1989) (siehe Fußnote 278), S. 61.

Untergruppen – in Relation zu der Landesgröße und Bevölkerungszahl sind das große Zahlen. Im Kaukasus, vor allem in Süd-Ossetien und Swanetien, lebten in dieser Zeit erneut nichtchristliche Rituale auf. Neben der Propaganda in Bezug auf die orthodoxe Kirche, begann die KP in Georgien zum Teil auch die Wiederbelebung nichtchristlicher Kulte zu unterstützen, da auch diese die Kirche schwächten.[460] So verfügte die Georgisch Orthodoxe Kirche – wenn auch ohne die Anerkennung von außen, da sie offiziell, seit sie Exarchat der russischen Kirche war, keine eigenständige Kirche mehr war – wieder über die Autokephalie, konnte daraus aber zuerst kaum Nutzen ziehen: „The canonical independence of the Church of Georgia, so ardently desired by the clergy and the believers, became almost meaningless as a result of communist persecution. What was the use of autocephaly when Georgia's cathedrals, churches and monasteries were transformed into barns and communist clubs, or were pulled down alltogether?"[461]

1943, unter Stalin und durch seine Vermittlung, wurde der Patriarch Kallistratros (1932-1952) und damit auch die georgische Autokephalie von der russischen Kirche anerkannt. Nach diesem Schritt verlor auch der georgische *Bund* an Einfluß.[462] In der Zeit bis zum Tod Stalins konnte sich die georgische Kirche ein wenig von den Verfolgungen der 30er Jahre erholen, nicht aber reorganisieren. Unter Chruschtschow kam es zur erneuten Unterdrückung der Kirche, die bis zum Ende seiner Regierungszeit 1964 anhielt. Kirchen, die wiedereröffnet worden waren, mussten erneut schließen. Priester, Mönche und Gläubige wurden massiv unter Druck gesetzt. 1962 wurde die georgische Kirche in den Weltkirchenrat aufgenommen. Dies war eine Bekundung der Solidarität und Unterstützung von außen.[463]

Patriarch Eprem II. (1960-1972) konnte die georgische Kirche etwas wiederbeleben: Er eröffnete eine religiöse Schule, die 1970 auch offiziell als Seminar anerkannt wurde, ließ die Bibel und Gebetsbücher drucken.[464] Doch die Phase

---

[460] Vgl. hierzu KOLARZ, WALTER (1961) *Religion in the Soviet Union*. London: Macmillan Press, S. 101-102.
[461] Ders. (1961) (siehe Fußnote 460), S. 100.
[462] Vgl. hierzu GROSS (1998) (siehe Fußnote 257), S. 10, SUNY (1994) (siehe Fußnote 261), S. 283-284, HEISER (1989) (siehe Fußnote 278), S. 62, GERBER (1997) (siehe Fußnote 398), S. 102, BRYNER (1996) (siehe Fußnote 375), S. 68 und KOLARZ (1961) (siehe Fußnote 460), S. 104.
[463] Vgl. hierzu GROSS (1998) (siehe Fußnote 257), S. 10, HEISER (1989) (siehe Fußnote 278), S. 62 und BRYNER (1996) (siehe Fußnote 375), S. 68.
[464] Vgl. hierzu JONES (1989) (siehe Fußnote 420), S. 297 und GERBER (1997) (siehe Fußno-

des Widerstands gegen die religiöse Unterdrückung sollte nur kurz sein: „Towards the second half of his reign, Epremi had become an increasingly pliant tool of the Soviet authorities. Khrushchev forced many church leaders into submission and transformed church administration into an obedient organ of Soviet religious policy."[465] 1972 mischte sich der KGB in die Wahl seines Nachfolgers ein: Der von Eprem ausgesuchte Kandidat wurde diskreditiert und David V. (1972-1977) vom KGB vorgeschlagen und schließlich gewählt. David V. arbeitete von Anfang an mit dem KGB zusammen und ließ den Gottesdienst wieder in Kirchenslawisch abhalten. Es kam zu Bestechungsaffären und Kunstraub aus den Kirchen.[466] Insgesamt verlor die georgische Kirche in dieser Zeit an Autorität und Glaubwürdigkeit.[467] Als 1977 David V. starb und als sein Nachfolger der bis heute amtierende Ilia II.[468] ins Amt gewählt wurde, begann der langsame Wiederaufstieg der georgischen Kirche: „On 9 November 1977 David V died. His successor, Ilya Shiolashvili (Ilya II) Metropolitan of Sukhumi and Abkhazia, has improved the position of the Georgian Church dramatically. Ilya, in contrast to his predecessor, was young (44 years of age) and well-educated (he attended both the Theological Seminary and Academy in Moscow). In his acceptance speech, he stressed the need for ‚internal unity' in the church and the removal of all ‚evil wickedness' among its servants. Although it is not clear whether he has achieved either of these objectives, organisationally the church has made great progress."[469]

Der neue Katholikos Ilia II. ging zuerst gegen die innerkirchliche Korruption und Protektion vor. Die dadurch neu entstandene Glaubwürdigkeit ließ das Interesse an der Kirche vor allem unter jungen Leute ansteigen. Die Beteiligung an religiösen Festen nahm zu, religiöse Vorstellungen konnten gefestigt

---
te 398), S. 105.
[465] JONES (1989) (siehe Fußnote 420), S. 298.
[466] Vgl. hierzu RAMET, SABRINA P. (1989) The Interplay of Religious Policy and Nationalities Policy in the Soviet Union and Eastern Europe. In: Dieselbe (Hrsg.) Religion and Nationalism in Soviet and East European Politics. Durham, London: Duke University Press, S. 35, JONES (1989) (siehe Fußnote 420), S. 301 und GERBER (1997) (siehe Fußnote 398), S. 105.
[467] Vgl. hierzu BRYNER (1996) (siehe Fußnote 375), S. 68.
[468] Inwieweit und ob überhaupt der KGB auch die Wahl Ilia II. mitbeeinflusste, ist nicht bekannt. Dass der KGB keinerlei Einfluß ausübte, ist nur schwer vorstellbar, zudem nach dem Zusammenbruch der Sowjetunion bekannt wurde, dass Ilia II. für den KGB arbeitete. Mehr dazu auf S. 112 und S. 167. Ob die Mitarbeit von Teilen des Klerus im KGB freiwillig passierte, lässt sich bezweifeln. Vermutlich ermöglichte diese Zusammenarbeit mehr Freiheiten für die georgische Kirche und einzelne Bistümer.
[469] JONES (1989) (siehe Fußnote 420), S. 305.

werden, und es kam sogar zu Massentaufen in Flüssen. Die KP Georgiens zeigte sich besorgt über dieses Interesse junger Menschen an der Kirche.[470] Attraktiv wurde die Kirche in diesen Jahren auch als der Ort, an dem die georgische Nationalität geschützt und die Verbindung von orthodoxer Kirche und nationalem Bewusstsein wiederbelebt wurde: „Ein bezeichnendes Schlagwort aus diesen Jahren war dieses: Georgien entdeckt – mit der Renaissance der Religion nach Jahrzehnten brutaler Verfolgungen – seine Seele wieder."[471] Ilia II. betonte in seinen Predigten immer wieder die Rolle der Kirche als Beschützerin der georgischen Nation und Kultur. Sprache, Land und Glaube seien die drei Grundpfeiler der georgischen Nation, die Geschichte Georgiens und die Kirchengeschichte sind für Ilia II. untrennbar. Trotz allem unterstützte die Kirche keine Dissidenten, selbst wenn diese mehr Rechte für die Kirche forderten.[472] Die Kirche setzte sich auch für eine „gesunde" Nation ein: „They take a moral stand on issues such as abortion, alcoholism, and drug taking, which, although not specifically nationalist issues, underline concern for the nation's biological well-being."[473]

Unter Schewardnadse kam es weiter zu anti-religiöse Kampagnen und zur Verfolgung von Geistlichen, aber das Verhältnis zwischen Staat und Kirche hatte sich, zumindest auf höchster Ebene, deutlich verbessert. Da die erstarkte Kirche unter Ilia II. den Sowjetstaat nicht in Frage stellte und, wie sich nach der Unabhängigkeit Georgiens herausstellte, auch mit dem KGB zusammenarbeitete,[474] ist dies nicht überraschend. Ilia II. gelang es schon im ersten Jahr als Patriarch, sieben Bischofssitze zu besetzen; 1980 waren alle 15 Kirchenbezirke wieder etabliert. Kirchen wurden wiedereröffnet (1979 gab es 200 aktive Kirchen in Georgien), und es kam sogar zu Neubauten. Ab 1978 wurde

---

[470] Vgl. hierzu HEISER (1989) (siehe Fußnote 278), S. 62 ff., GERBER (1997) (siehe Fußnote 398), S. 109-110, JONES (1989) (siehe Fußnote 420), S. 300 und S. 307, BRYNER (1996) (siehe Fußnote 375), S. 69 und BRYNER, ERICH (1994) Neuer Götzendienst statt wahrer Kirche. Kirche und Nation in der ost- und südosteuropäischen Geschichte. In: *Glaube in der 2. Welt*, Bd. 22: 3, S. 16.

[471] Ders. (1994) (siehe Fußnote 470), S. 16.

[472] Vgl. hierzu JONES/PARSONS (1996) (siehe Fußnote 334), S. 299, JONES, STEPHEN F. (1990) Soviet Religious Policy and the Georgian Orthodox Church: From Kruschchev to Gorbachev. In: *Religion in Communist Lands*, Bd. 17: Winter 1989-1990, S. 309 und JONES (1989) (siehe Fußnote 420), S.187. Die Rolle Ilia II. wird in Abschnitt 4.4 noch genauer betrachtet.

[473] Ders. (1989) (siehe Fußnote 420), S. 187-188.

[474] Vgl. hierzu Ders. (1989) (siehe Fußnote 420), S. 299 und GERBER (1997) (siehe Fußnote 398), S. 112. Vgl. zu den KGB-Vorwürfen INTERNATIONALE GESELLSCHAFT FÜR MENSCHENRECHTE (1992) (siehe Fußnote 426), S. 53-54.

die neue Kirchenzeitschrift *Jvari Vazisa* (Das Weinrebenkreuz) herausgegeben. Ilias Position und damit auch die der Georgisch Orthodoxen Kirche wurde 1979 weiter gestärkt, als er zu einem der sechs Präsidenten des Weltkirchenrates berufen wurde.[475] Ab 1988 hatte die Kirche erneut eine Ausbildungsstätte für Priester: Die Geistliche Akademie wurde eröffnet.[476]

Ilia II. war aber keineswegs über jede Kritik erhaben: Beanstandet wurde, dass er seinem Bruder Victor eine hohe Position im Patriarchat zukommen und dass er in der Didube-Kathedrale ein Fresko von sich anfertigen ließ. Beides wurde innerhalb der Kirche als Hybris und Machtentfaltung gesehen. Gleichzeitig war der Preis für die wiedergewonne Stärkung der Kirche Loyalität dem System gegenüber. Ilia bekundete dies vor allem mit seiner Zustimmung zur Außenpolitik der UdSSR. Einzig 1980 – als Ausnahme von der Regel – unterzeichnete er ein offizielles Papier des Weltkirchenrates, dass den Einmarsch der Roten Armee in Afghanistan verurteilte.[477]

Durch die Geschehnisse im April 1989, als es auf Demonstrationen zu Toten kam, gewann die georgische Kirche weiter an Popularität: „After the tragedy of 9 April the church became the focal point of mourning and a symbol of national unity. In his Easter epistle Ilya remarked that Georgian history had always been characterised by the ‚sin of division' but with the one positive result that ‚this great pain... awakes our national soul, binds us together and unites us.' The outcome of 9 April is a Georgian Church stronger and more popular that it has ever been in the Soviet period. The great surge in popular nationalism, which has focused to a great degree on the church, has re-established the latter's centrality in Georgian life. Although the church remains an unequal partner in dialogue with the state, its growing popular base and the population's complete loss of faith in the authorities have enormously increased its influence."[478]

Blickt man auf die Jahre zurück, in denen Georgien eine Sowjetrepublik war, so lässt sich neben aller Unterdrückung und Verfolung dennoch feststellen, dass die Politik der *Korenisazia* zu einer Stärkung der georgischen Nation führte. Die Bevorzugung der Georgier und die Betonung der Ethnien insgesamt führte zu einer neuen demographischen Entwicklung im gesamtem Kaukasus: „One

---

[475] Vgl. hierzu JONES (1989) (siehe Fußnote 420), S. 305.
[476] Vgl. hierzu GROß (1998) (siehe Fußnote 257), S. 10 und JONES (1989) (siehe Fußnote 420), S. 307.
[477] Vgl. hierzu Ders. (1989) (siehe Fußnote 420), S. 306-307.
[478] Ders. (1989) (siehe Fußnote 420), S. 311.

hundred years earlier Erevan had had a Muslim majority; Tbilisi and Baku had been largely Russian and Armenian cities in the early years of Soviet rule. As the Soviet Union entered its seventh decade, these cities had become in the full ethnic sense the capitals of national states."[479] Die neu entstandene nationale Identität und das nationale Bewusstsein, das sich mit Forderungen nach dem Schutz der Sprache und der Sorge um die Erhaltung georgischer Kultur zum Ausdruck brachte, stand zwar noch nicht auf eigenen Füßen, konnte aber in Zusammenarbeit mit der wiedererstarkten georgischen Kirche eine einflussreiche und schließlich erfolgreiche Nationalbewegung hervorbringen, deren Ziel – die georgische Unabhängigkeit – 1991 erreicht wurde.

Am 9. April 1991 wurde in Georgien die Unabhängigkeit erklärt und am 26. Mai 1991 wurde Swiad Gamsachurdia mit 87% der Stimmen zum ersten frei gewählten Präsidenten Georgiens. Seine Amtszeit währte allerdings nur bis zum 6. Januar 1992, als er von Tengis Kitowani und Dschaba Iosseliani aus dem Amt geputscht wurde, die danach mit einem Militärrat regierten und das Land in einen Bürgerkrieg stürzten.[480] Im März 1992 kam Schewardnadse zurück nach Georgien und wurde Vorsitzender des Staatsrates. Noch im selben Monat wurde Georgien von der EG anerkannt und im Juli 1992 in die UNO aufgenommen.[481] Im August 1992 begann der Krieg zwischen Georgien und Abchasien, nachdem georgische Truppen die Grenze zu Abchasien überschritten hatten, ein Konflikt, der bis heute nicht gelöst ist.[482] Im Dezember 1993 wurde Georgien Mitglied der GUS. Ein Schritt, der Schewardnadse in Georgien wenig Sympathien einbrachte. Erst 1995 ließ sich Schewardnadse zur Wahl stellen und wurde zum Präsidenten Georgiens, der er bis 2003, bis zur „Rosenrevolution" um Michael Saakaschwili, blieb. Die Politik Georgiens nach der Unabhängigkeit wird von der Georgisch Orthodoxen Kirche beeinflusst, die seit 1990 zu einer starken Institution wurde und stetig an Macht gewinnt. Die jüngste Geschichte

---

[479] SUNY, RONALD GRIGOR (1996b) On the Road to Independence: Cultural Cohesion and Ethnic Revival in a Multinational Society. In: Derselbe (Hrsg.) Transcaucasia, Nationalism, and Social Change. Essays in the History of Armenia, Azerbaijan, and Georgia. Ann Arbor: The University of Michigan Press, S. 389.

[480] Vgl. hierzu AVES, JONATHAN (1996) Politics, Parties and Presidents in Transcaucasia. In: *Caucasian Regional Studies*, : 1, S. 14, INTERNATIONALE GESELLSCHAFT FÜR MENSCHENRECHTE (1992) (siehe Fußnote 426), S. 3 und JONES/PARSONS (1996) (siehe Fußnote 334), S. 303.

[481] Vgl. hierzu INTERNATIONALE GESELLSCHAFT FÜR MENSCHENRECHTE (Hrsg.) (1994) *Menschenrechte in Georgien Januar-Juni 1994*. Frankfurt am Main: IGFM, S. 4.

[482] Vgl. hierzu KOKEEV (1993) (siehe Fußnote 453), S. 13-14.

Georgiens wird in Kapitel 4 (Nationalkirche und Politik: die *Symphonia* wird Realität) genauer beschrieben.

Eines hat die Beschreibung der Geschichte und Kirchengeschichte Georgiens schon gezeigt: Nation und Kirche bilden durch den Lauf der Geschichte eine Einheit. Wer den einen Teil angreift, gefährdet auch den anderen. So bildet die georgische Nation ein Ebenbild der *Symphonia*: so wie Katholikos und die politische Führung ranggleich sind, sind Nation und Kirche gleichgestellt – ein Teil ist ohne den anderen nicht denkbar. Die in Georgien sehr frühe Entwicklung der Schrift war von Anfang an eine wichtige Grundlage sowohl der Nation als auch der Kirche. Wegen dieser engen Verbindung können schon religiöse Minderheiten als Gefahr für die Nation erscheinen – eine „fremde" Religion scheint bedrohlicher zu sein als eine andere Nationalität, denn letztere könnte ja durch den Übertritt zur georgischen Orthodoxie aufgehoben werden, der umgekehrte Fall scheint undenkbar zu sein.

Kapitel 3

Eine Nation wird erzählt: christliche Mythen und die Losung von *Vaterland, Sprache und Glaube*

Der Abriss zur georgischen Geschichte und Kirchengeschichte im vorangegangenen Kapitel ist ein erster Beleg für die Verknüpfung von Nation, Kirche und Sprache. Im folgenden Kapitel sollen weitere Beispiele für den Zusammenhang von Sprache, Religion und georgischer Nation aufgezeigt werden. Die christliche Literatur, die seit der Entstehung der georgischen Schrift verfasst wurde, besteht aus Mythen zur Entstehung des Landes, zur Christianisierung und aus Märtyrerviten. Diese Legenden wirken auf Kirche und Nation ein, indem sie etwa aufzeigen, wie ein georgischer Herrscher oder ein georgischer Christ zu sein hat. Im zweiten Teil dieses Kapitel gehe ich auf das Leben und Werk Ilia Tschawtschawadse ein. In seiner Person und seinen Ideen werden die Vorstellungen von georgischer Nation, Kirche und Sprache zu einer Einheit. Als zentrale Figur der Nationalbewegung im 20. Jahrhundert wurde er im 21. Jahrhundert zu einem Symbol des georgischen Freiheitskampfes und dies – durch seine Heiligsprechung – sogar mit dem Segen der Kirche. Als drittes Beispiel für solche Verbindungen werden verschiedene Epochen der Geschichtsschreibung thematisiert: das Mittelalter, die georgische Sowjetrepublik und die Zeit nach 1991. Hier soll aufgezeigt werden, wie sich die Wunschvorstellungen und Bedürfnisse der Geschichtsschreibenden in die Vergangenheit einschreiben und nachträglich das Bild einer geeinten Nation in die historische Zeit projizieren.

3.1 Christliche Mythen

Was macht einen christlichen Märtyrer aus? „Märtyrer sind die Kinder Gottes, welche vom heiligen Zeugenmuth erfüllt Jesum ihren Herrn bis zur Dareingabe ihres Leben verkündigen, sei es, daß sie auf einmal und gewaltsam ihr Leben opfern müssen, oder daß sie es, was oft noch schwerer ist, in unzähligen Mühseligkeiten und Beschwerden um des Zeugnisses Christi willen verzehren."[483] Märtyrer opfern sich freiwillig und mit Freude für den christlichen Glauben und erreichen so Unsterblichkeit. Sie sind wie Christus bereit, ihr Leben zu opfern. Doch während Christus für die Menschheit starb, sterben sie für den „richtigen" Glauben, sind sie Verteidiger der christlichen Religion. Die Analogien zwischen den Martyrien für das Christentum und dem Ehrentod für die Nation sind frappierend. Wie schon auf S. 33 beschrieben verspricht die Nation genauso wie die Religion Unsterblichkeit. Das bereitwillige Sterben für die Nation könnte als Sakralisierung der Nation auf Kosten der Kirche verstanden werden. In den Martyrien Georgiens verbinden sich jedoch beide Ebenen: Der Opfertod erfolgt hier für Religion und Nation. Die Kirche wird hierdurch nicht geschwächt, sondern durch ihre Aufnahme in die Sphäre des Nationalen zusätzlich gestärkt.

Ab dem 5. Jahrhundert entsteht neben den Bibelübersetzungen eine eigenständige georgische, christliche Literatur. Erzählt werden zunächst Märtyrergeschichten. Die Geschichte der heiligen Nino und der Bekehrung Mirians scheint schon sehr früh in mündlicher Form im Umlauf gewesen zu sein, erste schriftliche Zeugnisse finden sich allerdings erst im 10. Jahrhundert unter dem Titel „Die Bekehrung Kartlis".[484]

Die Entstehung Georgiens in den Legenden

Die Legenden rund um die Entstehung Georgiens sind erst später niedergeschrieben worden. Sie versuchen eine direkte Verbindung zwischen dem Land und seinen Herrschern und den biblischen Ursprüngen oder Gott oder Maria selbst herzustellen. So soll der Urvater der Kaukasier, ein gewisser Kartlos, nach der Völkerliste in Genesis 10 über mehrere Generationen bis zu Noah zurückgefolgt werden können, dessen Arche auf dem Ararat im nahe gelegenen Armenien gelandet sein soll. So legt zumindest der Chronist Leonti Mroweli aus dem

---

[483] BELLER, H. (1866) *Biblisches Wörterbuch für das christliche Volk. Zweiter Band (L-Z)*. Gotha: Verlag von Rud. Besser, S. 95.

[484] Vgl. hierzu MARTIN-HISARD, BERNADETTE (2001) Das Christentum und die Kirche in der georgischen Welt. In: MAYEUR, JEAN-MARIE et al. (Hrsg.) Die Geschichte des Christentums. Religion, Politik, Kultur. Band 3: Der lateinische Westen und der byzantinische Osten (431-642). Freiburg: Herder. – Kapitel 3, S. 1232.

Mittelalter die Genealogie fest.[485] So wird die Gegenwart mit den mythischen Ursprüngen, den Ursprungsmächten, verbunden, wie auf S. 9 beschrieben. Die Verbindung von Nation und Religion mit der biblischen Genealogie hin zu Noah schafft eine „ursprungsmythische Geisteslage"[486] und lässt die Georgier zu einer biblischen Nation werden.

Eine andere Legende steigert diese Vorstellung noch, indem sie beschreibt, dass Gott nach Vollendung der Schöpfung die Länder unter den Völkern aufteilte. Die Georgier kamen zu spät, da sie auf dem Weg zuviel gefeiert und in der Sonne Pausen gemacht hatten, und es blieb kein Land für sie übrig. Danach geschah der Legende nach folgendes: „Weit davon entfernt, zu klagen oder gar zu verzweifeln, begannen die Vertreter der Georgier den Herrn für sich zu gewinnen: Sie fingen an zu singen, zu tanzen und auf ihren Trommeln die lebhaftesten Rhythmen zu schlagen. Da rief Gott vor Freude: Ihr singt und tanzt so hervorragend, ihr seid so lebensfroh, daß ich euch nicht mit leeren Händen weggehen lassen kann! Nehmt den Winkel der Erde, den ich mir selbst vorbehalten habe. Laßt euch dort nieder, wachst und vermehrt euch! So ist es gekommen, daß der Schöpfer, da es nun an Platz auf der Erde mangelte, sich in den Wolken niederließ und daß die Georgier sich im Besitz des Gartens Edens befinden."[487] Diese Geschichte stellt ein übersteigertes Exodusmotiv dar und wäre ohne die Idee eines von Gott auserwählten Volkes Israel und den Bundesschluss undenkbar. Hier geht es aber nicht um ein auserwähltes Volk, hier ist eine Nation, die sich schon für Gott und den richtigen Glauben

---

[485] Vgl. hierzu HEISER, LOTHAR (1989) *Die georgisch-orthodoxe Kirche und ihr Glaubenszeugnis*. Trier: Paulinus Verlag, S. 12 und PÄTSCH, GERTRUD (Hrsg.) (1985) *Das Leben Kartlis. Eine Chronik aus Georgien 300-1200*. Leipzig: Dieterische Verlagsbuchhandlung, S. 51.
[486] Vgl. hierzu HEINRICH, KLAUS (1982) *Parmenides und Jona. Vier Studien über das Verhältnis von Philosophie und Mythologie*. Frankfurt am Main: Stroemfeld, S. 26.
[487] REIßNER, ILMA (1989) *Georgien. Geschichte – Kunst – Kultur*. Freiburg: Verlag Herder, S. 15. Vgl. hierzu auch SUNY, RONALD GRIGOR (1994) *The Making of the Georgian Nation*. Bloomington: Indiana University Press, S. 3. Diese Legende ist im heutigen Bewusstsein der Georgier tief verankert und wird gerne als Tischrede, beim „georgischen Tisch", erzählt. Vgl. hierzu NIELSEN, FRIED (2000) *Wind der weht. Georgien im Wandel*. Frankfurt am Main: Societätsverlag, S. 28. Beim „georgischen Tisch" wird viel gegessen, getrunken und gefeiert. Das besondere an ihm ist, dass es einen Tischherrn, den *Tamada*, gibt. Dieser ist verantwortlich für die Trinksprüche. Getrunken wird meist auf Georgien, die Verstorbenen und die Lebenden, anwesende Gäste und deren Land, den Grund der Feier usw. usf. Wenn es sich um einen traditionellen Tisch handelt, darf nur nach den offiziellen Trinksprüchen getrunken werden, dann aber muss das Glas in einem Zug geleert werden.

entschieden hat, die georgische, so bedeutsam, dass sie das Land Gottes erhält. Diese Nation muss nicht erst durch die Wüste gehen und sich würdig erweisen, sie bekommt ohne größere Umstände das Land Gottes zugewiesen, für das es im Lauf der Geschichte dann umso mehr zu kämpfen gilt: schließlich gilt es nicht nur die georgische Nation zu verteidigen, sondern das Land Gottes.

Andere Legenden wiederum lassen Georgien zu dem Land Marias werden.[488] „Die Idee, daß K'art'li eine geheiligte Erde sei, kam schon Ende des 8. Jh. im *Martyrium des Abo* zum Ausdruck. Der Verfasser dieser Märtyrervita bezeichnet die Erde von K'art'li als ‚Mutter der Heiligen'. In Analogie zur Heilsgeschichte beschreibt der Verfasser des *Lebens der Könige* die Geschichte seines Landes. Später kommt das Motiv von der speziellen Vorliebe Gottes für Georgien auf. Im 11. Jh. galt es wegen des Apostels Andreas als apostolisches Land, im 12. Jh. als ein Teil der für die Gottesmutter Maria durch Christus aufbewahrten Welt."[489] So wird die georgische Nation, ob sie nun von Noah abstammt, das Land Gottes als Territorium bekam oder unter dem Schutz Marias steht, auf einen göttlichen Ursprung zurückgeführt oder zumindest als von Gott auserwählt beschrieben. Wieso sonst sollte Gott „sein Land" abgeben oder Maria als für diese Gegend zuständig erklären. Diese Legenden bekräftigen die Verbindung zwischen der georgischen und einer christlich-göttlichen Identität.

Die Christianisierung Georgiens

Rund um die Christianisierung ranken sich mehrere Legenden. Ob Georgien, bzw. die damaligen Köngreiche Kartli und Kolchis, von dem Apostel Andreas im Auftrag Marias, von Gregor dem Erleuchter oder doch der heiligen Nino bekehrt wurde, wird je nach Standpunkt anders dargestellt. Nach der Georgisch Orthodoxen Kirche waren sowohl Andreas als auch Nino an der Christianisierung beteiligt. Andreas predigte schon vor Nino das Christentum, während durch Nino dann die Konversion des gesamten Königreiches Kartli gelang.[490] Da die Christianisierung Georgiens und Armeniens nahezu parallel verlief, wurde von einer gemeinsamen Bekehrung beider Länder durch Gregor den

---

[488] Vgl. hierzu MGALOBLISHVILI, TAMILA (1998) Introduction. In: Dieselbe (Hrsg.) Ancient Christianity in the Caucasus. Richmond: Curzon Press, S. 4.

[489] MARTIN-HISARD, BERNADETTE (1994) Kirche und Christentum in Georgien. In: MAYEUR, JEAN-MARIE et al. (Hrsg.) Die Geschichte des Christentums. Religion, Politik, Kultur. Band 4: Bischöfe, Mönche und Kaiser (642-1054). Freiburg: Herder. – Kapitel 3, S. 584.

[490] Vgl. hierzu die offizielle Homepage der Georgisch Orthodoxen Kirche, GEORGIAN PATRIARCHATE (2006b).

Erleuchter ausgegangen. Die Spaltung zwischen den beiden Landeskirchen zu Beginn des 7. Jahrhunderts, die auch eine dogmatische Spaltung war, verdrängte die gemeinsame Missionsgeschichte.[491] Im 7. Jahrhundert ging der georgische Katholikos Kirion noch von einer gemeinsamen Christianisierung aus, betonte aber gleichzeitig, dass nur die georgische Kirche die ursprüngliche Reinheit beibehalten habe – vermutlich ein Versuch, sich von den monophysitischen Armeniern abzusetzen. Im Lauf der Jahrhunderte geriet Gregor mehr und mehr in Vergessenheit, und es begann die Verehrung der heiligen Nino, die auch durch die Kanonisierung der Missionierung durch den Apostel Andreas im Jahr 1103 keine Einschränkung erfuhr.[492]

Die Legende der heiligen Nino wird erstmals bei Rufinus von Aquileia in den Jahren 402 und 403 erwähnt, der sich auf die Ausführungen eines georgischen Adligens, Bakur, beruft.[493] Wie soll nun die Christianisierung Georgiens vonstatten gegangen sein? Der Bericht des Chronisten Leonti Mroweli in „Das Leben Kartlis" bezieht sich auf Rufinus und die „Bekehrung Kartlis", die vermutlich im 10. Jahrhundert niedergeschrieben, doch schon länger mündlich im Umlauf gewesen ist. Zunächst beschreibt Mroweli in antijudaistischer Tradition, die die Juden zu den Mördern Jesu stilisiert, wie die Juden Mzchetas – und auch Juden aus anderen Ländern – aufgefordert wurden, nach Jerusalem zu kommen, um über Jesus zu urteilen, ob er Gottes Sohn sei oder nicht. Aus Mzcheta machte sich Elios auf den Weg, der zuvor von seiner Mutter gewarnt wurde, er solle sich nicht am Blutvergießen des Messias mitschuldig machen. Er sah die Kreuzigung und nahm das Gewand Jesus mit nach Mzcheta. Seine Mutter soll genau im Moment der Kreuzigung gestorben sein. Als er nun mit dem Gewand Christis nach Mzcheta kam, nahm die Schwester Elios das Gewand in ihre Arme und starb aus dreierlei Gründen: wegen des Todes des Messias, weil ihr Bruder an diesem Tod mitschuldig wurde und aus Kummer über den

---

[491] Vgl. hierzu KEKELIDSE, KORNELI (1928) Die Bekehrung Georgiens zum Christentum. In: *Morgenland* : 18, S. 50.

[492] Vgl. hierzu PÄTSCH (1985) (siehe Fußnote 485), S. 26-27, HEISER (1989) (siehe Fußnote 485), S. 17-18 und KEKELIDSE (1928) (siehe Fußnote 491), S. 18 und S. 49-50. Wobei Kekelidse davon ausgeht, dass sowohl Nino als auch Gregor als Missionare tätig waren, dies jedoch in unterschiedlichen Gegenden Georgiens.

[493] Vgl. hierzu GROSS, ANDREAS (1998) *Missionare und Kolonisten. Die Basler und die Hermannsburger Mission in Georgien am Beispiel der Kolonie Katharinenfeld 1818-1870.* Hamburg: Lit, S. 10, MARAVAL, PIERRE (1996) Georgien. In: MAYEUR, JEAN-MARIE et al. (Hrsg.) Die Geschichte des Christentums. Religion, Politik, Kultur. Band 2: Das Entstehen der einen Christenheit (250-430). Freiburg: Herder, S. 1090 und MARTIN-HISARD (2001) (siehe Fußnote 484), S. 1241.

Tod ihrer Mutter. Elios begrub seine Schwester zusammen mit dem Gewand Christi.[494] Nach dem Tod Christi sollen per Losverfahren die verschiedenen Länder zur Bekehrung zugeteilt worden sein und das Los für Georgien zog Maria. Nach dem Rat Jesus schickte Maria den Apostel Andreas nach Georgien und gab ihm einen Abdruck ihres Gesichtes mit – sozusagen die erste Ikone Marias, die durch Auflegen einer Tafel auf ihr Gesicht entstanden sein und die Georgier beschützen soll.[495] Und so ging Andreas mit dem Bildnis Marias nach Georgien und bekehrte die Menschen: „Denn an dem Ort, an dem er das Bild der Allerheiligsten Gottesgebärerin aufgestellt hatte, war eine überaus schöne und starke Quelle entsprungen, die bis zum heutigen Tag ununterbrochen sprudelt. Und es sammelten sich alle Einwohner aus allen Gegenden des Landes, und er taufte alle im Namen des Vaters und des Sohnes und des Heiligen Geistes, und er setzte Priester und Diakone ein, und er legte ihnen Gesetz und Bestimmung des Glaubens auf. Und sie erbauten eine schöne Kirche zu Ehren der Allerheiligen Gottesgebärerin."[496] Die Georgier baten schließlich Andreas darum, das Bildnis Marias bei ihnen zu lassen, woraufhin er eine neue Tafel auf das Bild legte und es so ein zweites Mal entstehen ließ. Diese zweite Abbildung ließ er in Georgien.[497]

Die Geschehnisse um die heilige Nino fanden vermutlich nach der Bekehrung durch den Apostel Andreas statt. Nino reiste auf der Suche nach dem Gewand Christis in das „Land im Norden", nachdem sie vorher von einer Armenierin alles über das Leben und Leiden Jesus erfahren hatte.[498] Nach der „Bekehrung

---

[494] Vgl. hierzu PÄTSCH (1985) (siehe Fußnote 485), S. 88-90.
[495] Vgl. hierzu Dies. (1985) (siehe Fußnote 485), S. 91.
[496] Dies. (1985) (siehe Fußnote 485), S. 92-93.
[497] Vgl. hierzu Dies. (1985) (siehe Fußnote 485), S. 93.
[498] Vgl. hierzu Dies. (1985) (siehe Fußnote 485), S. 135 und S. 137. Nino wird meist als eine Kriegsgefangene aus Kappadozien beschrieben, doch gibt es unterschiedliche Ideen ihrer Herkunft. Nach Kekelidse, dessen Deutung insgesamt die abenteuerlichste ist, soll sie eine Georgierin gewesen sein, da sie ohne Sprachkenntnisse kaum das Christentum hätte predigen können. Nino kommt angeblich aus der Region Gugarkhi, da dort die Georgier damals auch Armenisch sprechen konnten und nicht aus Kappadozien, da es dort damals keine Georgier gegeben hätte. Vgl. hierzu KEKELIDSE (1928) (siehe Fußnote 491), S. 46. Im Abbildungsteil finden sich zwei Darstellungen der heiligen Nino: Abbildung 13 auf S. 198 zeigt sie in einer historischen Darstellung, Abbildung 14 auf S. 199 zeigt eine moderne Statue, die in Tbilisi steht. Die Statue blickt in Richtung der ehemaligen Hauptstadt Mzcheta und begrüßt die Reisenden, die aus dieser Richtung kommen. Diese prominente Platzierung der Staute spricht für die anhaltende Popularität der heiligen Nino in Georgien. Interessant an dieser Statue ist zweierlei: zum einen, dass sie im sowjetischen Georgien errichtet werden konnte, religiöse Kunst war also durchaus erlaubt. Zum anderen ist diese Statue jeglicher Weiblichkeit beraubt – Nino ist hier eine androgyne, beinahe

EINE NATION WIRD ERZÄHLT 123

Kartlis" vollbrachte Nino Wunder und heilte Kranke durch die Berührung mit ihrem Kreuz.[499] Sie heilte auch die Königin Nana von einer Krankheit und überzeugte sie so von der christlichen Religion. Der König Mirian wiederum erlebte im Gebirge eine Sonnenfinsternis, die erst vorüberging, als er den Gott Ninos anrief. Daraufhin ließ der König sich und sein Volk taufen und begann in Mzcheta eine Kirche zu bauen. Für den Bau der Kirche wurde aus einer Zeder eine Säule geschaffen, die sich nicht bewegen ließ; und es geschah das Wunder, dass die Säule sich schließlich ganz von alleine an die ihr im Bau zugedachte Stelle bewegte und in die Erde senkte und festwuchs.[500] Seitdem heißt diese Kirche Sweti Zchocheli, die Kirche der lebenden oder wandelnden Säule. Dieser Teil der Bekehrungsgeschichte greift auf die vorchristlichen Baumkulte in Georgien zurück, die in vielfältiger Form in das georgische Christentum übergingen: Oft wurden an den Stellen heiliger Bäume Kirchen errichtet und neben georgischen Kirchen finden sich heute noch „Wunschbäume", an denen in Form von bunten Tüchern Wünsche festgeknotet werden.[501] Ein Wunschbaum ist auf S. 200 zu sehen (siehe Abbildung 15). Die ersten Kreuze wurden aus heiligen Bäumen geschnitzt, deren Laub nicht welkte, obwohl der Baum schon abgestorben war, oder deren Früchte Heilkräfte besaßen: So ist das Kreuz ein Lebensspender.[502] Das Kreuz Christi erfährt in Georgien eine eigene Auslegung: Es wird weniger als ein Kreuz des Leidens und Sterbens Christi betrachtet, sondern als Lebensbaum, auf dem Szenen aus dem Leben Christi und bedeutende Kirchenfeste bis hin zur Auferstehung abgebildet werden.[503]

Welche Bedeutung hat nun die Legende der heiligen Nino für die georgische Nation? Tarchnisvili zeigt auf, welche Wandlung Nino innerhalb der Bekeh-

---

ätherische Figur, keine Nährerin oder Mutter. Diese Aura der Nicht-Körperlichkeit hebt ihre Heiligkeit hervor, sie unterscheidet sich deutlich von realen Frauen.

[499] Das Kreuz fertigte Nino aus zwei Weinreben. Es soll heute noch in der Kirche Sweti Zchoweli in Mzcheta aufbewahrt sein. Die Wahl Ninos von Weinreben als Material für ihr Kreuz ist besonders bedeutsam vor dem Hintergrund des Weines in der Eucharistie, hier verwandelt sich der Wein in das Blut Christi, und der in Georgien verbreiteten Vorstellung, dass in Georgien der Wein erfunden wurde. Noah habe nach seiner Landung auf dem Berg Ararat sich nach Georgien begeben und Weinberge gepflanzt, er soll der erste Winzer gewesen sein. Tatsächlich wurden in Georgien Weinamphoren und Rebenmesser aus dem zweiten Jahrtausend v. Chr. gefunden, und der Wein nimmt in der georgischen Kultur einen hohen Stellenwert ein. Vgl. hierzu NIELSEN (2000) (siehe Fußnote 487), S. 306-307.

[500] Vgl. hierzu PÄTSCH (1985) (siehe Fußnote 485), S. 156, S. 159 und S. 164-170.
[501] Vgl. hierzu HEISER (1989) (siehe Fußnote 485), S. 26-27 und S. 116.
[502] Vgl. hierzu PÄTSCH (1985) (siehe Fußnote 485), S. 37.
[503] Vgl. hierzu HEISER (1989) (siehe Fußnote 485), S. 119 und S. 122.

rungsgeschichte und ihrer späteren Deutung erfährt.[504] Von der Sklavin und Kriegsgefangenen wird sie zur Heiligen, zur Angehörigen des georgischen Adels: „Wenn Nino nach und nach alle Merkmale eines wahren Apostels Christi erhielt, so möchte man wohl fragen, was dann mit der einstigen Sklavin geschehen ist. Dieser Zug hat eine symbolische Bedeutung erlangt: Nino war in Wirklichkeit keine Sklavin; sie erschien nur als solche: ein Spiegelbild der georgischen Nation und eine Leibwerdung ihrer historischen Entwicklung. Ursprünglich ‚Gefangene' eines vom Heidentum versklavten Volkes, erhebt sie sich mit ihm, durchs Christentum aus der Knechtschaft befreit, zur königlichen Würde und zur Apostelgleichen."[505] So ist die Nino-Legende für Tarchnisvili ein Zeichen des stärker werdenden kirchlichen und auch nationalen Selbstbewusstseins Georgiens.[506] Nach Pätsch verfolgten die Verfasser der „Bekehrung Kartlis" bewusst bestimmte Ziele: „Es heisst im Text, dass vor Nino niemand gesandt war, um den Georgiern das Evangelium zu bringen. Das geht auf die Zeit des Schismas und gegen die Überlieferung, nach der Georgien und Armenien beide durch Grigol den Erleuchter zum Christentum bekehrt wurden. Gleichzeitig wird durch den Missionsweg Ninos, der aus der Hauptstadt von Kartli bis in den Südosten von Kaxeti, in das Dorf Bodbe, führt, der Bereich abgesteckt, auf den sich die Einigungsbestrebungen der Zentralgewalt erstrecken. Dieses Ringen um die Einheit Ostgeorgiens wird ideenmässig durch die Berufung auf die durch Nino gestiftete Einheit des Bekenntnisses gestützt."[507] So ist die Legende der heiligen Nino ein Zeichen für die nationale und kirchliche Abgrenzung Georgiens gegenüber Armenien, gleichzeitig nimmt sie die Einheit Georgiens vorweg bzw. soll die um 1000 unter Bagrat III. erstmals erfolgte Vereinigung der Gebiete Kartlis und Kachetien stärken: Durch die in einer Legende enthaltene Deutung der Vergangenheit wird auf die Gegenwart eingewirkt. Um die georgische Nation im 11. Jahrhundert zu stärken, wird Geschichte „gemacht", ein Ursprung

---

[504] Anders als die bisher zitierten Autorinnen und Autoren geht Tarchnisvili davon aus, dass die Legende Ninos lange vor der Annahme, dass Gregor der Erleuchter Georgien missionierte, bekannt war und aufgrund dessen, dass Nino die als Sklavin dem niedrigsten Stand angehörte und somit keine würdevolle Bekehrerin war, zunächst in Vergessenheit geriet, bevor sie idealisiert wurde. Vgl. hierzu TARCHNISVILI, MICHEIL (1940) Die Legende der heiligen Nino und die Geschichte des georgischen Nationalbewußtseins. In: *Byzantinische Zeitschrift*, Bd. 40, S. 58 und S. 63.
[505] Ders. (1940) (siehe Fußnote 504), S. 66.
[506] Vgl. hierzu Ders. (1940) (siehe Fußnote 504), S. 72.
[507] PÄTSCH, GERTRUD (1975) Die Bekehrung Georgiens: „Mokcevay kartlisay", Übersetzt und mit Anmerkungen versehen von G. Pätsch. In: *Bedi Kartlisa*, Bd. 33, S. 289.

konzipiert.[508]

Die Martyrien

Neben den Legenden um die Entstehung Georgiens und die Christianisierung entstanden schon früh die ersten Niederschriften von Martyrien. Die bekanntesten und meistgenannten sind die Geschichten der heiligen Schuschanik[509] und die des heiligen Abo von Tbilisi. Das Märtyrium der Schuschanik gehört zu den ältesten georgischen Schriften und wurde von Jakob Zurtaveli, der zum Hof des Fürsten Arsusa gehörte, aufgezeichnet. Schuschanik, die Tochter des armenischen Generals Wardan Mamikonean, der im Kampf gegen den Iran fiel, heiratete 451 Warsken, den Sohn Arsusas, dem eine armenisch-georgische Provinz unterstand. 466 gab Warsken das Christentum zugunsten des Zoroastrismus auf und heiratete die Tochter des persischen Königs Peroz. Die Entscheidung gegen das Christentum sollte seinen Machtbereich stärken. Er versprach dafür, seine erste Frau Schuschanik und die gemeinsamen Kinder dem Zoroastrismus beitreten zu lassen. Schuschanik weigerte sich über mehrere Jahre der Forderung ihres Mannes zu folgen und floh immer wieder vor ihm. Letzendlich verließ sie ihn und wurde von Warsken misshandelt und schließlich zu einer Gefängnisstrafe verurteilt. Schuschanik war anscheinend schon zu ihren Lebzeiten weit bekannt, und so kamen Menschen zu ihr gepilgert, da sie davon ausgingen, dass Schuschanik über besondere Kräfte verfügte. Nach sieben Jahren Haft starb sie schließlich 473.

Die Legende der heiligen Schuschanik ist sowohl in Georgien, als auch in Armenien bekannt.[510] Sie steht für ein Festhalten am Christentum trotz aller Härten, gegen einen anderen Glauben, auch in Zeiten der Bedrängnis. Ebenso verkörpert das Martyrium die Stärke einer Frau, die sich ihrem Mann nicht beugte. Schuschanik verkörpert das Christentum und die georgische Nation: Als

---

[508] Auf S. 9 wurde diese Idee eingeführt.
[509] Eine Darstellung der heiligen Schuschanik findet sich in Abbildung 16 auf S. 201. Ähnlich wie bei der modernen Nino-Statue ist auch Schuschanik nicht weiblich dargestellt. Der geschundene Körper wird nur angedeutet. Die fehlende Weiblichkeit lässt sich als Überwindung der Körperlichkeit deuten. Der Körper der Märtyrerin ist hier ein geistiger, göttlicher Leib, kein realer und weiblicher.
[510] Vgl. hierzu THOMSON, ROBERT W. (1996) The Origins of Caucasian Civilization: The Christian Component. In: SUNY, RONALD GRIGOR (Hrsg.) Transcaucasia, Nationalism, and Social Change. Essays in the History of Armenia, Azerbaijan, and Georgia. Ann Arbor: The University of Michigan Press, S. 33, MARTIN-HISARD (2001) (siehe Fußnote 484), S. 1250 und S. 1260-1262 und HEISER (1989) (siehe Fußnote 485), S. 86.

gebürtige Armenierin ist sie mehr Georgierin als ihr Mann. Ihr Martyrium ist ein Sinnbild für die richtige Handlung: Warsken verriet durch seinen Übertritt zum Zoroastrismus zunächst das georgische Christentum, indem er Georgien „iranisiert". Durch diesen Schritt verrät er die georgische Nation. Schließlich war er gebürtiger georgischer Christ. Diese Lesart der Geschehnisse wird von Lang bestätigt, der beschreibt, wie König Wachtang, der gegen die Iraner kämpfte, Warsken wegen seines Verrats zum Tode verurteilt wurde.[511] Schuschanik opferte sich für Nation und Religion, da sie an beiden festhielt – schon in diesem Martyrium aus dem 5. Jahrhundert ist eine georgischen Nation ohne Christentum undenkbar.

Das „Martyrium des heiligen Abo von Tbilisi" war eine Auftragsarbeit des Katholikos Samuel (780-790) an Johannes Sabanisdze. Es handelt von Abo, einem Gewürz- und Salbenhändler aus Bagdad, der nach Georgien kommt, die Überlegenheit des Christentums erkennt, Georgisch lernt und sich taufen lässt. Abo ignoriert Warnungen, er solle sich vor den Arabern verstecken, da sie ihn sicherlich töten würden und wird schließlich wegen Verrat des Islams vor Gericht gestellt.[512] Nachdem er mehrmals gefragt wird, ob er sich vom Christentum abwenden wird und er dies verneint, wird er 786 enthauptet.[513] Nach Heiser sollte diese Geschichte das Nationalbewusstsein, die Glaubenstreue, Loyalität und den Widerstand gegen die Araber stärken.[514] Mgaloblishvili sieht beide Martyrien hingegen als ein Zeichen der Toleranz der georgischen Kirche gegenüber anderen Nationalitäten, da sogar Fremde in die Reihen der georgischen Heiligen aufgenommen würden.[515] Dieser Versuch, die religiöse Toleranz in Georgien hochzuhalten, geht jedoch fehl: Richtig „fremd" sind weder Schuschanik noch Abo. Sie sind gute Christen und damit gute Georgier geworden. Statt die Toleranz der georgischen Kirche zu demonstrieren setzen die Martyrien von Schuschanik und Abo vielmehr Christentum und Georgiertum in eins: Abo wird nicht nur Christ, sondern auch Georgier, er lernt die Sprache. Anders könnte er am georgischen Christentum auch gar nicht teilhaben. Schuschanik ist sogar mehr Georgierin als ihr Mann Warsken, da sie dem Christentum treu bleibt wie Pätsch schreibt: „In den Martyrien von Schuschanik und Abo

---

[511] Vgl. hierzu LANG, DAVID MARSHALL (1956) *Lives and Legends of the Georgian Saints*. London: George Allen And Unwin, S. 45.
[512] Vgl. hierzu Ders. (1956) (siehe Fußnote 511), S. 121.
[513] Vgl. hierzu HEISER (1989) (siehe Fußnote 485), S. 88.
[514] Vgl. hierzu Ders. (1989) (siehe Fußnote 485), S. 202.
[515] Vgl. hierzu MGALOBLISHVILI (1998) (siehe Fußnote 488), S. 8.

sind die patriotischen Klänge unüberhörbar. Ein guter Christ und ein guter Georgier – das ist dasselbe."[516] Doch das Martyrium von Abo hat noch eine andere Brisanz: Abo erkennt die Größe des Christentums an, weist den Islam von sich und passt damit gut in eine spätere Reihe von Martyrien: „Die Anfang des 10. und 11. Jh. entstandenen Texte des *Martyrium des Gobron* und des *Martyrium des David und Konstantin* zeigen, daß man den Muslimen nicht vorwarf, eine andere Religion durchsetzen zu wollen, sondern die Wahrheit nicht zu erkennen. Daher wurden sie häufig als Heiden behandelt, doch gestand man durchaus zu, daß sie, obwohl unrein, gerettet werden könnten. Der Verfasser des *Martyrium des Gobron* sieht in den Muslimen eine Art wilde Hunde, die die georgischen Schafe gegen die räuberischen armenischen Wölfe beschützen, und er erinnert daran, daß Gott, der die Menschen harten Herzens zugrund gehen läßt, in der Arche Noahs die unreinen Tiere zusammen mit den reinen Tieren rettete. Der hl. Abo beweist als muslimischer Konvertit persönlich, daß ihre Bekehrung möglich ist. Dies ist vielleicht auch der Grund für seine Popularität gewesen."[517]

Die georgische Geschichte kennt noch weitere Märtyrer: Die Fürsten David und Konstantin wurden 741 wegen ihrer Treue zum Christentum gemartert. Ebenso wurde König Arcil 787 aus gleichen Gründen enthauptet und auch König Wachtang III. opferte sich 1309 für das Christentum, als er sich weigerte zum Islam zu konvertieren.[518] Es kam immer wieder zum Märtyrertod vieler. So z.B. bei Lübeck in flammenden Worten beschrieben: „Noch am Ende des neunten Jahrhunderts, als Abul Qasim von Persien aus in ihr Land eindrang, um es mit Feuer und Schwert dem Islam zuzuführen, fielen hundert Männer gern als Opfer ihres christlichen Bekenntnisses. Ein wirklich großartiges und unvergängliches Denkmal setzte Georgien sich selbst mit dieser unüberwindlichen Anhänglichkeit an seinen heiligen Glauben. Sein Volk wurde damals zu einer christlichen Heldenschar und Martyrernation, zu deren opferwilliger Treue und Standhaftigkeit noch die Gegenwart voller Bewunderung und Anerkennung aufblicken muß."[519]

---

[516] PÄTSCH (1985) (siehe Fußnote 485), S. 39-40.
[517] MARTIN-HISARD (1994) (siehe Fußnote 489), S. 589.
[518] Vgl. hierzu HEISER (1989) (siehe Fußnote 485), S. 44 und S. 114 und RICHARD, JEAN (1991) Die orientalischen Kirchen Asiens und Afrikas. In: MAYEUR, JEAN-MARIE et al. (Hrsg.) Die Geschichte des Christentums. Religion, Politik, Kultur. Band 6: Die Zeit der Zerreißproben (1274-1449). Freiburg: Herder, S. 230.
[519] LÜBECK, KONRAD (1918) *Georgien und die katholische Kirche.* Aachen: Xaverius-Verlag,

Die Georgische Kirche nennt auf ihrer Homepage zwei ähnliche Ereignisse: 1226 sollen 100.000 Georgier geköpft worden sein, da sie sich weigerten die Ikonen Jesus und Marias zu bespucken und zu treten, 1616 sollen 6000 Mönche in David Garetscha im Kampf gegen Schah Abas I. ihr Leben gelassen haben.[520] Auch König Luarsab II. (1605-16) wurde in der Zitadelle von Schiras umgebracht, ebenso die Königin Ketewan: „Ketevan was Queen of Kakheti when Shah Abbas invaded, in the sixteenth century. The King appeared before the Shah to plead mercy but was put to death and his sons castrated. The Shah then turned his attention to Ketevan. He proposed that she revert to Islam and join his harem. Being a saintly woman – they always are – she refused and Shah Abbas, enraged – they always are – had her publicly humiliated, tortured most horribly and put to death by burning. The tomb where she was buried was enveloped in a shining light."[521] All diesen Geschichten und Geschehnissen gemeinsam ist der Heldenmut, mit dem lieber für das Christentum und für Georgien gestorben wird, als einen fremden Glauben oder eine Fremdherrschaft zu akzeptieren. Wobei der fremde Glaube schlimmer zu sein scheint als die fremden Herrscher. Kern der Martyrien bleibt die Ineinssetzung von georgischer Nationalität und georgischer Kirche, für die es sich lohnt, zu kämpfen und zu sterben. Ein doppelter, freiwilliger Opfertod findet statt: für die Nation und für die Religion.

Ob man nun die Entstehungsmythen, die Legenden der Christianisierung oder die der Martyrien betrachtet, alle verbinden Christentum und Georgiertum, bis hin zur Vorstellung, im Land Gottes zu leben. Voraussetzung für diese Legendenbildung war wiederum die Entstehung des georgischen Alphabets, das von Anfang an mit der Christianisierung einher ging. So wird die georgische Nation durch Christentum, Schrift und christliche Mythen entfaltet und gestärkt. Es stellt sich die Frage, ob eine ähnliche Entwicklung nicht auch mit Latein als Kirchensprache hätte erfolgen können. Natürlich kann, wenn die Predigt auf Latein gehalten wird und die Bibel und die Legenden auf Latein niedergeschrieben werden, auch eine Gemeinschaft entstehen, aber eben nur

---

S. 16.
[520] GEORGIAN PATRIARCHATE (2006b).
[521] RUSSELL, MARY (1991) *Please Don't Call it Soviet Georgia: A Journey Through a Troubled Paradise*. London: Serpent's Tail, S. 181. Vgl. hierzu auch LÜBECK (1918) (siehe Fußnote 519), S. 46. Eine Abbildung Ketewans findet sich auf S. 202. Auch diese moderne Statue ist schwer als Frau zu erkennen. Einzig die langen Haare stehen für die Weiblichkeit der Figur. Statt der Brust hat Ketewan ein Loch im Brustkorb in dem sich ein Kreuz befindet, dass Gesicht ist schmerzverzerrt. Auch hier kann vermutet werden, dass der Verzicht auf Weiblichkeit die Heiligkeit der Figur herausstellen soll.

eine religiöse, wie es Anderson auch für die Gemeinschaft des Christentums beschreibt. Der Bruch zwischen Kirche und Nation erfolgt durch den Gebrauch unterschiedlicher Sprachen. Hastings hat darauf hingewiesen, dass es bei der Verbindung der nationalen mit der religiösen Identität außerordentlich wichtig ist, dass die Schrift und Sprache der Kirche – auch wenn nur wenige des Schreibens und Lesens kundig sind – zumindest durch die Sprache den Alltag mitbeeinflusst, wie auf S. 17 dieses Buches beschrieben.

Die Beschreibung der Martyrien zeigt noch ein anderes Element der Nation auf: Da der Opfertod aus freiem Willen erfolgt und selbst gebürtige Nicht-Georgier ihn suchen, wird hier der Aspekt der Freiwilligkeit eingeführt. Die Freiwilligkeit ist bei Anderson, Gellner und Hobsbawm zentral für die Nationenbildung in der Moderne. In Georgien gibt es schon im 5. Jahrhundert freiwillige Märtyrer im Namen von Glaube und Nation.

3.2 Ilia Tschawtschawadse

Ilia Tschawtschawadse, ein georgischer Fürst, wurde 1837 in Qwareli, Kachetien, geboren. Er wurde religiös erzogen und mit elf Jahren nach Tbilisi auf eine Privatschule und später ein Gymnasium geschickt. Von 1857 bis 1861 studierte er, wie die meisten Adligen seiner Zeit, in St. Petersburg und machte sich früh als Dichter und Übersetzer einen Namen. Er gilt als der Begründer der modernen georgischen Erzählkunst.[522] In St. Petersburg bildete sich rund um Tschawtschawadse eine georgische Studentengruppe, die *tergdaleulebi*. Übersetzt bedeutet dies so viel wie „die, die das Wasser des Terek getrunken haben", also diejenigen, die den Grenzfluss Terek überquert haben, um in Russland zu studieren.[523] Die *tergdaleulebi* sammelten Handschriften, sprachen über georgische Literatur und diskutierten die Lage ihres Heimatlandes.[524] Die Erfahrungen in Russland, wo sie die Ideen der Aufklärung kennenlernten, ließen

---

[522] Vgl. hierzu HAUPTMANN, PETER (1990) Ilia Cavcavadze als Heiliger der georgisch-orthodoxen Kirche. In: Derselbe (Hrsg.) Kirche im Osten. Studien zur osteuropäischen Kirchengeschichte und Kirchenkunde, Band 33. Göttingen: Vandenhoeck & Ruprecht, S. 109-110, SUNY (1994) (siehe Fußnote 487), S. 127 und NIELSEN (2000) (siehe Fußnote 487), S. 85.
[523] Vgl. hierzu REISNER, OLIVER (2003) *Die Schule der georgischen Nation : eine sozialhistorische Untersuchung der nationalen Bewegung in Georgien am Beispiel der "Gesellschaft zur Verbreitung der Lese- und Schreibkunde unter den Georgiern"(1850 - 1917)*. Wiesbaden: Reichert, S. 12.
[524] Vgl. hierzu Ders. (2003) (siehe Fußnote 523), S. 76.

bei ihnen ein Bewusstsein der eigenständigen georgischen Kultur und die Angst vor Russifizierung des annektierten Georgiens entstehen.[525] Tschawtschawadse und die anderen *tergdaleulebi* kamen in ein Georgien zurück, in dem gerade die Bauern von der Leibeigenschaft befreit worden waren und der Adel verarmte. Zu dieser Zeit war Georgien in Verwaltungsdistrikte unterteilt. Offiziell gab es keine Georgier mehr, sondern nur noch Kacheten, Adscharier usw. Ein gemeinsames Nationalgefühl war so schwer aufrechtzuerhalten. Diese Aufteilung Georgiens verurteilte Tschawtschawadse immer wieder.[526]

Tschawtschawadse trat nach seiner Rückkehr als Friedensrichter in den Staatsdienst ein, schrieb aber weiterhin patriotische und satirische Gedichte und Texte, in denen er die georgische Unabhängigkeit forderte und begann als einer der ersten in Georgien, ethnographisch zu arbeiten. Er studierte Dialekte und zeichnete Poesie und Musik auf, um sie so zu bewahren. Schließlich wurde er 1875 Mitbegründer der georgischen Adelsbank, deren Vorsitzender er wurde, 1877 der Zeitschrift *Iveria* und 1879 der Alphabetisierungsgesellschaft und wurde zu einer immer wichtigeren Figur der georgischen Nationalbewegung.[527] Tschawtschawadse wollte ein Georgien errichten, in dem es keine Klassenkonflikte geben und die alte Ordnung von Adel und Bauern, von Herren und Dienern wieder hergestellt werden sollte, wenn auch etwas gerechter als vorher: Georgien sollte weiterhin eine Agrargesellschaft bleiben, aber den Bauern das Anrecht auf eigenes Land zugestanden werden. Gleichzeitig sollten die Bauern nur durch geringe Abgaben belastet und ihre Vertretung durch Wahlen demokratisiert werden. Die Adelsbank sollte es dem Adel über Kredite ermöglichen, seine Ländereien behalten zu können und so gleichzeitig den anwachsenden Verkauf von Land an Armenier eindämmen.[528]

Was waren die Grundlagen von Tschawtschawadse's politischen Ambitionen? „Drei göttliche Schätze wurden uns von unseren Ahnen weitergegeben: Vaterland, Sprache und Glaube. Wenn wir nicht einmal dafür einstehen, was für Menschen sind wir dann? Welche Antwort werden wir unseren Nachkommen geben? Ich weiss nicht, was andere dazu sagen, wir aber hätten nicht einmal

---

[525] Vgl. hierzu Suny (1994) (siehe Fußnote 487), S. 122.
[526] Vgl. hierzu Reisner (2003) (siehe Fußnote 523), S. 105.
[527] Vgl. hierzu Suny (1994) (siehe Fußnote 487), S. 127 und S. 130, Hauptmann (1990) (siehe Fußnote 522), S. 111, Fähnrich, Heinz (1993) *Georgische Schriftsteller A-Z*. Aachen: Verlag Shaker, S. 274 und Lang, David Marshall (1962) *A Modern History of Georgia*. London: Weidenfeld & Nicolson, S. 109.
[528] Vgl. hierzu Suny (1994) (siehe Fußnote 487), S. 132-133.

unseren Vätern gestattet, unsere Sprache zu Grunde zu richten. Die Sprache ist etwas Göttliches, gemeinsamer Besitz, man darf sie mit sündigen Händen nicht berühren."[529] Dieses Zitat stammt aus einem Text Tschawtschadwadse's von 1860, d.h. aus seiner Studentenzeit. Geprägt von der Angst vor der Russifizierung Georgiens und dem Verlust der eigenen Sprache, aber auch dem Verlust der georgischen Kirche, die nur noch ein Exarchat der russischen war, griff er auf die durch die Jahrhunderte erhalten gebliebenen Merkmale der georgischen Nation zurück. Eine Erneuerung des Nationalgefühls schien für Tschawtschawadse nur durch die Troika *Vaterland, Sprache und Glaube* möglich zu sein. Durch den Rückgriff auf den göttlichen Ursprung von *Vaterland, Sprache und Glaube* machte er sie noch wirkungsmächtiger. Sich nicht für diese drei einzusetzen, bedeutet im Umkehrschluss Verrat an Gott und an den Ahnen zu üben. In einem späteren Aufsatz von 1888 „Das georgische Volk und die Verdienste der heiligen Nino" bekräftigte Tschawtschawadse erneute die Einheit von Kirche, christlichem Glauben und Nation: „Abgesehen vom christlichen Glauben bezeichnet das Christentum bei uns das ganze georgische Land, es war das Kennzeichen der Zugehörigkeit zum georgischen Volke... Unsere Geistlichkeit hat es gut verstanden, daß Vaterland und Nation in der Vereinigung, in der Verschmelzung mit dem Glaubensbekenntnis ein unsiegbares Schwert und ein unwiderstehlicher Schild sind (...) Die Eintragung der christlichen Lehre durch die Predigt der heiligen Nino und ihre Befestigung bei uns hat uns nicht nur geistlich, sondern auch leiblich gerettet (...) Durch den christlichen Glauben haben wir unser Land, unsere Sprache, unsere Eigenart, unser nationales Antlitz bewahrt."[530]

Gestützt auf *Vaterland, Sprache und Glaube* – auch als Unterscheidungsmerkmal zur dominanteren russischen Kultur – versuchte Tschawtschawadse, die georgische Identität zu stärken. Die Adelsbank unterstützte Georgier finanziell, wichtiger schien aber noch die ideologische Arbeit zu sein. Tschawtschawadses Ziel war ein vereinigtes Georgien, eine Einheit unter den Georgiern, die es ermöglichen sollte, die russische Fremdherrschaft abzuschütteln.[531] Seine Zeitschrift *Iveria*, die sich für die georgische Identität stark machte, wurde sehr

---

[529] Tschawtschawadse zitiert nach BAKRADSE, AKAKI (1993) *Ilia Tschawtschawadse (1837-1907). Ein Lebensbild und eine Auswahl seiner Gedichte.* Bern: Texte der Evangelischen Arbeitsstelle Oekumene Schweiz 19, S. 23.
[530] Tschawtschawadse zitiert nach HAUPTMANN (1990) (siehe Fußnote 522), S. 114.
[531] Vgl. hierzu LANG (1962) (siehe Fußnote 527), S. 110.

einflussreich. Die *tergdaleulebi* und *Iveria* führten nach Peters zu „a revival of national awareness and called for national unity and defence of the motherland, language and culture."[532] Ähnlich schätzt auch Suny die Entwicklung ein: „His cultural program was aimed at reversing the erosion of Georgian traditions and language, and under the leadership of iveria a Georgian cultural revival became evident."[533] Ziel der *tergdaleulebi* war eine geistige Erneuerung durch einen Zugang aller Georgier zur Schriftsprache. Die Sprache als Grundlage der georgischen Nation sollte gegenüber dem Russischen, dessen Kenntnis erst eine Karriere ermöglichte, aufgewertet werden. *Iveria* wurde für diese Forderungen in Form von Lyrik, Prosa und Publizistik zu einem wichtigen Sprachrohr, auch wenn damit zunächst nur die eigenen Gesellschaftskreise angesprochen wurden.[534]

Die Gründung der Alphabetisierungsgesellschaft 1879 durch Jakob Gogebaschwili – dem Herausgeber des Georgisch-Lehrbuchs *Deda ena* (Muttersprache) – und Tschawtschawadse gab diesen Zielen neuen Aufschwung. Die Alphabetisierungsgesellschaft strebte die Alphabetisierung und damit auch Nationalisierung Georgiens an. Mit dieser Forderung entsprachen die *tergdaleulebi* ganz dem Geist der Nationalbewegung des 20. Jahrhunderts. Die Gesellschaft erstellte durch die Sammlung von Büchern und historischen Denkmälern eine Art nationales Gedächtnis, arbeitete aber vor allem nach außen: Schulen,[535] in denen die Unterrichtssprache Georgisch war, wurden finanziert, Bücher gedruckt und öffentliche Bibliotheken errichtet. Finanziert wurden die Aktivitäten über die Mitgliedsbeiträge, die infolge steigender Mitgliederzahlen stetig zunahmen: 1879 waren es 126, 1896 waren es 518 und 1913 waren es 2.883 Mitglieder.[536] Die Arbeit der Alphabetisierungsgesellschaft sollte Kunst und Kultur fördern, soziale Grenzen durchbrechen und die Vorstellung der Unterlegenheit unter die dominante russische Kultur überwinden helfen.[537]

---

[532] NAHAYLO, BOHDAN/PETERS, C. J. (= PSEUDONYM VON STEPHEN F. JONES) (1982) *The Ukrainians and Georgians*. London: Minority Rights Group, S. 16.

[533] SUNY (1994) (siehe Fußnote 487), S. 133.

[534] Vgl. hierzu REISNER, OLIVER (1995) Die Entstehungs- und Entwicklungsbedingungen der nationalen Bewegungen in Georgien bis 1921. In: HALBACH, UWE / KAPPELER, ANDREAS (Hrsg.) Krisenherd Kaukasus. Baden-Baden: Nomos Verlagsgesellschaft, S. 72.

[535] 1914 gehörten 16 Schulen der Alphabetisierungsgesellschaft, die solche Projekte auch in den entlegenen Gegenden Georgiens wie Abchasien finanzierten. Vgl. hierzu REISNER (2003) (siehe Fußnote 523), S. 162 und S. 264.

[536] Vgl. hierzu Ders. (2003) (siehe Fußnote 523), S. 119, S. 173 und S. 179 und REISNER (1995) (siehe Fußnote 534), S. 74.

[537] Vgl. hierzu REISNER (2003) (siehe Fußnote 523), S. 263.

Die Alphabetisierungsgesellschaft war sehr populär und ihr Erfolg zeigte sich auch in den kurzen Jahren der Unabhängigkeit von 1918 bis 1921, als die erste und bis heute einzige georgische Universität gegründet wurde, als die Ziele der Gesellschaft zu Staatszielen wurden und viele ihrer Mitglieder in den Staatsdienst eintraten.

Zu diesem Zeitpunkt lebte Tschawtschawadse nicht mehr: 1907 wurde er das Opfer eines Attentates. Er wurde in einem Wald bei Cicamuri erschossen. An seinem Begräbnis nahmen Tausende teil.[538] Wer genau hinter dem Attentat steckt ist unklar. Kurz nach Tschawtschawadse Tod wurden einige Bauern gefasst und zum Tode verurteilt, obwohl die Witwe, die wie Tschawtschawadse gegen die Todesstrafe war, sich für das Leben der Attentäter einsetzte.[539] Russell fasst die Ereignisse folgendermaßen zusammen: „As a nationalist opposed to revolutionary change – he preferred the slower method of legal reform – Chavchavadze was a threat to all sides. In 1907, while on his way to his home near Tbilisi, his carriage was attacked. Murdered, say the official Soviet history books, by agents of the Czar. Killed, say present-day commentators, by the Bolsheviks."[540] Nach Bakradse soll der Auftraggeber für das Attentat Philipe Macharadse, ein Anhänger des revolutionären Flügels, gewesen sein, der eine wichtige Rolle in der kommunistischen Partei Georgiens einnahm.[541] Auf dem Grab Tschawtschawadses findet sich die Statue „Weinendes Georgien" (Abbildung 18 auf S. 203), eine trauernde Frauengestalt. Auch hier wird Georgien als weiblicher Körper imaginiert. Dieser betrauert den Verlust Tschawtschawadses, eines Kämpfers für die georgische Nation.

Tschawtschawadse als Vertreter der Orthodoxie oder der Säkularisierung?

Ob Tschawtschawadse nun ein Verfechter der georgischen Orthodoxie war oder vielleicht doch viel eher der Säkularisierung Georgiens, wird Auslegungssache bleiben. Für beide Ansätze finden sich Fürsprecher und Belege in seinen Texten. Reisner, der die Alphabetisierungsgesellschaft und die *tergdaleulebi* in der Tradition der westeuropäischen Nationalbewegungen nach der französischen Revolution als Moment der Moderne sieht, betrachtet Tschawtschawadse als einen Säkularisierungsanhänger. Angestoßen sieht er diese Entwicklung

---

[538] Vgl. hierzu HAUPTMANN (1990) (siehe Fußnote 522), S. 118.
[539] Vgl. hierzu Ders. (1990) (siehe Fußnote 522), S. 119.
[540] RUSSELL (1991) (siehe Fußnote 521), S. 57.
[541] Vgl. hierzu BAKRADSE (1993) (siehe Fußnote 529), S. 11.

durch die Jahre in Petersburg, wo die *tergdaleulebi* durch die Universität und die Trennung von der Heimat eine „zweite Sozialisation" durchliefen: „Der georgisch-orthodoxe Glaube, der für Jahrhunderte als oberste Sinngebungsinstanz das kosmisch-religiöse Weltbild der Georgier prägte, verlor für diese Gruppe spätestens hier seine bisher unangefochtene Autorität."[542] Die Versuche Tschawtschawadses, Adscharien als Teil Georgiens „wiederzuentdecken" sind für Reisner der Beleg dafür, dass an die Stelle der Religion als nationsstiftendes Element die gemeinsame Geschichte rückt. So schrieb Tschawtschawadse 1877: „Unserer Meinung nach verbindet weder die Gemeinschaft der Sprache, noch die des Glaubens und der Abstammung die Menschen so innig miteinander, wie die Gemeinschaft der Geschichte. Die Nation, gemeinsame Mühen auf sich nehmend, das gleiche Joch tragend, gemeinsam kämpfend, gleiche Freude und gleiches Leid teilend, ist durch seine Einmütigkeit und Hingabe mächtig. Selbst wenn der Lauf der Zeit die Nation trennen, auflösen sollte, herrscht aber dennoch eine derartige geheime Bindung, eine heimliche Anziehungskraft unter den Getrennten, daß oft irgendein Zufall ausreicht, damit plötzlich die schlafende Geschichte, Einmütigkeit und Hingabe hervorbricht, losdonnert und ihre mächtigen Flügel erhebt. In solch einer Lage befinden wir und das osmanische Georgien uns heute."[543] So können auch Nicht-Christen zu Georgiern werden, eine Option, ohne die das muslimische Adscharien wohl kaum als Teil Georgiens hätte gedeutet werden können. Nach Reisner relativiert Tschawtschawadse so seine Troika von *Vaterland, Sprache und Glaube* aus dem Jahr 1860: „Die Religion wird als die georgische Nation konstituierendes Merkmal transzendiert und damit auch säkularisiert. Während man im Mittelalter die Begriffe „Georgier" (kartveli) und (orthodoxer) Christ synonym verwendete, wurde diese Gleichsetzung am Beispiel der Adscharer aufgelöst und durch manipulierbare Merkmale wie Geschichte, Gebräuche und Sprache als einigendes Band ersetzt. (...) Aufgrund des Erklärungszwangs der Gemeinsamkeit der christlichen Georgier mit den Adscharern wurde die Religion als Sinngebungsinstanz durch eine kulturell definierte Nation ersetzt."[544]

Auch Boeder sieht in Tschawtschawadse einen Vertreter des modernen Nati-

---

[542] REISNER (2003) (siehe Fußnote 523), S. 76.
[543] Zitiert nach REISNER, OLIVER (2000) Integrationsversuche der muslimischen Adscharer in die georgische Nationalbewegung. In: MOTIKA, RAOUL/URSINUS, MICHAEL (Hrsg.) Caucasia Between the Ottoman Empire and Iran, 1555-1914. Wiesbaden: Reichert Verlag, S. 213.
[544] Ders. (2000) (siehe Fußnote 543), S. 213.

onbegriffes, hier jedoch mit dem Schwerpunkt auf der gemeinsamen Sprache: „Das neue Konzept der Nation kommt ohne Religion aus, die säkularisierte und nicht nur christliche Gesamtheit der Georgier ist eher durch die Sprache als durch die Religion definiert. Selbst Ilia Tschawtschawadse, der doch ein religiöser Mensch war, versucht m.W. trotz der Losung ‚Sprache, Heimat, Glaube' (ena, mamuli, sarcmuneoba)[545] nicht, die Identität der Georgier religiös zu bestimmen. Er erkennt vielmehr die Sprache als ein Phänomen, das auch eine sozial heterogene Gesellschaft zu einer Nation zusammenfassen kann, da die Nation wesentlich durch ihre Sprache gekennzeichnet ist."[546] Zu dieser Deutung im Widerspruch muss auch nicht der oben zitierte Text aus 1888 gesehen werden, beleuchtet Tschawtschawadse hier doch vor allem den Einfluss der georgischen Kirche auf die Nation in der Vergangenheit. Diejenigen, die Tschawtschawadse als Kämpfer für die georgische Orthodoxie sehen möchten, legen das Gewicht auf den Text von 1860, wo Christentum und Georgiertum wie oben zitiert untrennbar miteinander verbunden sind und dies in den Petersburger Jahren, wo nach Reisner doch schon die Abkehr von der Kirche passiert sein sollte.[547]

Bryner hingegen sieht die damalige Säkularisierung in vielen georgischen Kreisen – die georgische Kirche hatte ja auch ihre Selbständigkeit und das Georgische als Kirchensprache verloren – jedoch nicht Tschawtschawadse als deren Vertreter: „Andere kämpften leidenschaftlich um ihre nationale, kirchliche und kulturelle Identität. Zu ihnen gehörte der Politiker und Dichter Ilia Tschawtschawadse (1837-1907, heiliggesprochen 1987), der in der ‚Verrussung' des georgischen Volkes einen Verstoß gegen die göttliche Vorsehung sah; sein Ziel war, die Verschiedenartigkeit und Eigenart des georgischen Volkes wiederherzustellen."[548]

Man kommt nicht umhin festzustellen, dass Tschawtschawadse ein Vertreter sowohl des orthodoxen Christentums war, als auch ein Fürsprecher für die Säkularisierung. Er hatte ein Verständnis von Nation, dass es auch den

---

[545] *Mamuli* heißt sowohl Vaterland als auch Heimat, noch freier übersetzt auch Territorium, weshalb verschiedene Versionen der Tschawtschawadse'schen Troika verwendet werden.
[546] BOEDER, WINFRIED (1998a) Sprache und Identität in der Geschichte der Geogier. In: SCHRADE, BRIGITTA/AHBE, THOMAS (Hrsg.) Georgien im Spiegel seiner Kultur und Geschichte. Zweites Deutsch-Georgisches Symposium 9. bis 11. Mai 1997, Vortragstexte. Berlin: Berliner Georgische Gesellschaft e.V., S. 80.
[547] Vgl. hierzu BAKRADSE (1993) (siehe Fußnote 529), S. 10.
[548] BRYNER, ERICH (1996) *Die Ostkirchen vom 18. bis zum 20. Jahrhundert (Kirchengeschichte in Einzeldarstellungen 3, Bd. 10)*. Leipzig: Evangelische Verlagsanstalt, S. 67.

Anhängern anderer Religionen ermöglichen sollte, Teil der damals nicht real existierenden georgischen Nation zu sein. So entspricht er ganz den Ideen von Anderson und Gellner, die innerhalb der Nation der Sprache einen wichtigeren Stellenwert einräumen als der Religion. Sein Rückgriff auf die gemeinsame Geschichte schließt aber auch deren Einfluss auf die Nation, wie auf S. 10 dieses Buches als gemeinschaftskonstituierendes und ursprungsmythisches Element beschrieben, nicht aus. Dadurch, dass Tschawtschawadse sich auch auf das georgische Christentum beruft, werden auch Hastings Thesen bestätigt. Ihm nur die eine oder die andere Position zuzusprechen macht Tschawtschawadse entweder zu einem moderneren oder traditionelleren Denker, als er es tatsächlich war.

Tschawtschawadse als Nationalheld

Ilia Tschawtschawadse ist bis heute eine Berühmtheit in Georgien – allerdings wird sich hier nur auf die eine Seite Tschawtschawadses bezogen, die des gläubigen Christen. 1987, zu seinem 150. Geburtstag, wurde Tschawtschawadse heilig gesprochen und eine gesamte Ausgabe der Kirchenzeitung *Jvari Vazista* mit seinen Texten gedruckt.[549] Die Bischofssynode begründete die Heiligsprechung Tschawtschawadses mit seiner Rechtschaffenheit, seiner Ergebenheit gegenüber der Kirche, seinem selbstlosen Dienst an der Heimat, seinem Märtyrertod und seiner langjährigen Verehrung in Georgien und begeisterte mit diesem Schritt nicht nur religiöse Kreise.[550] Gleichzeitig gelang es der orthodoxen Kirche so, sich an die Spitze aller Veranstaltungen zur Feier des 150. Geburtstags zu stellen und Tschawtschawadse als Kämpfer für Christentum und Nation zu stilisieren: „Es ist nicht zu verkennen, daß die Kanonisation von Ilia Cavcavadze auch einen Vorgang von erheblicher politischer Bedeutung darstellt. Sie entspricht dem von Katholikos-Patriach Ilia II. bereits in seiner Inthronisationspredigt vom 25. Dezember 1977 erhobenen Anspruch der Georgisch-Orthodoxen Kirche auf das ganze Volk ebenso wie der von M.S. Gorbacev erstrebten Wiedereingliederung der Kirchen in das gesellschaftliche Leben der Völker der Sowjetunion."[551] Wie für alle Heilige gibt es seit der Heiligsprechung Ikonen von Tschawtschawadse. Verkörpert in der Ikone kann Tschawtschawadse als „Hand Gottes" nun

---

[549] Vgl. hierzu JONES, STEPHEN F. (1989) Religion and Nationalism in Soviet Georgia and Armenia. In: RAMET, PEDRO (Hrsg.) Religion and Nationalism in Soviet and East Europeans Politics. London: Durham, S. 309.
[550] Vgl. hierzu HAUPTMANN (1990) (siehe Fußnote 522), S. 103 und S. 104.
[551] Ders. (1990) (siehe Fußnote 522), S. 107.

weiter wirken und „wundertätig" sein, wie auf S. 42 dieser Arbeit beschrieben. Tschawtschawadses Beistand kann in Georgien bis heute erbeten werden.[552]

Ebenfalls im Jahr 1987 wurde die Ilia-Tschawtschawadse-Gesellschaft gegründet, die von vielen georgischen Parteien unterstützt wurde. Sie rückte die Troika *Vaterland, Religion und Sprache* in den Mittelpunkt und forderte die Vorherrschaft der georgischen Sprache. So entstanden die Spannungen rund um die georgische Sprache und anderssprachige Minderheiten in Georgien, die in Abschnitt 2.5 (Die Unionsrepublik Georgien (1921-1991)) schon beschrieben wurden.[553] In Georgien finden sich Tschawtschawadse-Statuen, Straßen sind nach ihm benannt. Eines seiner Gedichte „Mein gutes Heimatland warum bist du so traurig? Obwohl die Gegenwart dir nicht gütig ist, gehört dir die Zukunft"[554] war ein Vers der georgischen Nationalhymne seit 1991. 2003, unter Saakaschwili, bekam Georgien eine neue Hymne.

Tschatschawadse's Werk und Leben wirken bis ins heutige Georgien als das eines Vorkämpfers für eine unabhängige Nation. 1993 wird der Ortseingang von Batumi – im muslimischen Adscharien – von einer Blechwand mit einem Porträt Tschawtschawadses und seiner Losung *Glaube, Vaterland, Sprache* geschmückt und damit seine Adscharien-Politik ad absurdum geführt.[555] In manchen Punkten war er seiner Zeit sicherlich voraus: geht es um die Frage, ob Georgier Christen sein müssen, die Ablehnung der Todesstrafe oder die Förderung der georgischen Sprache in möglichst allen Schichten als Erziehungsauftrag. In anderen Punkten, wie dem Wunsch nach einem weiterhin starken Adel und dem Traum einer Gesellschaft ohne Klassenkonflikte, vereint durch die Nationalität, war er eher rückwärts gewandt. Sein Bezug auf *Vaterland, Sprache und Glaube* (als tolerant verstandenes Christentum) stärkte und rückte die drei Merkmale wieder in den Mittelpunkt des Interesses, die Georgien in

---

[552] Die Ikonen sind in Georgien – anders als in den Ländern, in denen die sakrale Kunst durch die Renaissance eine Säkularisierung erfuhr – heute noch primär heilige Abbildungen und keine Kunstwerke.

[553] Vgl. hierzu JONES, STEPHEN (1995) The Georgian Language State Program and Its Implications. In: *Nationalities Papers*, Bd. 23: 3, S. 538 und S. 541 und GOLDENBERG, SUZANNE (1994) *Pride of Small Nations. The Caucasus and Post-Soviet Disorder.* London, New Jersey: Zed Books, S. 95.

[554] Zitiert nach HUMMEL, GERT (1998) Die Heilige Nino und das Christentum – Zur religiösen und politischen Identität Georgiens. In: DEUTSCH-GEORGISCHE GESELLSCHAFT IM SAARLAND E.V. (Hrsg.) Georgien und Europa. Drittes Deutsch-Georgisches Symposion 11. bis 14. Juni 1998 Saarbrücken. Dokumentation. Kleinblittersdorf: Deutsch-Georgische Gesellschaft im Saarland e.V., S. 19.

[555] Vgl. hierzu NIELSEN (2000) (siehe Fußnote 487), S. 170.

den Anfängen hervorbrachten und die Idee der georgischen Identität über die Jahrhunderte der Fremdherrschaft am Leben erhielten. Dass die Rückgriffe auf Tschawtschawadse sowohl durch seine Heiligsprechung als auch durch die Ilia-Tschawtschawadse-Gesellschaft seine Widersprüchlichkeit schlicht ignorieren, ist schade: Ein Rückgriff auf den toleranten Tschawtschawadse, der sich nicht für einen blinden georgischen Nationalismus einsetzte, würde Georgien auch nach den Jahren des Bürgerkriegs sicher besser stehen.

3.3 Geschichtsschreibung

Dass die Geschichtsschreibung durch den Rückgriff auf Ursprungsmächte und Genealogie und die so konstruierte Gemeinschaft auf die Nation einwirkt, wurde schon erläutert. Wie aber beschrieben und beschreiben georgische Historiker die Geschichte des Landes? Welche Vorstellung einer georgischen Nation wird dabei transportiert?

Die Geschichtsschreibung im Mittelalter

Die ersten Textzeugnisse einer Chronik Georgiens, das *Leben der Könige Kartlis*, sind aus dem Mittelalter: Die älteste erhaltene Handschrift stammt aus dem 15. Jahrhundert. Es gibt zwei bekannte Chronisten. Leonti Mroweli, der im 11. Jahrhundert lebte, fasste die Ereignisse bis zum 8. Jahrhundert zusammen. Mroweli war Bischof oder Erzbischof von Ruissi und arbeitete mit georgischen, persischen und griechischen Quellen. Über das 5.-8. Jahrhundert berichtet Dschuanscher; die Chroniken vom 8.-11. Jahrhundert wurden anonym verfasst.[556]

Mroweli – wie auf S. 74 dieses Buches zitiert – beschreibt, wie der König Parnawas im 4.-3. Jahrhundert v. Chr. die georgische Sprache und Schrift eingeführt habe, obwohl die ersten erhaltenen Schriftzeugnisse erst im 4. Jahrhundert n. Chr. belegbar sind. Wieso wurde die Entstehung der georgischen Sprache und Schrift vordatiert? In dem Bericht Mrowelis über Parnawas wird die Herausbildung der georgischen Nation, die Entstehung der räumlichen und sprachlichen Einheit Kartlis durch die georgische Sprache und Schrift festgeschrieben: „Die räumliche Einheit entsteht dadurch, daß verschiedene Völker

---

[556] Vgl. hierzu PÄTSCH (1985) (siehe Fußnote 485), S. 10, 12 und 13 und MARTIN-HISARD (2001) (siehe Fußnote 484), S. 1233.

in Kartli zusammenkommen. Die sprachliche Einheit entsteht zuerst sozusagen naturwüchsig durch das Zusammenwirken verschiedener Völker (...); dann durch die Staatsmacht, die in der gemeinsamen Sprache einen wichtigen Garanten der staatlichen Einheit erkennt und keine problematische Sprachenvielfalt mehr duldet wie unter den polyglotten Königen (und Königinnen!) vor Parnawas."[557] Die Chronik Georgiens nach Mroweli schreibt aber noch einen anderen Aspekt in die georgische Geschichte ein: die Einheit von Territorium und Sprache unter dem nicht-christlichen König Parnawas, die erst später mit der Hilfe des Christentums erreicht werden konnte. Hier erfolgt eine rückwärtsgewandte Legitimation eines Herrschaftsanspruches, auch territorial gesehen, in Bezug auf das neu und erstmalig vereinte Königreich unter Bagrat III. um 1000. Boeder deutet dies folgendermaßen: „Ein Chronist [gemeint ist Mroweli; E.F.] erzählt in offensichtlich legitimierender Absicht eine Ursprungsgeschichte des Königreiches, daß nämlich der erste wirkliche König von Georgien das Georgische unter allen Völkern seines Reiches, wie es heißt, ‚ausbreitete', obwohl ausdrücklich gesagt wird, daß er die verschiedenen Sprachen seines Reiches konnte. Der König macht also die georgische Sprache zu einem Zeichen der Einheit des Staates."[558] Neben dem Christentum wird in den Chroniken von Mroweli die georgische Sprache zu einem wichtigen Merkmal der georgischen Nation und Eigenständigkeit und natürlich auch zu einem Instrument der Abgrenzung gegenüber anderen Sprachen und Nationen.

Einen großen Teil der Aufzeichnungen von Mroweli nimmt die Vita Ninos und die Bekehrung Georgiens, wie in den Abschnitten 2.1 (Die Anfänge (ca. 600 v. Chr. bis ca. 1100 n. Chr.)) und 3.1 (Christliche Mythen) beschrieben, ein. Territorial bezieht sich Mroweli auf Kartli und Kachetien. Kachetien wird durch den Sterbeort Ninos – Bod bzw. Bodissi im Südosten – in das Königreich Mirians eingeschlossen: „Damit wird eine der Ursachen für die Durchsetzung der Nino-Tradition offenbar. Sie soll den wiederholt in Frage gestellten Zusammenhang von Kartli und Kachetien sanktionieren, und zwar unter der Vorherrschaft von Kartli, denn seine Hauptstadt Mzcheta ist die Residenz des königlichen Vaters und stellt das Zentrum im Wirken Ninos dar."[559] Neben territorialen

---

[557] BOEDER (1998a) (siehe Fußnote 546), S. 75.
[558] BOEDER, WINFRIED (1998b) Sprachen und Nationen im Raum des Kaukasus. In: HENTSCHEL, GERD (Hrsg.) Über Muttersprachen und Vaterländer. Zur Entwicklung von Standardsprachen und Nationen in Europa. Frankfurt am Main u.a.: Peter Lang, S. 192.
[559] PÄTSCH (1985) (siehe Fußnote 485), S. 27.

Ansprüchen transportiert die Vita Ninos in der Darstellung von Mroweli ein christliches Weltbild als Entwurf für das Königreich als Zentralgewalt. So wird auch das Christentum „von oben" eingeführt: Der König ließ sich und sein Volk taufen und ging gegen die widerspenstigen Bergbewohner mit Gewalt vor.[560] Nach Mroweli setzen andere Autoren in seiner Tradition die Chronik Georgiens fort: „Trotz der Pluralität der Autoren bildet das ‚Leben Kartlis' eine geistige Einheit, die unter einem gemeinsamen Leitgedanken steht. (...) Leitmotiv ist die Kartweloba, das ‚Georgiertum', die nationale Weltanschauung als Ideologie eines Volkes, dessen Existenz durch innere und äußere Kämpfe immer wieder in Frage gestellt war und das entschlossen war, seine Kämpfe ebenso oft zu erfolgreichem Widerstand zu sammeln. Die Kartweloba basiert auf zwei ideellen Faktoren, die zur ganzheitlichen Denkhaltung verschmolzen sind: das sind einerseits Moral und Weltbild des Christentums und andererseits das Staatsmodell der königlichen Zentralgewalt."[561] Grundlage der idealen Weltordnung des geeinten Königreichs Georgiens ist der Monotheismus in Form des Christentums.

Wieder sind Sprache und Christentum die Konstanten der georgischen Nation. Hanf nennt hierfür als ein weiteres Beispiel aus dem 10. Jahrhundert einen Text von Merchule: „The second important marker was language, which was closely tied to religion. In the mid-tenth century the Georgian hagiographer Giorgi Merchule formulated the medieval paradigm of ‚Georgia': ‚Georgia consists of those spacious lands in which church services are celebrated and all prayers are said in the Georgian tongue'."[562] Die Ineinssetzung von Georgien, Sprache und Christentum führte nach Hanf dazu, dass Georgier, die einer anderen Religion angehören, keine „wahren" Georgier mehr sein können.[563] Wahre Patrioten müssen orthodox sein. Ein späterer Geschichtsschreiber, Wachuschti, sieht in einem Text von 1745 „Beschreibung des Königreiches Georgiens" die Situation ähnlich wie Merchule: „Die Situation stellt sich bei Wachuschti also etwa so dar: Ein Georgier spricht typischerweise Georgisch, und er gehört typischerweise zur christlichen, georgischen Kirche. Aber am Rande des Prototypen gibt es, wie überall im menschlichen Leben, Fälle, bei denen es fast unmöglich ist, klar

---

[560] Vgl. hierzu PÄTSCH (1985) (siehe Fußnote 485), S. 32-34.
[561] Dies. (1985) (siehe Fußnote 485), S. 15.
[562] HANF, THEODOR (2000) *Georgia: Lurching to Democracy; from Agnostic Tolerance to Pious Jacobinism; Societal Change and Peoples Reactions*. Baden-Baden: Nomos, S. 8.
[563] Vgl. hierzu Ders. (2000) (siehe Fußnote 562), S. 8.

zu kategorisieren."⁵⁶⁴ Im Sinne der Performanztheorie ist dies logisch. Durch georgisch-christliche Rituale wird die Nation körperlich erfahren. Wer sich diesem Ritual verweigert, weil er oder sie einer anderen Religion angehört, wird zwangsläufig ausgeschlossen.⁵⁶⁵

Die Geschichtsschreibung in der Sowjetunion und Neuzeit

In der Sowjetunion war die Geschichtsschreibung vor allem auf das Mittelalter, das „Goldene Zeitalter", fokussiert: David der Erbauer und Königin Tamar wurden glorifiziert. Am Ende dieser Entwicklung hatte die Politik der *Korenisazia* zu einer Stärkung des Nationalbewusstseins geführt und dieses gleichermaßen mit der Zeit Davids und Tamars verwoben, also mit einer Zeit, in der Georgien vereint war und unter Tamar eine territoriale Größe hatte, die es seit dem nicht wieder erreicht hat.⁵⁶⁶ Unter Breschnew erhielt die Geschichtsschreibung mehr Spielraum: „Die nationalen Historiker und Schriftsteller durften sich wieder der eigenen Geschichte zuwenden, sofern sie sich erstens an den Primat der russischen Kultur hielten, zweitens die offiziellen Dogmen der sowjetischen Geschichte nicht in Frage stellten und drittens die Gegenwart nicht unter nationalen Vorzeichen interpretierten. Das Nationalbewußtsein wurde auf diese Weise literarisch entmodernisiert und die nationalen Selbstheroisierungen auf mittelalterliche oder ältere Epochen gelenkt."⁵⁶⁷ Diese Konzentration auf das Mittelalter führte dazu, dass in Georgien ein Nationalbewußtsein entstehen konnte, dass sich direkt auf die Königinnen und Könige der damaligen Zeit bezieht.⁵⁶⁸ Dieses Form von Geschichtsschreibung führte mit zur imaginierten

---

⁵⁶⁴ BOEDER (1998a) (siehe Fußnote 546), S. 79.
⁵⁶⁵ Vgl. hierzu WULF, CHRISTOPH/ZIRFASS, JÖRG (2004) Performative Welten. In: WULF, CHRISTOPH/ZIRFASS, JÖRG (Hrsg.) Die Kultur des Rituals. Inszenierungen. Praktiken. Symbole. München: Wilhelm Fink Verlag, S. 9.
⁵⁶⁶ Vgl. hierzu AVES, JONATHAN (1991) *Paths to National Independence in Georgia 1987-90*. London: SSEES, University of London, S. 3-4 und JONES, STEPHEN/PARSONS, ROBERT (1996) Georgia and the Georgians. In: SMITH, GRAHAM (Hrsg.) The Nationalities Question in the Post-Soviet States. London: Longman, S. 296. Diese Form der Rückbesinnung auf die glorreiche Vergangenheit wirkt bis ins heutige Georgien und zeigt sich auch an der Namensgebung: Viele Mädchen und Frauen heißen heute noch Ketewan, Nino, Tamar oder Tamuna (die Koseform von Tamar). Jungen und Männer sind oft nach König David, Wachtang oder Irakli benannt.
⁵⁶⁷ STÖLTING, ERHARD (1991) *Eine Weltmacht zerbricht. Nationalitäten und Religionen in der UDSSR*. Frankfurt am Main: Eichborn, S. 28.
⁵⁶⁸ Siehe auch Simon: „Für die alten Nationen der Georgier, Armenier oder Litauer kam es darauf an, die Eigenständigkeit der historischen Tradition darzustellen und sie zugleich in die vorgegebenen Notwendigkeiten der parteilichen Historiographie einzupassen, die

Einheit von Nation, Ethnie und Territorium: „Historiography was produced backward from the current connection between nationality and territory, and, as a result, the officially canonized history of the titular nationality and that of the republic became virtually interchangeable."[569]

Diese Art der Geschichtsschreibung wirkt bis ins heutige Georgien nach: „For Georgians and Armenians, there is a strong temptation to glorify a fabled past in preference to the political and economic uncertainties of the present. Sometimes history is inseperable from current post-Soviet disputes. Georgian historians, for example, have dismissed as fiction past works detailing the connections between the Ossetians and Abkhazian kings and medieval Georgia. In their view, the Ossetians arrived in Georgia only 200 years ago – as serfs on the estate of Prince Matchabelli. The implication of this argument is that the Ossetians, as recent and poor arrivals, do not deserve lands of their own in Georgia."[570] Einen ähnlichen Fall beschreibt Tishkov: Die bekannte Historikerin Mariam Lordkipanidze hat 1992 kurz vor dem Kriegsausbruch zwischen Georgien und Abchasen einen Text über Abchasien herausgegeben, in dem sie zu dem Schluss kommt, dass Abchasien schon immer zu Georgien gehörte und über eine große georgische Population verfügte.[571] Hier wird einer Minderheit in Georgien der Anspruch auf ein eigenes Territorium verwehrt, indem auf eine fragwürdige Version nationaler Geschichtsschreibung zurückgegriffen wird.

Auch Adscharien ist ein interessantes Beispiel für die georgische Geschichtsschreibung und die Gleichsetzung von Georgien, Sprache und Christentum. In Adscharien hatten Islam und Christentum lange nebeneinander existiert, bis der Islam durch den Anschluss an das Ottomanische Reich immer stärker wurde und das Christentum zurückdrängte. Der Grenzkonflikt, den Russland

---

vor allem nach wie vor unerbittlich daran festhält, daß der Anschluß an Rußland von Anfang an ‚objektiv progressive Bedeutung' hatte. Die Historiker Georgiens, Armeniens und Litauens sind übrigens die einzigen, die ihre repräsentativen Gesamtdarstellungen ausschließlich in der Muttersprache und nicht auf russisch vorgelegt haben." SIMON, GERHARD (1986) *Nationalismus und Nationalitätenpolitik in der Sowjetunion. Von der totalitären Diktatur zur nach-stalinistischen Gesellschaft.* Baden-Baden: Nomos, S. 320-321.

[569] SAROYAN, MARK (1996) Beyond the Nation-State: Culture and Ethnic Politics in Soviet Transcaucasia. In: SUNY, RONALD GRIGOR (Hrsg.) Transcaucasia, Nationalism, and Social Change. Essays in the History of Armenia, Azerbaijan, and Georgia. Ann Arbor: The University of Michigan Press, S. 406.

[570] GOLDENBERG (1994) (siehe Fußnote 553), S. 12.

[571] Vgl. hierzu TISHKOV, VALERY (1997) *Ethnicity, Nationalism and Conflict In and After the Soviet Union. The Mind Aflame.* London: Sage Publications, S. 13.

im 19. Jahrhundert mit der Türkei hatte, wurde so immer mehr zu einem Religionskonflikt. 1878 wurde Adscharien dann Teil des russischen Reiches.[572] In der Geschichtsschreibung der Sowjetzeit bemühten sich die Historiker und Ethnographen, Adscharien dem georgischen Territorium zuzuschreiben und die Annahme des Islams als Reaktion auf Gewalt darzustellen, anstatt die ökonomischen Vorteile, die die Konversion mit sich brachte, zu beleuchten.[573] Pelkmans fasst zusammen: „In short, the entire period of Ottoman rule was portrayed as one of poverty and economic decline following an earlier ‚golden age' when Georgia was united. In local historiography the Islamic leaders were depicted as the embodiment of all evil."[574] Auch dieses Erbe der Sowjetzeit hat heute noch Einfluss: Der Islam wird als historischer Feind Georgiens betrachtet, der die nationale Identität zu unterwandern versucht. So betitelte ein berühmter adscharischer, vom Islam zum Christentum konvertierter Schriftsteller, Pridon Khalvashi, einen Text von sich mit der Frage, ob es möglich sei, Georgier und Muslim zu sein oder nicht. Er kommt zu dem Schluss, dass der Islam und das Georgiertum nicht kompatibel seien, da der Islam Unterwürfigkeit predige. Diese Schrift passt sich gut in den nationalen Diskurs Georgiens kurz nach der Unabhängigkeit ein, in dem Georgien nach wie vor als eine christliche Insel umgeben von islamischen Mächten dargestellt wird.[575] Pelkmans zitiert dementsprechend in Übersetzung eine adscharische Zeitung nach der Wiedereröffnung einer christlichen Kirche: „More than once the enemy has destroyed our region, but we have risen from ashes like the Phoenix. The Georgians of our region did not abandon their feelings of discontent. For decades they have dreamed about a return to their faith and of the resurrection of churches."[576]

Diese Auschnitte der georgischen Geschichtsschreibung aus dem Mittelalter und der Sowjetzeit bis in die Gegenwart verdeutlichen erneut, dass die Einheit von *Land, Sprache und Religion* in Georgien durch die Jahrhunderte hindurch konstitutiv für die Nation war und ist. Dass dies, wie in den letztgenannten Fällen von Ossetien, Abchasien und Adscharien, zu Geschichtsklitterung führt, ist nahezu unvermeidbar. So wird immer wieder ein Bild der Vergangenheit gezeichnet, dass die Gegenwart oder gegenwärtiges Handeln rechtfertigen soll.

---

[572] Vgl. hierzu PELKMANS, MATHIJS (2002) Religion, Nation and State in Georgia: Christian Expansion in Muslim Ajaria. In: *Journal of Muslim Minority Affairs*, Bd. 22: 2, S. 255.
[573] Vgl. hierzu Ders. (2002) (siehe Fußnote 572), S. 259-260.
[574] Ders. (2002) (siehe Fußnote 572), S. 260.
[575] Vgl. hierzu Ders. (2002) (siehe Fußnote 572), S. 260.
[576] Zitiert nach Ders. (2002) (siehe Fußnote 572), S. 260.

Man darf gespannt sein, wie sich die Geschichtsschreibung in Georgien in den nächsten Jahren entwickeln und ob die politische Befriedung des Landes zu einer größeren Objektivität auch im Blick auf die Vergangenheit führen wird.

Dieses Kapitel mit seinen Beispielen aus den christlichen Mythen und Martyrien, der Lebensgeschichte und Vereinnahmung Ilia Tschawtschawadses und zuletzt der Geschichtsschreibung in Ausblicken, hat die Einheit von *Land, Sprache und Religion* in den verschiedenen Jahrhunderten und anhand verschiedener Zugänge aufgezeigt. *Land, Sprache und Religion* erschaffen gemeinsam die georgische Nation, auch wenn diese über die Jahrhunderte hinweg eher ein Gedankengebilde war, selten Realität. Die christlichen Mythen, Legenden und Martyrien stehen zum einen für das Zusammenspiel von Sprache, Schrift und Nation, verweisen aber auch auf konstruierte Ursprünge, die Gemeinschaft hervorbringen und durch ihre Narration die Erinnerung an die Vergangenheit, die Entstehung des Landes und die Vorstellung von guten und wahren Georgierinnen und Georgiern wachhalten. Die Ideen Tschawtschawadses bauen auf dieser Narration auf, für ihn ist die Einheit von *Sprache, Glaube und Territorium* eine selbstverständliche Forderung – auch deswegen ist diese Troika bis ins heutige Georgien hinein so wirkungsmächtig. Die Figur Tschawtschawadses ist aber auch wegen ihrer Widersprüche und deren Verleugnung durch seine Anhänger so interessant. Der Abschnitt zur Geschichtsschreibung sollte aufzeigen, dass Geschichte ein Konstrukt ist und Geschehnisse und Wünsche der Gegenwart auf die Vergangenheit projiziert werden können, wie es die Beispiele aus den Chroniken Georgiens verdeutlichen. Ebenso kann Geschichtsschreibung auch dazu genutzt werden, eine vergangene nationale Größe und Einheit in der Erinnerung wachzuhalten, um so nach neuer Größe zu streben.

Kapitel 4

Nationalkirche und Politik: die *Symphonia* wird Realität

Swiad Gamsachurdia, Dissident, später der erste frei gewählte Präsident Georgiens und auch Ilia II., seit 1977 Katholikos-Patriarch der Georgisch Orthodoxen Kirche, haben den Weg Georgiens zur unabhängigen Nation mitgestaltet. Beide haben sich sowohl für die Nation als auch für die georgische Kirche eingesetzt. Ihr Werdegang ist deshalb für mein Thema von Bedeutung. Es wird hier zuerst Gamsachurdias Leben und seine Politik dargestellt, gefolgt von den Geschehnissen im Bürgerkrieg und während der Präsidentschaft Schewardnadses und Saakaschwilis. Im Anschluss daran wird der Einfluss Ilia's II. bis in die Gegenwart aufgezeigt und damit die hier unternommene Beschreibung der georgischen Nation und Kirche bis zur Neuzeit vollendet.

4.1 Swiad Gamsachurdia

Swiad Gamsachurdia wurde am 31. März 1939 in Tbilisi geboren. 1955 gründete er, zusammen mit Merab Kostawa (26. Mai 1939 bis 13. Oktober 1989) die Untergrundorganisation *Gorgasliani*. Sie veröffentlichten Schriften zu Menschenrechtsverletzungen und kritisierten die Sowjetunion. 1957 wurden sie vom KGB für 6 Monate inhaftiert. Von 1958 bis 1962 studierte Gamsachurdia an der Tbilisier Universität, an der er von 1963 bis 1977 und erneut von 1981 bis 1990 zuerst als Nachwuchswissenschaftler, später als Dozent für amerikanische Literatur und Englisch arbeitete.[577] Dort beschäftigte er sich auch mit der Geschichte und Kirchengeschichte Georgiens und der Literaturwissenschaft. Er war auch Schriftsteller und von 1981 bis 1992 Mitglied der georgischen Schriftstellervereinigung.

---

[577] Vgl. hierzu SUNY, RONALD GRIGOR (1994) *The Making of the Georgian Nation*. Bloomington: Indiana University Press, S. 308.

1973 gründeten Gamsachurdia und Kostawa die erste Menschenrechtsorganisation in Georgien und arbeiteten mit der russischen Samizdat-Bewegung zusammen. 1976 riefen sie die Georgische Helsinki Gruppe[578] (1989 in Georgische Helsinki Union umbenannt) ins Leben: Sie setzten sich für die Menschenrechte und für politische Häftlinge ebenso ein wie für den Schutz der georgischen Sprache, Kultur und kirchlichen Denkmäler, wie z.B. alter Klosteranlagen. Menschenrechte und der Schutz der georgischen Kirche und ihrer Anhänger hingen für Gamsachurdia zusammen. Trotz seines Einsatzes für die Kirche klagte er auch die innerkirchliche Korruption an. Herausgegeben wurden von der Helsinki Gruppe zwei Untergrundzeitschriften: *Okros Satsmisi* (Das Goldene Vlies) und *Sakartvelos Moambe* (Der Georgische Bote). 1977 wurden Gamsachurdia und Kostawa erneut verhaftet, zunächst in Moskau gefangen gehalten und 1978 verurteilt. Gamsachurdia wurde daraufhin nach Dagestan in die Verbannung geschickt und konnte erst im Juni 1979 nach Georgien zurückkehren.[579] In einer öffentlichen Anklageschrift Gamsachurdias an Schewardnadse, der zu der Zeit seiner Verhaftung erster Sekretär der georgischen KP war, erinnert sich Gamsachurdia mit folgenden Worten: „After the torture chambers of the KGB we were sent to psychiatric prisons: I was sent to the Serbsky ‚Institute' of Forensic Psychiatry in Moscow, and Merab Kostava to the psychiatric department of Tbilisi prison hospital. You wanted to declare us madmen for denouncing your harsh regime, for the truth."[580] Auch wenn die Aktivitäten von Gamsachurdia und seinen Mitstreitern nicht sofort Veränderungen ermöglichten, war ihre Arbeit nicht vergeblich: „Although this dissident nationalism did not spread widely in Georgia, and Gamsakhurdia and his associates were easily isolated from the population, their activity illustrated developing tendencies within

---

[578] Die Organisation Helsinki Watch (heute Human Rights Watch) gründete sich 1975, um den Schutz der Menschenrechte nach den Helsinki-Verträgen einzufordern. Ab Mitte der 70er gründeten sich zunächst einige Helsinki Gruppen in der Sowjetunion, so auch in Georgien.

[579] Vgl. hierzu GOLDENBERG, SUZANNE (1994) *Pride of Small Nations. The Caucasus and Post-Soviet Disorder.* London, New Jersey: Zed Books, S. 89-91, NAHAYLO, BOHDAN/ SWOBODA, VIKTOR (1990) *Soviet Disunion: A History of the Nationalities Problems in the USSR.* London: Hamish Hamilton, S. 190 und S. 198, JONES, STEPHEN F. (1989) Religion and Nationalism in Soviet Georgia and Armenia. In: RAMET, PEDRO (Hrsg.) Religion and Nationalism in Soviet and East Europeans Politics. London: Durham, S. 299 und S. 303 und SUNY, RONALD GRIGOR (1996b) On the Road to Independence: Cultural Cohesion and Ethnic Revival in a Multinational Society. In: Derselbe (Hrsg.) Transcaucasia, Nationalism, and Social Change. Essays in the History of Armenia, Azerbaijan, and Georgia. Ann Arbor: The University of Michigan Press, S. 394.

[580] Vgl. hierzu den offenen Brief von Gamsachurdia vom 19.4.1992, GAMSACHURDIA (1992).

NATIONALKIRCHE UND POLITIK   147

the Georgian intelligentsia. Besides the desire for rights of free expression, Georgian nationalist dissidents manifested a revival of religious enthusiasm, anxiety about the demoralization of the Georgian people, and a clear dislike for Russians and Armenians."[581]

Zurück in Georgien nahm Gamsachurdia die Arbeit wieder auf und setzte sich auch für die Freilassung Kostawas ein. 1983 wurde er unter Hausarrest gestellt, konnte aber dennoch eine neue Zeitung mit dem Titel *Sakartvelo* (Georgien) herausgeben. 1987 wurde Kostawa freigelassen. Im gleichen Jahr gründete Gamsachurdia die Ilia-Tschawtschawadse-Gesellschaft mit.[582] Die Radikalisierung Gamsachurdias setzte in dieser Zeit ein: Der Kämpfer für Menschenrechte, Kirche und ein unabhängiges Georgien wurde mehr und mehr zum fanatischen Nationalisten: „Very often in the case of Georgian historians there is an emphasis on the domination of Georgia's destiny by larger powers, then the population's permanent resistance to imposed power, thanks to a seemingly genetic or ‚blood belonging' to specific ancient cultures. This philosophy was exploited in 1989 by Zviad Gamsakhurdia who stressed Georgian's ‚blood right' to reconquer the region of South Ossetia."[583]

Nach der Demonstration und den Toten vom 9. April 1989 (siehe S. 106), wurden Gamsachurdia und Kostawa erneut vom KGB inhaftiert. 1990 vereinigten sich mehrere Parteien, die für die Unabhängigkeit Georgiens eintraten, unter Gamsachurdias Federführung zum *Mrgvalo Magida - Tavisupali Sakartvelo* (Runder Tisch - Freies Georgien). Im März 1991 wurde ein Referendum zur Unabhängigkeit abgehalten. Am 9. April folgte die Unabhängigkeitserklärung und im Mai wurde Gamsachurdia zum ersten frei gewählten Präsidenten Georgiens. Ende Dezember 1991 begann der Putsch von Iosseliani und Kitowani gegen Gamsachurdia. In der Innenstadt von Tbilisi kam es zu Gefechten, Regierungsgebäude wurden von den Putschisten unter Beschuss genommen.[584] Am 6. Januar 1992 floh Gamsachurdia, zuerst nach Armenien, später nach Tschetschenien. Im September 1993 kehrte er nach Georgien zurück, musste im November erneut fliehen und starb am 31. Dezember 1993: Er soll sich, von Regierungstruppen umzingelt, das Leben genommen haben.[585]

---
[581] SUNY (1994) (siehe Fußnote 577), S. 309.
[582] Vgl. hierzu GOLDENBERG (1994) (siehe Fußnote 579), S. 95.
[583] CHATWIN, MARY ELLEN (1997) *Socio-Cultural Transformation and Foodways in the Republic of Georgia*. Commack New Yorck: Nova Science Publishers, S. 38.
[584] Mehr zu dem Putsch und den Beteiligten am Bürgerkrieg auf S. 153.
[585] Vgl. hierzu SCHMID, ULRICH (1994) Bericht über Selbstmord Gamsachurdias. In: *Neue*

Die Politik Gamsachurdias

Wieso konnte sich Gamsachurdia - obwohl seine Definition der georgischen Nation als christliches Land, dessen Sprache gefördert werden sollte, Mehrheitsmeinung war - nur so kurze Zeit als Präsident Georgiens halten? Nach Kokeev liegt dies in der Person Gamsachurdias begründet: „Der nationalen Unabhängigkeitsbewegung, die in Georgien schon frühzeitig ebenso stark und einflussreich war wie etwa in den baltischen Ländern, gelang es weder, einen breiten politischen Konsens zu stiften. Noch ging aus ihr eine unumstrittene und integrative Führungspersönlichkeit hervor – Swiad Gamsachurdia, der sich diese Rolle zeitweilig zuschrieb, war offenkundig eine von allen guten Geistern verlassene Fehlbesetzung. Angesichts dessen zerfiel die georgische Gesellschaft schon bald nach der Unabhängigkeit in zahllose kleine Parteien und Gruppierungen, die sich äußerst heftig befehden und nicht selten ihre gegenseitigen Beziehungen unter Anwendung von Schusswaffen klären. Das einzige, was alle politischen Kräfte eint, ist ein nachgerade obsessiver nationalistischer Rauschzustand."[586] Der Wahl Gamsachurdias vorangegangen war ein hitziger Wahlkampf, in dem immer nationalistischere Töne laut wurden. Georgien hatte sich von Russland losgesagt und besann sich erneut auf die Einheit von Land, Kirche und Sprache und verfiel in einen starken Nationalismus, ohne über eine einheitliche Staatsgewalt zu verfügen. Während des Wahlkampfes waren für Gamsachurdia Aserbaidschaner und Armenier, die in Georgien lebten, Fremde, und er versprach eine neue Gesetzgebung die Staatsangehörigkeit und den Schutz der Sprache betreffend. So warnte er alle Institutionen und Firmen, dass, wenn sie nicht den gesamten Schriftverkehr usw. auf Georgisch betreiben würden, gleich schließen könnten.[587] Für Gamsachurdia konnte Georgien nur ein christlich-orthodoxes Land sein: „The rediscovery of religion was considered to be one of the most important elements in rejecting communism and finding the nation's true identity. But the issue very soon became divisive. Zviad

---

Züricher Zeitung, Bd. [1994]: 6. Januar, S. 1. Da er ein gläubiger Christ war, dem somit der Selbstmord verboten ist, zweifeln viele diesen Hergang an. Vgl. hierzu CHATWIN (1997) (siehe Fußnote 583), S. 26. Vgl. zu den biographischen Angaben die Gamsachurdia Memorial Page, URUSHADZE (2006).

[586] KOKEEV, ALEXANDER (1993) *Der Kampf um das Goldene Vlies: Zum Konflikt zwischen Georgien und Abchasien*. Frankfurt am Main: Hessische Stiftung Friedens- und Konfliktforschung, S. 28.

[587] Vgl. hierzu JONES, STEPHEN (1995) The Georgian Language State Program and Its Implications. In: *Nationalities Papers*, Bd. 23: 3, S. 542-543.

Gamsakhurdia described his ideal Georgia as ‚independent, democratic and Christian'."[588]

Gamsachurdia berief sich dabei auf die Geschichte Georgiens und auf die enge Verknüpfung von Orthodoxie, Nation und Sprache seit der Christianisierung durch die heilige Nino: „His writings and speeches, both as dissident and as leader of the Georgian nation show a mix of religion and nationalism which draws upon Georgian antiquity and the development of Georgian national identity to include Orthodox Christianity. Gamsaxurdia and his colleagues have used Ilia Cavcavadze as an icon of national identity and their particular type of political culture."[589] Nach Gamsachurdias Plänen sollte die Orthodoxie die einzige Staatsreligion werden.[590] In einer Ansprache nach seiner Wahl betonte er, dass in Georgien die Zusammenarbeit von Kirche und Regierung Tradition habe und dass eine Wiedergeburt Georgiens auch die Wiedergeburt des Glaubens notwendig mache.[591] In Gamsachurdias Worten – in englischer Übersetzung – klingt das folgendermaßen: „Our history, the foundation of life, is a struggle for faith, for national independence. This is a martyr's and Christ-given way of goodness, compassion, and love. History has given us the possibility to return to our ancestral path, to confess in faith a free Georgia."[592] Die Heraufbeschwörung einer neuen Union zwischen Kirche und Staat definiert, wer georgischer Staatsbürger mit allen Rechten sein kann: der georgische Christ.[593] Gamsachurdia versuchte durch eine erneute Christianisierung des Landes, die Nation zu einen und hat so die Spannungen in Georgien bis hin zum Bürgerkrieg mitverursacht: „This is not to say that religion is the only motivation at work in Georgia. Xenophobia, prejudice, imperial intrigue, and greed can be found on all sides and none is based on any sort of religious

---

[588] HANF, THEODOR (2000) *Georgia: Lurching to Democracy; from Agnostic Tolerance to Pious Jacobinism; Societal Change and Peoples Reactions.* Baden-Baden: Nomos, S. 61.

[589] CREGO, PAUL (1994) Religion and Nationalism in Georgia. In: *Religion in Eastern Europe*, Bd. 14: 3 URL: http://www.georgefox.edu/academics/undergrad/departments/soc-swk/ree/misc_art.html, S. 3.

[590] Gamsachurdia stand mit dieser Idee möglicherweise nicht alleine da: „In a poll conducted by the Sociologial Laboratory of Tbilisi University in November 1990, 83,5 per cent of those questioned believed that the Georgian Orthodox Church should play a significant role in the political life of the country and 83,1 per cent believed that the Church's doctrine should be taught in school." AVES, JONATHAN (1991) *Paths to National Independence in Georgia 1987-90.* London: SSEES, University of London, S. 3.

[591] Vgl. hierzu CREGO (1994) (siehe Fußnote 589), S. 5-6.

[592] Gamsachurdia zitiert nach Ders. (1994) (siehe Fußnote 589), S. 7.

[593] Vgl. hierzu Ders. (1994) (siehe Fußnote 589), S. 6.

ideology. What I do want to say is that religion cannot be dismissed, especially insofar as the Georgians identify themselves as the one Orthodox Christian nation."[594] Ähnlich beschreibt auch Herbst den ersten frei gewählten georgischen Präsidenten: „Angesichts der Leiderfahrung seines Landes unter KP-Herrschaft bekannte er sich zu einem ‚kämpferischen Christentum als innerem Gehalt der georgischen Kultur' – Äußerungen, die ihm in seinem Präsidentenamt den Ruf eintrugen, einem elitären Chauvinismus und dem Traum von einer mystisch-messianischen Rolle Georgiens zu frönen. In seiner ersten Rede vor dem Parlament nach den Wahlen schien er solche Einschätzungen zu bestätigen: ‚Der Allmächtige hat Georgien eine große Sendung auferlegt... Der Tag ist nicht fern, an dem Georgien vor der ganzen Welt als ein Vorbild für moralische Größe dastehen wird'."[595]

Dieses Beschwören einer Idee georgischer Größe und der Einheit von Land, Sprache und Religion machten auch Gamsachurdias Politik aus. Zunächst führte Gamsachurdia nach seiner Wahl alte und auch neue kirchliche Feiertage ein, um die kommunistischen Feiertage zu ersetzen und machte die Hymne und Landesflagge aus den Jahren der Unabhängigkeit erneut zu den Symbolen des Landes.[596] Seine Äußerungen in Bezug auf die Minderheiten in Georgien und die autonomen Territorien und Republiken sorgten für Unruhe: „Gamsakhurdia ran on a strongly nationalist ticket, which implied not only political nationalism (independence from Soviet Union) but exploited suspicions and hostilities towards ethnic minorities residing in Georgia (especially Ossetians) as well."[597] So forderte Gamsachurdia ein „Georgien für Georgier" und sprach von den Nicht-Georgiern als „befristete Gäste" auf georgischem Territorium.[598] Minder-

---

[594] CREGO (1994) (siehe Fußnote 589), S. 7.
[595] HERBST, ANNE (1994) Gamsachurdia - in memoriam. Das tragische Schicksal einer historischen Persönlichkeit. In: *Glaube in der 2. Welt*, Bd. 22: 2, S. 14.
[596] Vgl. hierzu CREGO (1994) (siehe Fußnote 589), S. 5, HANF (2000) (siehe Fußnote 588), S. 61 und NODIA, GHIA (1999) Trying to Build (Democratic) State Institutions in Independent Georgia. In: MANGOTT, GERHARD (Hrsg.) Brennpunkt Südkaukasus. Aufbruch trotz Krieg, Vertreibung und Willkürherrschaft? Wien: Österreichisches Institut für Internationale Politik, S. 109.
[597] Ders. (1999) (siehe Fußnote 596), S. 109.
[598] Fuller sieht hier die Anfänge einer fatalen Selbsteinschätzung vieler Georgier in Verbindung mit Misstrauen gegenüber Russland, die eine Atmosphäre entstehen lassen, in der vernünftiges Handeln nur noch schwer möglich zu sein scheint: „Es kann jedoch kaum abgestritten werden, daß unter den Georgiern die Überzeugung weit verbreitet ist, sie stünden als autochthone Bevölkerung höher als andere ethnische Gruppen, die im heutigen Georgien siedeln, und daß deren Status dementsprechend als der von ‚Gästen' auf georgischem Territorium angesehen wird. Die Folge dieses unerschütterlichen Glaubens

heiten wurden unterdrückt: „The Meskhetian Turks deported from Georgia to Central Asia during World War II (in 1944) were not permitted by the Georgian government of Gamsakhurdia to return in their homeland. Moreover, six hundred thousand ethnic Azerbaijanis living in the Georgian Republic received no representation in the parliament. South Ossetia was officially renamed ‚Shida Karthli' – Georgian land. Academian Andrei Sakharov called Georgia then a ‚little empire'. Georgia's ethnic policies did little to ease the political situation. Many Azerbaijanis in Georgia, who reside in the regions bordering Azerbaijan, in consequence of Gamsakhurdia's policy were forced to leave the land where they had lived for many centuries. (...) Ethnic minorities living in Georgia (Russians, Azerbaijanis, Armenians, Greeks – in total more than 1.5 million people) were considered the major threat to the future national destiny of the Georgian people. In one of his speeches Gamsakhurdia even called for the removal of all non-Georgians who took shelter in Georgia."[599]

Auch Gamsachurdias Politik in Bezug auf Adscharien trägt die Züge eines georgischen Nationalismus mit direktem Bezug auf die Orthodoxie. Nach der Unabhängigkeit kam es in Adscharien zur langsamen Wiederbelebung islamischer Gemeinden. Gamsachurdia unterstützte die Georgisch Orthodoxe Kirche bei ihren Versuchen, Adscharien wieder zu einer christlichen Region zu machen. Er rief die Adscharier zur Konversion zum Christentum auf, forderte die Aufgabe des Autonomiestatus und gab die einzige weiterbildende Schule in Khulo in die Hände der orthodoxen Kirche und benannte sie nach dem Apostel Andreas. Dieser Schritt führte zu Protesten unter der muslimischen Bevölkerung.[600] Gamsachurdias Idee eines christlichen Georgiens,[601] seine Glo-

---

an ihren eigenen Großmut den Nicht-Georgiern gegenüber ist die Überzeugung, daß jedes Anzeichen von Unzufriedenheit seitens der ethnischen Minderheiten in Georgien völlig unbegründet und von Moskau angestiftet sei, um die georgische Unabhängigkeit zu unterminieren." FULLER, ELIZABETH (1995) Ethnische Minderheiten in den transkaukasischen Staaten. In: HALBACH, UWE /KAPPELER, ANDREAS (Hrsg.) Krisenherd Kaukasus. Baden-Baden: Nomos Verlagsgesellschaft, S. 184.

[599] OSMAN-OGLY KURBANOV, RAFIK/RAFIK-OGLY KURBANOV, ERJAN (1995) Religion and Politics in the Caucasus. In: BOURDEAUX, MICHAEL (Hrsg.) The Politics of Religion in Russia and the New States of Eurasia. Armonk NY: M.E. Sharpe, S. 237.

[600] Vgl. hierzu PELKMANS, MATHIJS (2002) Religion, Nation and State in Georgia: Christian Expansion in Muslim Ajaria. In: *Journal of Muslim Minority Affairs*, Bd. 22: 2, S. 262 und NODIA (1999) (siehe Fußnote 596), S. 109-110.

[601] Dass Gamsachurdia nach seiner Flucht aus Georgien Zuflucht im muslimischen Tschetschenien fand und dort die Vision eines „Georgischen Hauses" für alle Menschen des Kaukasus vertrat, verwundert schon. Vgl. hierzu OSMAN-OGLY KURBANOV/RAFIK-OGLY KURBANOV (1995) (siehe Fußnote 599), S. 236.

rifizierung der Vergangenheit und sein Nationalismus führten fast zu Paranoia: „Gamsakhurdia's obsessive emphasis on national unity led him to a number of conclusions: ethnic minorities were dangerous, the state should be active and vigilant, the media and the opposition were factional and potentially disloyal. Gamsakhurdia's own rejection of ‚prudence' and ‚compromise' in relations with the opposition, and his lack of understanding for institutional and normative boundaries in the political arena, led to an association of himself and his allies with the state. His populist style, with its emphasis on referenda, rallies, letter-writing campaigns and glorification of the leader, created a highly charged emotional atmosphere in which ‚enemies of the nation', ‚Judases' and ‚red intelligentsias' figured prominently."[602] Nach der Analyse von Jones und Parsons mangelte es Gamsachurdia an der Vorstellung, was eine Demokratie ausmacht: eben nicht nur freie Wahlen und verschiedene Parteien, sondern auch Minderheitenschutz und eine rechtsstaatlich kontrollierte Staatsgewalt.[603]

Gamsachurdia ließ Rivalen verhaften, Politiker absetzen und löste das Parlament auf. Er vertrug keinerlei politische Opposition, vermutete hinter allem den KGB und machte sich so noch mehr Feinde, als er sowieso schon hatte. Gleichzeitig gab es keine einheitliche Staatsgewalt, sondern vielmehr verfügten die verschiedenen politischen Gruppierungen über eigene paramilitärische Gruppen. So bestand eine tiefe Kluft zwischen dem Wahlerfolg Gamsachurdias mit 87% der Wählerstimmen und seiner tatsächlichen Macht im Land, die sehr schwach war. Versuche, die Macht der Paramilitärs zu brechen, blieben erfolglos: Im Februar 1991 verhaftete die georgische Polizei zusammen mit den sowjetischen Militärs Iosseliani, um die *Mchedrioni*[604] zu schwächen und riefen die Nationalgarde als eigene bewaffnete Macht ins Leben. Diese war aber von Anfang an

---

[602] JONES, STEPHEN/PARSONS, ROBERT (1996) Georgia and the Georgians. In: SMITH, GRAHAM (Hrsg.) The Nationalities Question in the Post-Soviet States. London: Longman, S. 304.
[603] Vgl. hierzu Dies. (1996) (siehe Fußnote 602), S. 303.
[604] Die 5000 Mann starken *Mchedrioni*, die „Ritter Georgiens" waren auch im späteren Bürgerkrieg eine der Konfliktparteien, verbreiteten Terror und provozierten militärische Konflikte in Süd-Ossetien und Abchasien mit. Sie unterstanden Daschaba Iosseliani und waren schon ab Ende 1990 eine eigene, unkontrollierbare Macht in Georgien. Vgl. hierzu CURTIS, GLENN E. (2002) Georgia: A Country Study. In: SIRAP, T.O. (Hrsg.) Georgia: Current Issues And Historical Background. New York: Nova Science Publ., S. 79, HERZIG, EDMUND (1999) The New Caucasus. Armenia, Azerbaijan and Georgia. London: The Royal Institute Of International Affairs, S. 18, BONVICINI, GIANNI et al. (Hrsg.) (1998) Preventing Violent Conflict. Issue from the Baltic and the Caucasus. Baden-Baden: Nomos, S. 117 und AVES (1991) (siehe Fußnote 590), S. 14.

nur gegenüber ihrem Befehlshaber, Tengis Kitowani, loyal und nicht gegenüber der Regierung. Gamsachurdia versuchte im August 1991, die Kontrolle über die Nationalgarde zu erlangen, aber der Versuch misslang. Mafiastrukturen breiteten sich immer weiter aus, die Macht lag bei den Stärkeren, Einflußreicheren, Bewaffneten.[605] Nach dem Putsch regierten Kitowani und Iiosseliani mit einem Militärrat und holten Schewardnadse zurück nach Georgien. In den Augen Gamsachurdias hatten die Kommunisten und Kriminellen erneut gesiegt: „You [Schewardnadse], once showing yourself as the uncompromising fighter against criminality, made contact with criminals and with the help of them realized a coup d'etat in Georgia. Representatives of the criminal world, Dzhaba Iosseliani together with his ‚Mkhedrioni' (Horsemen) and T. Kitovani with his criminal ‚guard', betrayed the legal government and till the present day they represent your main strongholds. The criminal junta that was created by you, with the help of the Transcaucasian military district, committing in Georgia the same that has been committed by the hordes of Murvan Kru, Sultan Dzaladedin, Tamerlan, Shakh Abaz and the Persian Makhmad Khan. In the junta are united, together with the criminal world, the representatives of the mafia partocracy and representatives of the communist intelligentsia that were privileged by you."[606]

Swiad Gamsachurdia sah sich in der Tradition Tschawtschawadses und forderte die Einheit von Territorium, Sprache und Glauben. Sowohl sein christlicher Nationalismus, der vielen Georgiern aus der Seele sprach, als auch sein Leben als Widerstandskämpfer, machten seine Glaubwürdigkeit aus und bescherten ihm 1991 den Wahlerfolg von 87% der Stimmen. Nach der Wahl sorgte sein Wunsch nach einer einheitlichen georgischen, christlichen Nation ohne „Gäste" zu einer immer angespannteren Atmosphäre im Land. Gamsachurdias unbeholfenes Agieren als Präsident und die mangelnde tatsächliche Macht führten schließlich zum Putsch und in den Bürgerkrieg.[607] Gleichzeitig wurde Gamsachurdia von

---

[605] Vgl. hierzu AVES (1991) (siehe Fußnote 590), S. 14-15. Ich gehe in dieser Arbeit nur am Rande auf den Putsch gegen Gamsachurdia und den Bürgerkrieg ein. Auch wenn beides für Georgien einschneidende Geschehnisse waren, habe ich mich bemüht, nur über die für mein Thema relevanten Aktivitäten zu schreiben bzw. die Eckdaten zu nennen, ohne die das Gesamtbild unvollständig oder nicht nachvollziehbar wäre.

[606] Vgl. hierzu den offenen Brief von Gamsachurdia vom 19.4.1992, GAMSACHURDIA (1992).

[607] Diese gängige Lesart der Geschehnisse wird nicht von allen geteilt. So schreibt Ulrich Schmid in einem Artikel in der Neuen Züricher Zeitung vom 6. Januar 1994 über Gamsachurdia nach seiner Wahl: „Er agierte daraufhin so unglücklich wie ungeschickt und zog sich durch seine brüske, aber ehrliche Art den Hass der kommunistischen Nomenklatura

Katholikos Ilia II. nicht unterstützt; die *Symphonia* funktionierte nur einseitig, was eine zusätzliche Schwächung bedeutete.[608] Vermutlich hätte sich das unabhängige Georgien auch unter einem anderen Präsidenten als christliche Nation formiert - dies war schließlich das Ziel der Nationalbewegung. Die Protektion durch den Katholikos hätte zusätzlich zu mehr Stabilität geführt. Bevor Leben und Politik Ilia II. genauer dargestellt werden, verfolge ich weiter die Chronologie der Ereignisse mit dem Bürgerkrieg, der Präsidentschaft Eduard Schewardnadses und der „Rosenrevolution". Da Ilia II. bis heute Katholikos-Patriarch der georgischen Kirche ist, hat er sowohl im Bürgerkrieg, als auch in der Ära Schewardnadse und nach der „Rosenrevolution" Einfluss auf die Politik in Georgien ausgeübt.

4.2 Der Bürgerkrieg von 1991-1993 und die Präsidentschaft Schewardnadses

Berüchtigste Macht im Bürgerkrieg waren die schon erwähnten *Mchedrioni* mit dem Beinamen „Korps der Erretter Georgiens", Dschaba Iosselianis Privatarmee. Gegründet wurden sie in den späten 80er Jahren. Sie bildeten in den Gebieten mit aserbaidschanischer Minderheit zunächst eine Art Polizeitrupp. Mitglieder konnten nur orthodoxe Georgier werden. Sie trugen ein Medaillon des heiligen Georg (auf den sie auch einen Eid schwören), sie schworen Loyalität, und Verrat wurde mit Hinrichtung gesühnt. Die Truppe war sowohl nationalistisch als auch konspirativ. Iosseliani war ein verurteilter Bankräuber, Raubmörder und Krimineller.[609] Der Spiegel schrieb in einer Meldung vom 10. März 2003 zum Tod von Dschaba Iosseliani am 4. März 2003 in Tbilisi über ihn: „Um Georgien

---

zu, die das Land de facto noch immer regierte. Im Gegensatz zur Propaganda, welche in Tiflis wie in Moskau gegen ihn rasch einmal in Gang gesetzt wurde, war er aber weder geistesgestört noch ein Despot, im Gegenteil: Nie konnte sich die Opposition freier bewegen, nie gab es weniger Pressezensur. Und obwohl Gamsachurdia eine Linie der nationalen Einigung vertrat, hielt er sich, wie das Beispiel Abchasien zeigt, bei der Bekämpfung von sezessionistischen Bewegungen weitaus stärker zurück als sein Nachfolger." SCHMID (1994) (siehe Fußnote 585), S. 1.

[608] Diese Lesart der Geschehnisse entnehme ich dem Verhalten Ilias. Saakaschwili und Schewardnadse erfuhren deutlich die Protektion der Kirche.

[609] Vgl. hierzu GOLDENBERG (1994) (siehe Fußnote 579), S. 92-93, GUJER, ERIC (1995a) Die frühere graue Eminenz Georgiens verhaftet. Schlag Schewardnadses gegen Iosseliani. In: *Neue Züricher Zeitung*, Bd. [1995]: 15. November, S. 5, NIELSEN, FRIED (2000) *Wind der weht. Georgien im Wandel.* Frankfurt am Main: Societätsverlag, S. 207 und INTERNATIONALE GESELLSCHAFT FÜR MENSCHENRECHTE (Hrsg.) (1994) *Menschenrechte in Georgien Januar-Juni 1994.* Frankfurt am Main: IGFM, S. 3.

‚vor der Selbstzerstörung zu retten', verjagte er 1992 zusammen mit dem Chef der Nationalgarde, Tengis Kitowani, im ‚Weihnachtskrieg' den nationalistischen Wirrkopf und damaligen Präsidenten Swiad Gamsachurdia. Iosseliani war Bankräuber und Mafia-Pate in der sowjetischen Unterwelt, gleichzeitig schrieb er Theaterstücke. Er saß 20 Jahre in Gefängnissen, bevor er in der ‚Perestroika'-Zeit seine paramilitärischen ‚Mchedrioni' (Ritter) aufstellte. Der Plan, mit dieser Privatarmee Georgien zu regieren, scheiterte. Doch wurde die Truppe, die mit ihrer Willkürherrschaft schwer auf dem Land lastete, zur Stütze des späteren Staatschefs Eduard Schewardnadse. Der konnte sich erst 1995 von seinem dubiosen Bundesgenossen abnabeln, steckte ihn ins Gefängnis - und begnadigte ihn fünf Jahre später."[610] Die christlich-nationalistische Symbolik der *Mchedrioni* macht deutlich, dass Gamsachurdia nicht wegen seines Wunsches nach einem christlichen Georgien oder einem zu rüden Umgang mit den „Gästen" aus dem Amt gejagt wurde. Iosseliani bediente sich auch einer christlich-nationalen Symbolik.

Nach dem Putsch verfiel Georgien in Terror und Bürgerkrieg, Menschenrechtsverletzungen waren auf der Tagesordnung. Dennoch konnte Schewardnadse erfolgreiche Beziehungen zum Westen aufbauen, auch wenn es ihm nicht gelang, die Situation zu befrieden. Hewitt geht davon aus, dass der Schlüssel zum Erfolg seiner Außenpolitik neben Schewardnadses Popularität die Propaganda in Bezug auf Gamsachurdia war: „However, once Gamsakhurdia was out of Georgia, the local propaganda-machine commenced laying the blame for Georgia's ethnic difficulties exclusively on him and his policies. This was a manifestly successful tactic (...), and within weeks of Shevardnadze's return home every major Western country was falling over itself in a unseemly, headlong rush both to recognize Georgia and to establish diplomatic relations with it."[611] Ende 1992 überschlugen sich die Ereignisse: Am 14. August marschierten *Mchedrioni* und die Nationalgarde in Abchasien ein und der Konflikt weitete sich innerhalb des Kaukasus aus, nordkaukasische Republiken boten Abchasien Hilfe an, Solidaritätskundgebungen fanden statt, es bildetet sich das „Parlament der Konföderation der Bergvölker des Kaukasus (KGNK)",[612]

---

[610] SPIEGEL, DER (2003) Gestorben: Dschaba Iosseliani. In: *Der Spiegel*, Bd. [2003]: 10. März, S. 218.

[611] HEWITT, B. G. (1994) Language and Nationalism in Georgia and the West's Response. In: DUNCAN, PETER J.S./RADY, MARTYN (Hrsg.) Towards a New Community. Culture and Politics in Post-Totalitarian Europe. Hamburg: LIT Verlag, S. 174.

[612] Dieser Zusammenschluss verschiedener Kaukasusregionen, die dann auch noch gemeinsam

das Georgien ein Ultimatum stellte, nach dessen Ablauf Freiwilligen-Verbände des KGNK Abchasien zu Hilfe kamen.[613] Georgien verlor den Krieg, und bis heute können Georgier nicht nach Abchasien einreisen, russische Truppen sind dort als GUS-„Friedenstruppen" stationiert: „Die abchasischen Truppen hatten 1994 mit russischer und nordkaukasischer Unterstützung einen Krieg gegen die georgische Zentralregierung gewonnen. Dabei wurde die georgische Bevölkerung Abchasiens, rund 270.000 Personen vertrieben. Suchumi ist seither de facto unabhängig..."[614] Nach dem Krieg zwischen Georgien und Russland im Herbst 2008 hat Russland die Unabhängigkeit Abchasiens offiziell anerkannt. Im Gegenzug hat Abchasien Russland um Schutz vor Georgien gebeten.

Schewardnadse konnte den Bürgerkrieg schließlich nur mit russischer Hilfe beenden. Diese war an den Eintritt in die GUS gebunden. Ein Schritt, der ihm übel genommen wurde: „Nicht einmal der De-Facto-Verlust Abchasiens an die militanten russischen Imperialisten hat Schewardnadse davon abhalten können, sich zur Erhaltung seiner Macht (...) und zur Bekämpfung der wirtschaftlichen Katastrophe an Moskau zu wenden. Tiflis ist damit heute zu fast hundert Prozent von Moskau abhängig: politisch, militärisch, wirtschaftlich."[615] So hat Russland sowohl den Abchasen geholfen, die de facto Unabhängigkeit von Georgien unter russischer Besatzung zu erhalten und es Schewardnadse ermöglicht, die Anhänger Gamsachurdias niederzuschlagen

In den Jahren des Bürgerkriegs wurde in Georgien deutlich, dass das Land weit davon entfernt war, ein einheitlicher Staat mit einer einheitlichen Staatsgewalt zu sein. Vielmehr fanden Kämpfe zwischen Familien und mafiaähnlichen Organisationen statt. Anführer konnten alle werden, die über Ressourcen jeglicher Art verfügten, die gebraucht wurden. So entstanden Abhängigkeitsnetzwerke, die zum Teil auf Verwandtschaftsbeziehungen basierten oder aber auf politischer oder ökonomischer Macht aufbauten.[616] Der Zustand Georgiens

---

einer Teilrepublik zur Hilfe eilten, wurde von Russland argwöhnisch beobachtet und schließlich vom russischen Justizministerium für verfassungswidrig erklärt.

[613] Vgl. hierzu KOKEEV (1993) (siehe Fußnote 586), S. 13-14 und S. 18.

[614] NEUE ZÜRICHER ZEITUNG (1999) Mehrere Uno-Beobachter in Abchasien entführt. Je ein Schweizer und ein Deutscher betroffen. In: *Neue Züricher Zeitung*, Bd. [1999]: 14. Oktober, S. 2.

[615] SCHMID, ULRICH (1993) Anhaltender Vormarsch von Schewardnadses Truppen. In: *Neue Züricher Zeitung*, Bd. [1993]: 25. Oktober, S. 1.

[616] „That political patronage and protection are essential for bussiness success is in part simply a continuation of the corrupt practices of the Soviet era, but in part it is also a characteristic of the counter-elites' relations with business from their time in opposition. In all three countries [Armenien, Aserbaidschan und Georgien; E.F.], financial support for

NATIONALKIRCHE UND POLITIK

Ende 1993 war katastrophal, auch abgesehen davon, dass der Bürgerkrieg Georgien wirtschaftlich ruiniert hatte: „By the end of 1993 it seemed that Georgia might cease to exist as a state; the government had effectively ceded control of two important provinces, South Ossetia and Abkhazia, to ethnic separatists and had even largely given up the streets of its capital to bandits."[617] Jones und Parsons fassen die Situation mit den Worten Ghia Nodias folgendermaßen zusammen: „Georgia continues to exist, as one Georgian scholar put it to me, in a state of ‚stable catastrophe'."[618]

Schewardnadse war nach seiner Rückkehr eine umstrittene Person in Georgien. Dem früheren KP-Chef Georgiens und ehemaligen Außenminister der Sowjetunion wurden nicht nur Sympathien entgegengebracht: „In retrospect, too, it is difficult to dismiss entirely the suspicions of many Georgians during the early part of 1992 that Shevardnadze's return was the finale of an elaborate Russian plot to topple the hostile president of a strategic neighbouring country."[619] Der Terror im Bürgerkrieg von allen Seiten wurde auch mit seiner Person in Verbindung gebracht. Nach Berichten des Nachrichtenmagazins *Der Spiegel* soll Schewardnadse sogar bei einer illegalen Hinrichtung durch seinen damaligen Innenminister Schota Kwiraja anwesend gewesen sein.[620] Dass man in Georgien sich in dieser Zeit nicht auf die Menschenrechte verlassen konnte, war bekannt. Auch Schewardnadse ließ seine Gegner in Massen verhaften und vor Gericht stellen.[621] Zu den Gräueln und Menschenrechtsverletzung im Bürgerkrieg kam der Zusammenbruch der Wirtschaft. Während der Sowjetzeit war Georgien ein Export- und Urlaubsland gewesen, der Bürgerkrieg, aber auch der ungeordnete Übergang in eine freie Marktwirtschaft, brachten die Wirtschaft zum Erliegen und verschlechterten die Lebensverhältnisse drastisch.[622]

---

the national independence movement, and more particularly for the paramilitary militias fighting for the national cause, came largely from voluntary or involuntary contributions from business. The militias' degeneration into mafia-style protection-racket activities was most blatant and prolonged in Georgia, but it was by no means unique to that country, nor to the militias of the early 1990s."HERZIG (1999) (siehe Fußnote 604), S. 22.

[617] AVES (1991) (siehe Fußnote 590), S. 15.
[618] JONES/PARSONS (1996) (siehe Fußnote 602), S. 308.
[619] GOLDENBERG (1994) (siehe Fußnote 579), S. 83.
[620] Vgl. hierzu SPIEGEL, DER (1995) Terror in Tiflis. Verhaftungswelle, Sturz des Geheimdienstchefs, Panzer auf den Strassen - Wahlkampf nach dem Attentat auf Staatschef Schewardnadse. In: *Der Spiegel*, Bd. [1995]: 37, 11. September, S. 50-51.
[621] Vgl. hierzu GUJER, ERIC (1995b) Georgiens langsamer Abschied von der Anarchie. In: *Neue Züricher Zeitung*, Bd. [1995]: 2. November, S. 3.
[622] Vgl. hierzu GOLDENBERG (1994) (siehe Fußnote 579), S. 70 und S. 73-74.

Wie sah Schewardnadses Innenpolitik aus? Schewardnadse konnte mit Kitowani und Iosseliani schlicht besser umgehen als Gamsachurdia. Sobald seine Macht 1995 gesichert war, dies auch durch den umstrittenen Eintritt in die GUS, der Georgien die Stationierung russischer Truppen bescherte, ließ er Iosseliani nach einem Sprengstoffanschlag auf sich verhaften. Auch Kitowani wurde 1995 verhaftet, nachdem er mit seiner „Front zur nationalen Befreiung" versucht hatte, gewaltsam in den Abchasienkonflikt einzugreifen. Schon 1993 war er als Verteidigungsminister zurückgetreten.[623] Im gleichen Jahr gab es wieder freie Wahlen. Schewardnadse war sich seiner Wiederwahl nun sicher und wurde mit über 70% der Stimmen zum Präsidenten gewählt. Schewardnadse nutzte auch das georgische System der Korruption als Mittel, um die verschiedenen Machtstrukturen Georgiens zu befrieden.[624]

Neben dem politischen Taktieren gelang Schewardnadse noch ein anderer Coup: Nach seiner Rückkehr 1992 ließ er sich taufen und brachte damit die Kirche auf seine Seite. „Daß auch die neue politische Führung Georgiens nicht ohne den Segen der Kirche auszukommen schien, zeigte sich bei der Rückkehr Schewardnadses im März 1992, als sein erster offizieller Besuch dem Patriarchen galt. Wenige Wochen später ließ sich der kurz darauf zum Vorsitzenden des provisorischen Staatsrates ernannte Schewardnadse von Ilia II. taufen."[625] Ilia II. verkündetet daraufhin, Schewardnadse sei jetzt ein guter Christ.[626] Schewardnadse hinderte dies nicht daran, in der Öffentlichkeit den Glauben nicht weiter ernst zu nehmen. In einem Interview mit der Journalistin Gelaschwili verkündete er freimütig, er sei nicht orthodox, er würde eher an die Existenz einer überirdischen Kraft glauben.[627] In einer Meldung von Reuters stellte Schewardnadse gar die Ikone an seiner Bürowand mit Porträts von

---

[623] Vgl. hierzu NEUE ZÜRICHER ZEITUNG (1995) Festnahme von Ex-Verteidigungsminister Kitowani. In: *Neue Züricher Zeitung*, Bd. [1995]: 15. Januar, S. 2 und SÜDDEUTSCHE ZEITUNG (1993) Machtkampf in Georgien. In: *Süddeutsche Zeitung* Bd. [1993]: 8. Mai, S. 4.

[624] Vgl. hierzu GUJER (1995a) (siehe Fußnote 609), S. 5, GUJER, ERIC (1995c) Sicherer Sieg für Schewardnadse in Georgien; Bereits im ersten Wahlgang zum Präsidenten gewählt. In: *Neue Züricher Zeitung*, Bd. [1995]: 7. November, S. 3, RÜESCH, ANDREAS (2002) Eduard Schewardsnadse. Gefangener des Kaukasus. In: *Neue Züricher Zeitung*, Bd. [2002]: 9. März 2002, S. 7 und HERBST (1994) (siehe Fußnote 595), S. 3.

[625] GERBER, JÜRGEN (1997) *Georgien: nationale Opposition und kommunistische Herrschaft seit 1956*. Baden-Baden: Nomos Verlagsgesellschaft, S. 113.

[626] Vgl. hierzu LERCH, WOLFGANG GÜNTER (2000) *Der Kaukasus. Nationalitäten, Religionen und Großmächte im Widerstreit*. Hamburg: Europa Verlag, S. 65.

[627] Vgl. hierzu GELASCHWILI, NAIRA (1993) *Georgien. Ein Paradies in Trümmern. Mit Gesprächen zwischen Edward Schewardnadse und der Autorin*. Berlin: AtV, S. 231.

Stalin, die früher die Wände geziert hatten, gleich.[628] Schewardnadse hatte die neuen Machtverhältnisse erkannt: Wollte er in Georgien an der Macht bleiben, bedurfte er der Unterstützung durch die Kirche.[629] Dies zum einen, da sie mittlerweile eine ernst zu nehmende Macht im Land geworden war, zum anderen aber auch, um durch diesen Schritt klarzustellen, dass er nicht als Agent Russlands gekommen war, sondern als ein Retter Georgiens, der sich in die alte Tradition der *Symphonia*, der Zusammenarbeit, von Kirche und Staat stellt.

4.3 Die Rosenrevolution und Georgien unter Saakaschwili

Die Ära Schewardnadse neigte sich mit einer Wahlfälschung bei den Parlamentswahlen 2003 dem Ende entgegen. Diesmal wurde zu stümperhaft gefälscht: „Viele Bürger fanden sich in den Listen ihrer Bezirke nicht wieder. Diese waren dafür um Phantomwähler verlängert worden. Wahllokale blieben gleich ganz geschlossen. Mehr als zehn Tage wurde umtriebig und unkontrolliert ausgezählt, während sich Schewardnadses Partei schon als Wahlsieger ausrufen ließ."[630] Währenddessen wuchs die Zahl der Demonstranten an, die den Rücktritt Schewardnadses forderten. Zu ihrem Namen kam die „Rosenrevolution", da Demonstranten anfingen, Rosen an die Polizisten und Soldaten, die Schewardnadse schützten, zu verteilen. Sie wollten so die Situation befrieden und Solidarität herstellen - nach den Erfahrungen des Bügerkriegs war die Angst vor neuen bürgerkriegsähnlichen Zuständen groß.[631] Die friedliche Revolution unter der Führung von Michael Saakaschwili, Nana Burdschanadse und Surab Schwanija glückte - Schewardnadse trat zurück, nach eigenen Worten, um Blutvergießen zu vermeiden - und nach den Neuwahlen im Januar 2004 war Michael Saakaschwili[632] der neue georgische Präsident.[633]

Vor der staatlichen Amtseinführung stand die kirchliche: Einen Tag vor seiner offiziellen Amtseinführung in Tbilisi empfing Saakaschwili im Kloster Gelati

---

[628] Vgl. hierzu GOLDENBERG (1994) (siehe Fußnote 579), S. 110.
[629] Vgl. hierzu HANF (2000) (siehe Fußnote 588), S. 61-62.
[630] VOSWINKEL, JOHANNES (2003) Familienstreit. In: *Die Zeit* Bd. [2003]: 47.
[631] Vgl. hierzu STRUNK, ANDREA (2003) Gehen oder Kommen? Georgien nach Schewardnadse. In: *Freitag* Bd. [2003]: 49.
[632] Saakaschwili hat in Frankreich und den USA Rechtswissenschaften studiert und war vor der Revolution ein Jahr lang Justizminister. Vgl. hierzu KOCH, STEFAN (2003) Weißes Banner, rote Kreuze. In: *Frankfurter Rundschau*, Bd. [2003]: 14. November, S. 3.
[633] Vgl. hierzu STRUNK (2003) (siehe Fußnote 631) und DEUTSCHE WELLE (2004a).

den Segen der Kirche von Ilia II. und schwur einen Eid auf die Bibel. Ilia II., der sich während des Machtkampfes als Vermittler angeboten hatte,[634] überreicht Saakaschwili eine Ikone als Symbol des Sieges mit den Worten: „Möge der Sieg dein und ganz Georgiens sein."[635] Gleichzeitig gab er Saakaschwili einen Auftrag mit: „You are entrusted with Georgia with its great hardships and problems. Georgia expects reunification from you and we are sure that you will do it with God being your helper."[636] So wird 2004 die *Symphonia* erneut wiederhergestellt. Da die kirchliche Segnung vor der staatlichen Amtseinführung stattfindet, wird die Rangfolge festgelegt: Ohne den Segen der Kirche kann es in Georgien keine funktionierende Präsidentschaft geben. Das Ritual in der Kirche hat aber auch noch eine andere Funktion: Ilia II., Saakaschwili und alle Anwesenden formieren sich hier durch die körperliche Erfahrung des Rituals zu einem christlich-nationalen Georgien, sie verkörpern die Imagination. Am gleichen Tag besucht Saakaschwili das Grab von König David dem Erbauer[637] und stellt sich so in die Reihe der georgischen Kirche und Herrscher und gleicht sich dem von Dschuanser im Mittelalter umrissenen georgischen Herrscherideal an. Das verlangt: „uneingeschränkte Zentralgewalt, christlich motivierte tätige Frömmigkeit im Vertrauen auf den Sieg des Guten, Gerechtigkeit ohne Ansehen der Person und schließlich Mut, sich im Kampf für die Erhaltung der staatlichen Integrität einzusetzen."[638] Mittlerweile ist die Beziehung zwischen Saakaschwili und Ilia II. nicht mehr ganz so eng. 2007 kam es zu Massenprotesten gegen Saakaschwili und seine Regierung, gegen die er gewaltsam vorging. Bei den daraufhin vorgezogenen Neuwahlen rief Ilia II. indirekt dazu auf, die Opposition zu wählen und die Amtseinführungszeremonie im Januar 2008 verlief anders als die 2004.[639]

Saakaschwilis Regierungsprogramm zielt vor allem auf die Bekämpfung der Korruption und die Wiederherstellung der territorialen Integrität Georgiens.[640]

---

[634] Vgl. hierzu KOCH (2003) (siehe Fußnote 632), S. 3.
[635] Ilia II. zitiert nach ASSOCIATED PRESS (2004) Saakschwili gelobt Einsatz für die Einheit Georgiens. In: *Associated Press* Bd. [2004]: 24. Januar.
[636] RIA NOVOSTI (2004) Georgian President Elect Swears to Restor Georgia's Integrity. In: *RIA Novosti News Service* Bd. [2004]: 24. Januar.
[637] Vgl. hierzu ASSOCIATED PRESS (2004) (siehe Fußnote 635).
[638] PÄTSCH, GERTRUD (Hrsg.) (1985) *Das Leben Kartlis. Eine Chronik aus Georgien 300-1200*. Leipzig: Dieterische Verlagsbuchhandlung, S. 36.
[639] Diese Entwicklung genauer zu untersuchen wäre wichtig. Da der vorliegende Text aus dem Jahr 2006 stammt, sind in diesem Rahmen allerdings nur kleinere Ausblicke möglich.
[640] Vgl. hierzu DI PUPPO, LILI (2005) Anti-Korruptionsreformen: Einzelne Erfolge und große Herausforderungen für Georgien. In: *Caucaz Europanews* Bd. [2005]: 21. Oktober.

Im Mai 2004 glückte ihm überraschend die friedliche Wiedereingliederung der autonomen Republik Adscharien. Sein nächstes Ziel ist die Rückkehr Süd-Ossetiens nach Georgien: „In seiner Rede an die Nation am 26. Mai 2004 brachte er den Vorschlag eines ‚asymmetrischen Staatenbundes' ins Spiel. Den Osseten stellte er die gleichen Rechte in Aussicht, die ihre Landsleute in Nordossetien im Rahmen der Russischen Föderation genießen. Doch solche wolkigen Erklärungen bringen dem neuen Regime samt seiner neuen Staatsflagge mit den fünf Kreuzen wenig Kredit. In der Bevölkerung hält sich die Legende, dass nicht zufällig Aslan Abaschidze [der ehemalige Machthaber in Adscharien; E.F.] wie Eduard Schewardnadse am Namenstag des Heiligen Georg, des georgischen Schutzpatrons, zurücktreten mussten. Solche Ideen einer georgischen Metaphysik könnte man belächeln, würden sie nicht mit kampfentschlossenen Parolen einhergehen, die von künftigen Erfolgen künden - wenn nötig auf Kosten eines Krieges mit den Osseten."[641] Und so nehmen auch im heutigen Georgien die georgische Kirche und christliche Symbolik eine bedeutende Rolle ein. Die von Saakaschwili neu eingeführte Flagge war vorher das Symbol der Revolution: fünf rote Kreuze auf weißem Grund. Die Kreuzsymbolik der Kirche findet sich nun sogar auf der Staatsflagge. Die neue Flagge wurde von Ilia II. begrüßt und gesegnet. Er sagte in einem Interview: „It is a historic day today. A five-cross flag has become the state standard of Georgia and it was blessed today. It means that Georgia will be victorious and with this flag, Georgia will soon enter (self-declared republic of) Abkhazia and Tskhinvali (the Georgian name of self-declared republic of South Ossetia)."[642] Es gab auch Gegner der neuen Flagge. Am 15. Januar 2004 stimmte das Parlament mit 147 zu einer Gegenstimme für die neue Staatsflagge.

Auch andere Staatssymbole belegt Saakaschwili neu, wie der georgischer Philosoph und Historiker Ghia Nodia in einem Interview mit Radio Free Europe/Radio Liberty (RFE/RL) erzählt: „RFE/RL: What you're saying then is that for Saakashvili the main thing in his first year or so in government has been to inject a sense of self-belief into the population? NODIA: Yes, yes. And he is very high on trying to inject this national pride without making it ethnic pride. He is very big on state symbols, he changed the flag, the hymn, the state

---

[641] RADVANYI, JEAN (2004) Der Präsident will ganz Georgien. Sezession im Kaukasus. In: *Le Monde Diplomatique, Deutsche Ausgaube* Bd. [2004]: 08. Oktober.

[642] FINANCIAL TIMES INFORMATION (2004b) Head of Georgian Church Confident Breakaway Provinces to be Regained. In: *Financial Times Information* Bd. [2004]: 23. Januar.

seal, everything, and he is very proud that the Georgian people have started to love their hymn and sing their hymn, which was not the case before. And you know, everybody loves the new Georgian flag, and so he tried very hard. And it is certainly his priority to instill, somehow to fill this gap between the state and the citizen because Georgians, especially after their 200 years in the Russian Empire, are used to treating the state as a kind of adversary, enemy, somebody you have a really positive relationship with the state. But Saakashvili sees, I think rightly, his important mission to somehow create a connection between citizens and the state."[643] Kirchliche und staatliche Symbolik werden vermischt. Ein junger Staat bezieht sich auf eine alte Nation.

Die Einweihung der neugebauten Sameba-Kirche (die Kirche der heiligen Dreifaltigkeit, deren Bau noch in der Ära Schewardnadse begonnen wurde) 2004 war ein ähnlich symbolischer Staats- und Kirchenakt. Die Sameba-Kirche ist die größte Kirche in ganz Georgien. Sie steht auf einem Gelände von elf Hektar größe, ist 77 Meter hoch und 70 Meter lang, 64 Meter breit. Das in der Kirche aufgestellte Kreuz ist 7,5 Meter hoch. In bis zu 13 Meter Tiefe befinden sich fünf unterirdische Kirchen, vier Kirchen sind oberirdisch. Der gesamte Komplex fasst die große Kathedrale, die ober- und unterirdischen Kirchen, einen Glockenturm mit neun Glocken, ein Mönchskloster, eine Theologische Akademie und ein Hotel. Dieser Mammutbau in einem Land, das wirtschaftlich am Boden liegt wurde in erster Linie von privaten Spendern finanziert, deren Namen in die Fussbodenplatten eingraviert wurden. Eingeweiht wurde diese neue Kirche des Patriarchen am 23. November 2004, am Tag des heiligen Georgs und dem Jahrestag der „Rosenrevolution". Sowohl Schewadnadse als auch Saakaschwili waren anwesend. Saakaschwilis Frau, Sandra Roelofs, schenkte der Kirche zur Einweihung mehrere Ikonen und Saakaschwili hielt eine Ansprache: „In seiner Rede zur Eröffnung gratulierte Michael Saakaschwili dem georgischen Volk zum Fest des Hl. Georg – und bedankte sich bei dem Katholikos-Patriarchen Georgiens Ilia II. für seinen Einsatz für das Volk und die georgische Kirche."[644] Erneut treffen Kirche und Staat aufeinander und vereinen sich symbolisch: am Tag der „Rosenrevolution" und des heiligen Georg.

---

[643] PARSONS, ROBERT (2005) Georgian Analyst Assesses President's Effort to Transform. In: *Radio Free Europe/Radio Liberty Caucasus Report* Bd. 8: 19.
[644] KOBAIDSE, MAJA (2004) Die größte Kirche Georgiens. Zum Jahrestag der Rosenrevolution wurde die Sameba-Kirche eingeweiht. In: *Kaukasische Post*, Bd. 18: 50 URL: http://www.kaukasische-post.de/KP50/index.htm.

Die ehemaligen Kontrahenten Schewardnadse und Saakaschwili sind beide anwesend. und Saakaschwili ehrt in diesem neuen Prunkbau den Einsatz der Kirche für die Nation. Nation und Kirche vereinen sich im Ritual. Gleichzeitig wird deutlich, dass die Kirchenbauten in Georgien den Staat symbolisieren und der Neubau von Kirchen bzw. die Wiedereröffnung und Renovierung alter Gebäude auch ein Zeichen für die Wiederbelebung der Nation ist. So ist es zu verstehen, dass die knappen Finanzmittel (auch von Privatpersonen) für die Kirche ausgegeben werden, anstatt andere Dinge zu finanzieren.

Im Januar 2004, ebenfalls in einer Zeremonie in einer Kirche, diesmal in der Kaschueti Kirche des heiligen Georg in Tbilisi, verkündete Saakaschwili, dass es nun erlaubt werden solle, Gamsachurdia in der georgischen Hauptstadt zu beerdigen. Er würdigte ihn als einen großen Staatsmann und Patrioten und benannte eine Straße in Tbilisi nach ihm.[645] Ebenso setzte Saakschwili eine Kommission ein, die die Geschehnisse rund um den Putsch und den Beginn des Bürgerkriegs genauso untersuchen soll wie den Tod Gamsachurdias.[646] In anderen Ländern werden solche Kursänderungen in der Politik im Parlament verkündet, in Georgien hingegen in der Kirche. Diese Praxis symbolisiert erneut die Einheit von Kirche und Nation in Georgien, steht aber auch für etwas anderes: Wenn z.B. unliebsame Vorschläge in einer Kirche verkündet werden, sind sie direkt von der Aura eines göttlichen Willens umgeben. Zusätzlich ist die Kirche kein Ort der Diskussion, Widersprüche werden im Keim erstickt. Saakaschwili reiht sich ein in die kurze Reihe der georgischen Präsidenten, die ein christliches Georgien nicht in Frage stellen und die Einheit von Kirche und Staat nicht nur als gegeben nehmen, sondern durch symbolische Akte immer wieder erneut hervorbringen.

Saakaschwili versucht in Georgien die Fronten des Bürgerkriegs zwischen Gamsachurdia-Anhängern und Feinden aufzuheben, die Korruption zu bekämpfen und abtrünnige Territorien zurückzugewinnen. Im Fall von Adscharien glückte dies friedlich. Was den Konflikt um Süd-Ossetien angeht, hat Georgien zuletzt einen neuen Krieg ausgelöst. Seit einem Friedensvertrag von 1992 sind in Süd-Ossetien georgische, russische und süd-ossetische Truppen stationiert. Es kommt auch immer wieder zu kleinen Gefechten. Saakaschwili versuchte mehrmals, den Vertrag einseitig aufzukündigen. Das georgische Parlament hat

---

[645] Vgl. hierzu die Gamasachurdia Memorial Page http://www.geocities.com/z_g.geo/z_g.html, eingesehen am 06.02.2006.
[646] Vgl. hierzu das Online Magazin Civil Georgia vom 26.02.2004 CIVIL GEORGIA (2004).

im Februar 2006 den russischen Truppen ein offenes Ultimatum gestellt, Süd-Ossetion zu verlassen. So sollte Russland zu neuen Verhandlungen gezwungen werden, da der Friedensvertrag von 1992 nicht regelt, ob und wann es einen Truppenabzug geben soll. Im August 2008 kam es schließlich zum Einmarsch georgischer Truppen in Süd-Ossetien und dadurch zum Krieg zwischen Georgien und Russland. Die von Saakaschwili versprochene Wiederherstellung der vollen territorialen Integrität Georgiens ist – auch durch die Anerkennung der Unabhängigkeit von Abchasien und Süd-Ossetien durch Russland – in weite Ferne gerückt, wenn nicht gar unmöglich geworden. In diesem Konflikt hat sich Ilia II. nicht direkt hinter Saakaschwili gestellt, jedoch in verschiedenen Äußerungen deutlich gemacht, dass für ihn Süd-Ossetien zu Georgien gehört und mit dass mit Gottes Hilfe eine Wiedervereinigung möglich ist.

4.4 Ilia II.

Ilia II. wurde am 4. Januar 1933 als Sohn georgischer Auswanderer in Wladikawkas geboren. Seine Eltern waren orthodoxe Christen und ließen ihn in einer georgischen Kirche taufen. Die Schule beendete Ilia II. im Kaukasus und ging danach zur theologischen Ausbildung nach Moskau. 1960 kehrte er nach Georgien zurück und wurde in Batumi Priester. 1963 stieg er zum Bischof von Schemokmedi auf und leitete von 1963 bis 1972 das Theologische Seminar in Mzcheta. Im Dezember 1977 trat er als Katholikos-Patriarch die Nachfolge von David V. an. Von 1978 bis 1983 war Ilia II. der Vizepräsident des Weltkirchenrats.[647] Wie in Abschnitt 2.5 (Die Unionsrepublik Georgien (1921-1991)) schon beschrieben, gelang Ilia II. seit seiner Inthronisierung die Wiederbelebung der georgischen Kirche in der Sowjetrepublik: Kirchen wurden wieder geöffnet, Bischofssitze erneut besetzt, Massentaufen fanden statt, ein Kirchenjournal wurde herausgegeben, und die Tätigkeit Ilias II. für den Weltkirchenrat führte die georgische Kirche aus ihrer Isolation.

Ilia II. ist ein Verfechter der *Symphonia*, der Gleichrangigkeit zwischen Kirche und Staat. Kirche und Nation bilden aus seiner Sicht eine Einheit. In einer Rede anläßlich seiner Inthronisierung 1977 führte er die Tradition fort, die georgische Kirche als Kämpferin gegen Unterdrückung und Fremdherrschaft zu stilisieren und stellte gleichzeitig das Blutopfer Christi mit dem Blutopfer der

---

[647] Vgl. zu den biographischen Angaben die offizielle Homepage der Georgisch Orthodoxen Kirche, GEORGIAN PATRIARCHATE (2006a).

NATIONALKIRCHE UND POLITIK

georgischen Nation in eine Linie: „Wenn man zum Alarm die Glocken läutete, wenn die Holzstöße auf den Höhen auflodertem, um die Krieger zum Kampf gegen den eingedrungenen Feind zu rufen, waren die Ersthierarchen der Kirche dort – in den Schlachten zusammen mit dem Volk, um mit dem heiligen Kreuz in den Händen die zu ermutigen, die im Namen Christi kämpften. In friedlicher Zeit, wenn noch vor Sonnenaufgang das arbeitsame christliche georgische Volk erwachte und prächtige Gotteshäuser, Städte und Festungen erbaute, befand sich neben den Bauleuten auch der Ersthierach der Iberischen Kirche... Die Lehre Christi, welche er, der göttliche Lehrer mit seinem Blut bezeugt hat, ist so kostbar, daß unser gläubiges Volk sie mit seinem Blut verteidigt hat und sich, wie es sich in der Vergangenheit von ihr leiten ließ, so auch in der Gegenwart von ihr leiten läßt."[648]

Zum Erhalt von Kirche und Nation gehört für Ilia II. auch der Erhalt der Sprache. 1980 bekannte er: „‚without Christianity we would not be a distinctive nation, and we would die,' (...) ‚where language declines, so the nation falls.'"[649] Im August 1981, während eines Gottesdienstes in Mzcheta, gedachte er dem damaligen Widerstand gegen die Pläne, Georgisch als Amtssprache abzulösen und forderte die kulturelle, religiöse und nationale Autonomie Georgiens. Mehr als 500 Menschen nahmen an diesem Gottesdienst teil und sangen am Ende nationalistische Lieder.[650] Die Heiligsprechung Ilia Tschawtschawadses 1987 und die Betonung dessen Troika von *Vaterland, Sprache und Religion* waren auch ein Zeichen für diese Politik. Die georgische Kirche ist für Ilia II. die Beschützerin der Sprache und damit auch der Nation. Im Umkehrschluss würde es für ihn ohne die Kirche keine georgische Nation geben. In einer Predigt sagte er: „What would Georgia be without Christianity?! We defended Christianity and Christianity saved us... Our soul is by nature a Christian one."[651] Auch wenn die Ziele Ilias II. - ein unabhängiges Georgien, eine unabhängige georgische Kirche und der Erhalt der Sprache - sich mit denen der Nationalbewegung überschnitten, unterstützte er die Dissidenten nie direkt. Dennoch wurde die

---

[648] Ilia II zitiert nach HEISER, LOTHAR (1989) *Die georgisch-orthodoxe Kirche und ihr Glaubenszeugnis*. Trier: Paulinus Verlag, S. 9.
[649] Ilia II. zitiert nach RAMET, SABRINA P. (1989) The Interplay of Religious Policy and Nationalities Policy in the Soviet Union and Eastern Europe. In: Dieselbe (Hrsg.) Religion and Nationalism in Soviet and East European Politics. Durham, London: Duke University Press, S. 36.
[650] Vgl. hierzu Dies. (1989) (siehe Fußnote 649), S. 36.
[651] Ilia II. zitiert nach JONES (1989) (siehe Fußnote 579), S. 187.

georgische Kirche ein Platz, an dem die Gegenwart und die Vergangenheit und Kultur Georgiens zueinanderfanden.⁶⁵²

Die Georgisch Orthodoxe Kirche nahm eine wichtige Rolle in der Nationalbewegung Georgiens ein, ließ sich aber von ihr nicht vereinnahmen. Dass die Stärkung der Kirche Konsens in der zerstrittenen Nationalbewegung war, kräftigte ihre Position zusätzlich: „Trotz ihrer engen Verflechtung mit Staat und Partei und ungeachtet der zum Teil heftigen Flügelkämpfe bestand in der Bevölkerung und zwischen den programmatisch noch so unterschiedlichen Gruppierungen Konsens darüber, daß die Kirche im Kampf um die Unabhängigkeit eine unverzichtbare gesellschaftliche Institution darstellte."⁶⁵³ Nach dem Zusammenbruch der Sowjetunion erfuhr die Kirche enormen Zulauf. Glaube, Religion und nationale Vergangenheit boten die Sicherheit, die der gerade zusammengebrochene Kommunismus genommen hatte: „Mit dem Zusammenbruch der Sowjetunion ist die Kirche die wohl einzige Institution in Georgien, die sich aus der alten Ordnung nicht nur herübergerettet, sondern auch vom Zerfall des politischen Systems profitiert hat."⁶⁵⁴

Die georgische Kirche unter Ilia II. ab 1990

Die Georgisch Orthodoxe Kirche bewegt sich seit der Unabhängigkeit Georgiens zwischen zwei Polen: dem Wunsch nach der *Symphonia* und nach Einfluss im Staat und dem Versuch, sich nicht von der Politik vereinnahmen zu lassen. Hier folgt eine Darstellung der Politik Ilia II. – soweit sie mir aufgrund der Quellenlage möglich ist. ⁶⁵⁵

Der Patriarch segnete 1990 die erste Sitzung des Parlaments nach der Unabhängigkeit⁶⁵⁶ und symbolisierte so direkt die Wiederaufnahme der *Symphonia*. Während und nach dem Putsch gegen Gamsachurdia war Ilia II. sehr darauf bedacht, nicht Teil des Konflikts zu werden. Er bot sich als Mediator zwischen den Konfliktparteien an. Da er sich später durch die Taufe Schewardnadses doch eindeutig auf eine Seite stellte, ist unklar, wie unabhängig Ilia II. in

---

[652] Vgl. hierzu JONES (1989) (siehe Fußnote 579), S. 194.
[653] GERBER (1997) (siehe Fußnote 625), S. 202-203.
[654] Ders. (1997) (siehe Fußnote 625), S. 113.
[655] Die mir bekannten Texte und Artikel beschäftigen sich z.B. nicht mit dem Verhältnis von Ilia II. und der Kirche. Wie groß die Macht Ilia II. tatsächlich ist, kann nur vermutet werden.
[656] Vgl. hierzu AVES (1991) (siehe Fußnote 590), S. 49.

diesem Konflikt tatsächlich war.[657] 1992 tauchten KGB-Akten auf, die sowohl den Patriarchen (seit 1962 unter dem Decknamen „Iwerieli"), als auch andere Kirchenmitglieder als KGB-Agenten ausgaben. Diese ehemaligen KGB-Agenten sollen sich nach Angaben der Internationalen Gesellschaft für Menschenrechte am Sturz von Gamsachurdia beteiligt haben, da sie den Gegnern Gamsachurdias erlaubt hätten, Waffen in Kirchen zu lagern und zu verstecken.[658] Nach Osman-Ogly war diese Verstrickung von Schewardnadse und Ilia II. durch den KGB der Grund dafür, warum Ilia II. sofort bereit war, Schewardnadse zu taufen.[659] Ilia II. hat die Mitgliedschaft von Teilen der Kirche im KGB, eine Anklage, die Gamsachurdia immer wieder erhob, dementiert: „Gamsachurdia ist sehr unobjektiv. Ich weiß, daß er erklärt, daß unsere Priester und Bischöfe Mitglieder des KGB waren. Er ist aber ein schlechter Mensch, und daran können Sie schon erkennen, daß er kein Mann der Kirche und kein Gläubiger ist."[660] So wird versucht, eine ernsthafte Anschuldigung durch die Unterstellung eines falschen Glaubensverständnisses aus der Welt zu schaffen.

Der Georgisch Orthodoxen Kirche als Institution gelang es im Bürgerkrieg nicht, unabhängig zu bleiben - gab es doch auch in den Reihen der Kirchenangehörigen Gamsachurdia-Anhänger und Gegner. Der Patriarch hatte im Konflikt mit Süd-Ossetien verkündet, dass jeder, der einen Georgier tötet, ein Feind der georgischen Nation sei.[661] Der Appell half nicht die Kämpfe zu verhindern. Dass sich Ilia II. zuweilen nicht zu schade ist, in die politischen Geschehnisse des Landes einzugreifen, beweist er immer wieder. Bei den Wahlen 1995 verkündete er freimütig, er habe Schewardnadse gewählt, da dieser in Georgien Frieden stiften könne.[662] Als ein russischer Bischof Süd-Ossetien besuchte, sah er dar-

---

[657] Vgl. hierzu BRYNER, ERICH (1996) *Die Ostkirchen vom 18. bis zum 20. Jahrhundert (Kirchengeschichte in Einzeldarstellungen 3, Bd. 10)*. Leipzig: Evangelische Verlagsanstalt, S. 70 und OSMAN-OGLY KURBANOV/RAFIK-OGLY KURBANOV (1995) (siehe Fußnote 599), S. 230.
[658] Vgl. hierzu INTERNATIONALE GESELLSCHAFT FÜR MENSCHENRECHTE (Hrsg.) (1992) *Menschenrechte in Georgien 1992. IGMF Informationssammlung 5. Oktober 1992.* Frankfurt am Main: IGFM, S. 53-54.
[659] Vgl. hierzu OSMAN-OGLY KURBANOV/RAFIK-OGLY KURBANOV (1995) (siehe Fußnote 599), S. 230. Wenn dies so stimmt, könnte es sein, dass wegen der gemeinsamen KGB-Vergangenheit Schewardnadse nicht allzu große Rücksicht auf Ilia II. nehmen musste. Seine Äußerungen, dass er nicht gläubig sei u.ä. lassen dies zumindest vermuten.
[660] Ilia II. zitiert nach MOTYLEWITZ, G. (1993) Georgien: Gamsachurdia kontra Kirche. In: *Glaube in der 2. Welt*, Bd. 21: 3, S. 6.
[661] Vgl. hierzu KALANDADZE, GEORGI (1991) Georgia's Patriarch Anathematizes Murderers of Georgians as Enemies of the Nation. In: *Russica Information Inc.* Bd. [1991]: 30. Juni.
[662] Vgl. hierzu FOCUS MAGAZIN (1995) Georgien: Der Saubermann. In: *Focus Magazin*, Bd.

in sowohl einen Angriff auf die nationale als auch die kirchliche Autonomie: „This is a gross violation of the church law. The territory of South Ossetia is an inalienable part of Georgia and one of diocese of the Georgian Orthodox Church."[663] Und 2005, nach dem Tod des Politikers Schwanija, forderte er die Georgier auf, Saakaschwili weiterhin zu unterstützen.[664]

Die Rolle, die die Kirche im unabhängigen Georgien einnehmen soll, wurde in der Verfassung Georgiens schließlich als Kompromiss zwischen *Symphonia* und Trennung von Kirche und Staat festgeschrieben. In Artikel 9 der georgischen Verfassung „(...) erklärt der Staat seine Affinität zur (autocephalen) georgischen orthodoxen Kirche. Dort bekennt sich der Staat zu der besonderen Rolle der georgischen orthodoxen Kirche in der geschichtlichen Entwicklung Georgiens, erklärt aber gleichzeitig die absolute Glaubens- und Bekenntnisfreiheit und die Unabhängigkeit der Kirche vom Staat."[665] Doch – so könnte man meinen – fingen nach der Verfassungsgebung die Probleme erst richtig an: „But society and the government have yet to figure out how the special role of the church is to reconcile with freedom of religion. One segment of the public calls for Orthodoxy to be declared the state religion. This kind of political decision is hardly feasible, but as a matter of fact in some spheres the Orthodox Church has come close to playing an official role."[666] Die orthodoxe Kirche greift in Abstimmung mit dem Erziehungsministerium in Lehrpläne und Schulbücher ein, Religionsunterricht wurde in den öffentlichen Schulen zum Pflichtfach, und die Kirche wird vom Staat bei der Bekämpfung von Sekten unterstützt, da diese die nationale Sicherheit gefährdeten. Zu diesen gefährlichen Sekten gehören für Ilia II. auch die Zeugen Jehovas: „According to the Patriarch, sectarians have recently smuggled 6.5 tonnes of Jehovist literature into the republic. There is a danger of foreign religious expansion and aggression, and that various sects may take root in the country, he said. (...) He urged the state to help the church in resolving the problem, warning that foreign sects are trying to undermine

---

[1995]: 46, 13. November, S. 331.

[663] Ilia II. zitiert nach MEKHUZLA, EKA (2005) Georgia Church Unhappy About Russian Bishop Visit to South Ossetia. In: *ITAR-TASS News Agency* Bd. [2005]: 21. September.

[664] Vgl. hierzu BARATELI, IYA (2005) Ilia II of all Georgia Urges Population to Support Saakashvili. In: *ITAR-TASS News Agency* Bd. [2005]: 3. Februar.

[665] GAUL, WOLFGANG (2001) *Verfassungsgebung in Georgien. Ergebnisse internationaler rechtlicher Beratung in einem Transformationsstaat.* Berlin: Berlin Verlag Arno Spitz GmbH, S. 106.

[666] NODIA (1999) (siehe Fußnote 596), S. 136.

national religious tradition and destroy the people's faith."[667] Außerdem wird die orthodoxe Kirche vom Staat finanziell unterstützt.[668]

2002 schließlich kommt es zwischen Kirche und Staat zu einem Abkommen, das die Orthodoxie de facto zur Staatsreligion erklärt: „Wie Radio Vatikan meldete, unterstrich Staatspräsident Eduard Schewardnadse bei der feierlichen Unterzeichnung des Abkommens, das Dokument werde eine ‚historische Rolle beim Aufbau des unabhängigen Staates spielen' und zur Vereinigung der Nation beitragen. Der georgisch-orthodoxe Patriarch Elias II. [sic!] sagte, die Hauptaufgabe des ‚Verfassungsabkommens' bestehe darin, der Kirche eine aktive Teilnahme am Leben der Gesellschaft zu ermöglichen, wie das in zivilisierten Staaten der Fall sei."[669] Das Abkommen regelt, dass alle Kirchen und Klosteranlagen der Kirche zurückgegeben werden, ebenso religiöse Kunstschätze. Religiöse Kunst in Museen gehört sowohl der Kirche als auch dem Staat. Ferner soll der Staat prüfen, wie die Schäden, die der georgischen Kirche in den letzten 200 Jahren der Fremdherrschaft entstanden sind, kompensiert werden können. Um diese Fragen und auch um die Verfahren der Rückgabe von Kirchenbesitz zu klären, sollte eine Kommission eingesetzt werden.[670] So bilden zwölf Jahre nach der Unabhängigkeit Kirche und Staat tatsächlich eine Einheit, mit dem Ziel, die Nation zu einen. Der Gleichklang von *Vaterland, Sprache und Glaube* ist Realität geworden. Dass schon vor diesem Abkommen die Orthodoxie quasi Staatsreligion war, zeigt sich auch daran, dass nahezu alle Staatsbesuche, Besuche von Vertretern internationaler Organisationen und ausländischer Regierungen in Georgien neben den Terminen mit der georgischen Regierung auch den Patriarchen treffen.[671]

---

[667] MEKHUZLA, EKA (1999b) Georgien Patriarch Urges State to Stop Desctructive Sects. In: *ITAR-TASS News Agency* Bd. [1999]: 27. April.

[668] Vgl. hierzu BRYNER (1996) (siehe Fußnote 657), S. 70 und NODIA (1999) (siehe Fußnote 596), S. 136-137.

[669] Vgl. hierzu WORLDWIDE FAITH NEWS (2002), und FINANCIAL TIMES INFORMATION (2002a) Georgian Parliament Ratifies State-Church Agreement. In: *Financial Times Information* Bd. [2002]: 22. Oktober.

[670] Vgl. hierzu FINANCIAL TIMES INFORMATION (2002b) Georgian President, Orthodox Church Head Sign Consitutional Covenant. In: *Financial Times Information* Bd. [2002]: 14. Oktober und BARATELI, IYA (2002) Georgian State, Church Sign Constitutional Agreement. In: *ITAR-TASS News Agency* Bd. [2002]: 14. Oktober.

[671] Vgl. hierzu ASSOCIATED PRESS (2000) Schröder fordert Europa zu Stabilitätspakt für Kaukasus auf. In: *Associated Press* Bd. [2000]: 1. April, BBC (1999b) Speaker of Canadian Senate to Pay Official Visit to Georgia on 1st April. In: *British Broadcasting Corporation* Bd. [1999]: 31. März, ITAR-TASS NEWS AGENCY (1999) Meldung vom 04.09.1999. In: *ITAR-TASS News Agency* Bd. [1999]: 4. September, FINANCIAL TIMES

Die staatliche Unterstützung der orthodoxen Kirche, die ohnehin die zahlenmäßig bedeutendste Konfession im Lande ist, begünstigt zusammen mit konservativen Kirchenmitgliedern die Unterdrückung der Religionsfreiheit in Georgien, auch wenn diese ausdrücklich in der Verfassung festgeschrieben ist. So berichtet die Pfingstgemeinde in Tbilisi, dass sie 1995 keine Räume für Gemeindetätigkeiten mehr anmieten konnte, da die öffentlichen Säle nur für die orthodoxe Kirche verfügbar seien. Private Gebetstreffen würden von georgischen KGB-Mitgliedern gewaltsam aufgelöst.[672] Auch die armenische Minderheit hat mit Repressalien zu kämpfen: 1993 gelang es ihr nicht, in Tbilisi eine Kirche wiederzuerichten, während alle in der Sowjetzeit zweckentfremdeten Kirchen an die georgische Kirche rückübertragen wurden. Ein entsprechender Antrag der armenischen Gemeinde wurde von der Stadtverwaltung abgelehnt.[673] 2001, 2002, 2003 und 2004 berichtet auch Amnesty International von der religiösen Unterdrückung in Georgien. Meist sind davon die Zeugen Jehovas, evangelische Christen, Baptisten und die Pfingsgemeinde betroffen. Beschrieben werden immer wieder Überfalle und Körperverletzungen, oft unter den Augen der georgischen Polizei, in seltenen Fällen auch mit deren Hilfe.[674]

Seit dem Jahr 2001 versucht die georgische Regierung - zumindest als Lippenbekenntnis und nach außen - gegen die Unterdrückung der Religionsfreiheit vorzugehen, wie eine kleine Anfrage der CDU/CSU Bundestagsfraktion zur

---

INFORMATION (2004a) Azeri Leader to Visit Georgia On 14-15 June. In: *Financial Times Information* Bd. [2004]: 9. Juni, BBC (1999a) Greek National Defence Chief to Pay Official Visit to Georgia on 17th January. In: *British Broadcasting Corporation* Bd. [1999]: 15. Januar, BBC (1999b) (siehe Fußnote 671), PACHKORIA, TENGIZ (2000) UNESCO Director General Arrives in Tbilisi. In: *ITAR-TASS News Agency* Bd. [2000]: 15. September, MEKHUZLA, EKA (1999a) Cultural Heritage Committee chairman visits Georgia. In: *ITAR-TASS News Agency* Bd. [1999]: 25. Februar und BALTIC NEWS SERVICE (1995) Estonian Parlament Speaker to Meet with Georgian President. In: *Baltic News Service* Bd. [1995]: 30. November.

[672] Vgl. hierzu INTERNATIONALE GESELLSCHAFT FÜR MENSCHENRECHTE (Hrsg.) (1996) *IGFM Menschenrechte in der GUS-Republik Georgien 1996*. Frankfurt am Main: IGFM, S. 14.

[673] Vgl. hierzu ANONYM (1993) Georgien: Armenier verfolgt. In: *Glaube in der 2. Welt*, Bd. 21: 10, S. 5.

[674] Vgl. hierzu AMNESTY INTERNATIONAL DEUTSCHLAND (2001) *Jahresbericht 2001: Georgien*. Bonn: Amnesty International, S. 2, AMNESTY INTERNATIONAL DEUTSCHLAND (2002) *Jahresbericht 2002: Georgien. Berichtszeitraum 1. Januar bis 31. Dezember 2001*. Bonn: Amnesty International, S. 3 und AMNESTY INTERNATIONAL DEUTSCHLAND (2003) *Jahresbericht 2003: Georgien. Berichtszeitraum 1. Januar bis 31. Dezember 2002*. Bonn: Amnesty International, S. 3 und AMNESTY INTERNATIONAL DEUTSCHLAND (2004) *Jahresbericht 2004: Georgien. Berichtszeitraum 1. Januar bis 31. Dezember 2003*. Bonn: Amnesty International, S. 2.

Religionsfreiheit in Georgien ergab. Nach der Antwort der Bundesregierung fängt die georgische Regierung an, religiös motivierte Gewalt offiziell zu verurteilen. Ferner hat Schewardnadse im März 2003 an einem ökumenischen Gottesdienst teilgenommen.[675] Weitere politische Schritte wurden in die Wege geleitet: „Das georgische Parlament hat Anfang 2001 eine Resolution gegen religiösen Extremismus verabschiedet. Weiterhin hat am 20. Februar 2003 der Menschenrechtsausschuss des georgischen Parlaments Beratungen über die Verletzungen der Rechte religiöser Minderheiten - im konkreten Fall handelte es sich vor allem um die Zeugen Jehovas - aufgenommen. Der georgische ‚Gesetzesentwurf über Bekenntnisfreiheit und die Freiheit der religiösen Vereinigungen', der die Rechte der nicht orthodoxen Christen in Georgien besonders schützen soll, wurde inzwischen ins georgische Parlament eingebracht. Eine Lesung hat bisher nicht stattgefunden."[676] Bei Überfällen auf religiöse Minderheiten, aber auch auf ökumenische Gottesdienste, tat sich der exkommunizierte Priester Basil Mkalawischwili als Anführer hervor. Er hatte es besonders auf die Zeugen Jehovas abgesehen und schreckte auch nicht davor zurück, ihre Schriften auf offener Strasse zu verbrennen. 2005 wurde er schließlich, nachdem ihm mehr als 80 gewalttätige Überfälle zur Last gelegt wurden, zu 6 Jahren Haft verurteilt.[677] Dass die Festnahme Mkalawischwilis nicht als Zeichen einer nun ernstgenommenen Religionsfreiheit in Georgien zu sehen ist, stellte Saakaschwili schnell dar: „Unmittelbar nach der Polizeiaktion erklärte Präsident Saakaschwili öffentlich, dass ‚der georgische Staat und nicht ein lokaler Extremist, der Menschen schlägt und überfällt, Georgien von schädlichen, fremden Einflüssen und Extremismus schützen müsse'."[678]

Ein Feature des Südwestrundfunks über Georgien und die orthodoxe Kirche aus dem Jahr 2003[679] nennt weitere Beispiele religiöser Unterdrückung: Der baptistische Bischof Songlaschwili berichtet von einem ökumenischen Gottes-

---

[675] Vgl. hierzu DEUTSCHER BUNDESTAG (2003) Antwort der Bundesregierung auf die Kleine Anfrage der Abgeordneten Rainer Eppelmann, Hermann Gröhe, Holger Haibach, weiterer Abgeordneter und der Fraktion der CDU/CSU: Gefährdung der freien Religionsausübung in Georgien. In: *Bundestagsdrucksachen*, Bd. 15. Wahlperiode: 1248, S. 2.

[676] Dass. (2003) (siehe Fußnote 675), S. 2

[677] Vgl. hierzu die Georgien Nachrichten vom 31.01.2005 und Dass. (2003) (siehe Fußnote 675), S. 1.

[678] AMNESTY INTERNATIONAL DEUTSCHLAND (2005) *Jahresbericht 2005: Georgien. Berichtszeitraum 1. Januar bis 31. Dezember 2004*. Bonn: Amnesty International, S. 3.

[679] Dieses Feature ist sehr interessant, da es verschiedene Priester und Bischöfe verschiedener Konfessionen in Georgien zu Wort kommen lässt und so Einblicke in die kirchliche Realität jenseits vom Patriarchen, aber auch jenseits der georgischen Kirche, ermöglicht.

dienst im Januar 2003, der vom schon erwähnten Mkalawischwili und seinen Leuten gestürmt wurde. Dabei zerschlugen sie Fensterscheiben und bedrohten die Anwesenden. Der Metropolit von Rustavi habe dazu aufgerufen, Sektierer zu töten - unter Sektierern versteht er auch Baptisten. Und als letztes Beispiel wird von einer Baptistenkirche in Akhalsopheli berichtet, die nach einer Ankündigung des dortigen orthodoxen Priesters in Flammen aufging.[680] Der mittlerweile verstorbene Bischof der lutherischen Gemeinde in Tbilisi, Gert Hummel, fasste die Situation folgendermaßen zusammen: „Hier sind die,[sic!] die Majorität [die Orthodoxen; E.F.],[sic!] und sie wissen gar nicht, dass sie die kleinste der Weltkirchen sind. In einem Land wie diesem kann man sich einbilden, man sei allein da und habe die Wahrheit gepachtet."[681]

Auch der Patriarch selbst ist anderen Religionen gegenüber nicht unbedingt tolerant. Die Bekämpfung der Zeugen Jehovas durch Ilia II. wurde schon genannt. Der Patriarch ist auch der katholischen Kirche gegenüber mehr als kritisch eingestellt. Bei einem Besuch des Papstes 1999 in Georgien verbot er das Gebet mit Nicht-Orthodoxen, da orthodoxe Christen nicht mit anderen Religionen und Konfessionen beten dürften. Trotz dieses Verbots nahm Schewardnadse an der Messe teil. Er verstand den Besuch des Papstes als einen Beweis dafür, dass Georgien zur christlichen Zivilisation gehöre, als ein Zeichen der Westbindung. Der Papst drückte „seine Ehrerbietung gegenüber der fast zweitausendjährigen Geschichte der georgischen Orthodoxie aus und würdigte deren Bedeutung für das hiesige Nationalbewusstsein."[682] Doch auch diese Geste konnte die Spannungen nicht abbauen. Der Anlass des Papstbesuches war die Einweihung eines Heims der Caritas für Obdachlose: „Ilia II. erklärte aber während dieses Besuchs, er fürchte ‚Einflüsse von außen und von Sekten, die mit dem Vorwand der Caritas und Nächstenliebe sich in Georgien einschleichen', um ‚Seelenräuberei' zu betreiben."[683] 2003 gelang es der orthodoxen Kirche, ein Abkommen zwischen dem Vatikan und Georgien zu verhindern, dass es dem Vatikan erlauben sollte, in Georgien katholische Kirchen zu bauen.[684]

---

[680] Vgl. hierzu WEIß (2003).
[681] Ders. (2003)
[682] RÜESCH, ANDREAS (1999) Lobende Worte des Papstes für Schewardnadse. In: *Neue Züricher Zeitung*, Bd. [1999]: 10. November, S.5.
[683] ENGLISCH, ANDREAS (1999) Scharfe Angriffe auf den Papst in Georgien. In: *Die Welt* Bd. [1999]: 10. November.
[684] Vgl. hierzu FINANCIAL TIMES INFORMATION (2003) Vatican Official Cuts Short Visit to Georgia Following Protests. In: *Financial Times Information* Bd. [2003]: 20. September.

NATIONALKIRCHE UND POLITIK 173

So wird jede andere Religion als Gefahr für die Orthodoxie und damit auch als Gefahr für die Nation bekämpft. Die Performanztheorie macht diese Haltung nachvollziehbar, da die Einheit von Kirche und Nation auch durch kirchliche bzw. politische Rituale hergestellt und verkörpert wird: „Menschen inszenieren sich, ihre Beziehungen zu anderen und schaffen das Soziale, indem sie es aufführen. In der Inszenierung und Aufführung des Sozialen erzeugen sie es; sie schaffen Ordnungen; diese sind oftmals hierarchisch, denn in ihnen drücken sich Machtverhältnisse aus - zwischen den Angehörigen verschiedener Schichten, zwischen den Generationen und zwischen den Geschlechtern. Indem sie in körperlichen Arrangements aufgeführt und ausgedrückt werden, geben sie den Anschein, als seien sie natürlich und allgemein akzeptiert. Indem sie zum ‚Mitspielen' einladen, laden sie auch dazu ein, die sich in ihnen artikulierenden Ordnungen und Machtverhältnisse als gegeben zu akzeptieren. Wer diese Einladung zum ‚Mitspielen' in einer Gemeinschaft nicht annimmt, gliedert sich aus, wird ausgeschlossen und kann zum Sündenbock und damit zur Projektionsfläche der Negativität und Gewalt der Gemeinschaft werden."[685] Deswegen bedrohen andere Religionen mit anderen Ritualen, die sich den christlich-georgischen Ritualen versperren, die nationale Einheit. Wenn nun eine andere Kirche in Georgien zum gemeinsamen Gebet aufruft - wie es der Papst getan hat - gefährdet sie die Nation und die georgische Kirche: Würden die georgischen Christen an diesem Ritual teilnehmen, entzögen sie sich körperlich der georgischen Nation.

Im muslimisch dominierten Adscharien erfuhr die orthodoxe Kirche ebenfalls staatliche Unterstützung. Zuerst wurde in Khulo die einzige weiterführende Schule in ein christliches Lyceum umgewandelt und danach der Lehrplan mit christlichen Inhalten gefüllt. Sieben von 30 Unterrichtsstunden beschäftigen sich mit dem Alten und Neuen Testament, Methoden des Bibelstudiums und der Rolle der Kirche in Georgien: „If one adds the three hours of Georgian history and in total four hours of Georgian language and literature, it becomes clear that besides teaching students a profession, the lyceum is a powerful institution of nation-building."[686] Und dies trotz der muslimischen Abstammung der meisten Schülerinnen und Schüler. Sie gehen auf eine Schule, in der sie lernen, wie wichtig die Orthodoxie für die georgische Nation war und ist und sind einem öffentlichen

---

[685] WULF, CHRISTOPH/ZIRFASS, JÖRG (2004) Performative Welten. In: WULF, CHRISTOPH/ ZIRFASS, JÖRG (Hrsg.) Die Kultur des Rituals. Inszenierungen. Praktiken. Symbole. München: Wilhelm Fink Verlag, S. 8-9.
[686] PELKMANS (2002) (siehe Fußnote 600), S. 263.

Diskurs darüber ausgesetzt, ob man gleichzeitig Muslim und Georgier sein kann. In Aufsätzen von Teenagern des christlichen Lyceums zeigt sich die Verwirrung über diese Situation: „So although she identifies herself as being Muslim, in the same sentence she mentions that ‚our true religion' is Christianity. Another girl wrote: ‚I am a Muslim myself but I attribute great preference to Christianity because I realize that Christianity saves our nation'."[687] Um im christlich dominierten Georgien Chancengleichheit herzustellen, konvertieren viele Adscharier, besuchen aber weiter die Moschee.[688] So implizieren die Rufe nach einer orthodoxen Staatsreligion die Frage, ob Muslime tatsächlich Georgier sein können, und die georgischen Muslime versuchen in dieser angespannten Lage pragmatische Lösungen zu finden.[689]

Ilia II., der von 1978 bis 1983 Teil des Weltkirchenrats war (der Weltkirchenrat setzt sich für den interreligiösen Dialog der christlichen Kirchen ein), hat eine Kehrtwende vollzogen - dies zeigt schon sein Verhalten während des Papstbesuches 1999. Manche gehen davon aus, dass Ilia II. aufgrund der Machtverhältnisse in seiner Kirche nicht anders handeln könne: „Der Patriarch war (...) früher einmal einer der Präsidenten des Genfer Weltkirchenrates. Er ist ein ökumenisch aufgeschlossener Mann. Es gibt andere Repräsentanten in der georgisch-orthodoxen Kirche, die ökumenisch ebenso aufgeschlossen sind. Aber für sie gilt, was der Baptisten-Bischof Malkhaz über den Patriarchen sagt: O-Ton Malkhaz: The Patriarch is a prisoner of his own church."[690] Ob diese Einschätzung stimmt, ist unklar. Über das Verhältnis zwischen Ilia II. und seinen Bischöfen und Priestern ist nicht viel bekannt. Die genannten Beispiele zeigen, dass die georgische Kirche in Teilen in den Fanatismus abgleitet und dass der Patriarch - aus welchen Gründen auch immer - nicht wirkungsvoll gegensteuert. 1997 trat die georgische Kirche schließlich aus dem Weltkirchenrat aus. Zwischen den orthodoxen Kirchen und dem Weltkirchenrat gibt es vielerlei Spannungen, aber nur die georgische und bulgarische Kirche traten tatsächlich aus, wobei die bulgarische Kirche mittlerweile wieder eingetreten ist. Gestritten wird über die Art der Entscheidungsfindung. Die orthodoxen Kirchen, die zahlenmässig unterlegen sind, fordern das Konsensprinzip. Auch gibt es Streit bei den Fragen des Umgangs mit Abtreibungen, Homosexualität und über die

---

[687] PELKMANS (2002) (siehe Fußnote 600), S. 264.
[688] Vgl. hierzu Ders. (2002) (siehe Fußnote 600), S. 265.
[689] Vgl. hierzu HANF (2000) (siehe Fußnote 588), S. 63.
[690] Vgl. hierzu WEIß (2003). Die Quellenlage zu dieser Frage ist wenig ergiebig.

Frage ob Frauen Priesterinnen werden können.[691]

Ein Priester in der Nähe von Tbilisi sieht die Problematik folgendermaßen: „Dem Weltkirchenrat in Genf, sagt Vater Benjamin, gehören Satanisten an – das jedenfalls hat er gehört. Und auf die Frage, ob er es denn – Hand aufs Herz – am liebsten sähe, wenn alle nicht-orthodoxen Kirchen aus Georgien verschwänden, sagt er: Ja, das wäre ihm in der Tat das liebste."[692] Viele junge Bischofe sind äußerst konservativ. Hinzu kommt, dass viele Priester und Mönche über keinerlei theologische Ausbildung verfügen. So kommt es zu den kircheninternen Spannungen, die sich in Angriffen auf Angehörige anderer Religionen auch in der Öffentlichkeit zeigen: „Der baptistische Bischof Malkhaz zeigt mir eine ‚Schwarze Liste', auf der unter anderem auch er mit Bild zu sehen ist. Orthodoxe Fanatiker haben sie angefertigt und drucken lassen. Malkhaz amüsiert sich etwas, weil er sich in bester Gesellschaft befindet. Der Papst ist auch auf dieser ‚Black List', außerdem ökumenisch aufgeschlossene orthodoxe Kleriker und jede Menge pro-westliche, pro-demokratische Politiker und Bürgerrechtler."[693] So schließt das hier zitierte Feature des SWR2 mit dem Fazit, dass die georgische Kirche im Jahr 2003 weit davon entfernt ist, andere Werte als Korruption und Gewalt zu vermitteln und dass es ihr gut täte, soziale Arbeit zu leisten und so zu einer Befriedung der Gesellschaft beizutragen. In diesem Zustand sei der Austritt der georgischen Kirche kein Verlust für den Weltkirchenrat.[694]

Wo befindet sich die Georgisch Orthodoxe Kirche heute? Auch unter Saakaschwili ist sie eine unangefochtene Macht im Lande - sie unterstützt die Nation, und die Nation unterstützt sie. Die georgische Nation als Einheit von Territorium, Sprache und Religion scheint hergestellt zu sein. All dies führt zu einem Selbstverständnis der Kirche und einer Auffassung von Staat und freien Medien, die Ilia II. nach Medienangriffen gegen die Kirche erläutert: „Ich hoffe, die Regierung wird ihr bestes tun, um die Angriffe der Presse gegen die Kirche zu stoppen. Das macht die Menschen sehr nervös und hegt unter ihnen den Verdacht, dass die Regierung dies auf feige Weise zulässt.' In keinem anderen Land, in dem die christliche Orthodoxie die stärkste Religion sei, gebe es derartige Angriffe. ‚Das ist sehr verdächtig. Ich möchte, dass unsere Regierung darüber nachdenkt und sich bewusst wird, dass dies weder der Kirche

---
[691] ORF (2005).
[692] WEIß (2003).
[693] Ders. (2003)
[694] Vgl. hierzu Ders. (2003).

noch dem Staat nützen wird und dass das für den Staat gefährlich ist', sagte Ilia II. Er fordert die Regierung mit Nachdruck auf, ‚sich die Bedeutung der Kirche bewusst zu machen' und keine ‚Politik zweierlei Maßes' zu betreiben. Er deutete an, dass hinter den Medianangriffen internationale Organisationen stehen, die ‚das Wesen der Orthodoxie nicht ganz begreifen'."[695]

Ilia II. tut alles, um die Einheit von Kirche und Nation aufrechtzuerhalten und den Machtbereich der Kirche auszudehnen. In der kurzen Zeit seit der Unabhängigkeit ist es ihm gelungen, dass eine Regierung ohne den Segen der Kirche nicht arbeiten kann. Er segnet das Parlament und die Präsidenten und erschwert anderen Konfession ihr religiöses Leben in Georgien. Für Ilia II. gefährden andere Religionen, Medienangriffe gegen seine Kirche oder ein Papstbesuch die georgische Kirche und damit auch die georgische Nation.

---

[695] DEUTSCHE WELLE (2004b).

Kapitel 5

Religion und Nation: Georgien und darüber hinaus

In den vorangegangenen Kapiteln habe ich anhand von Beispielen aus Georgien dargestellt, wie und dass die Georgisch Orthodoxe Kirche maßgeblich auf die Entstehung und Aufrechterhaltung der georgischen Nation Einfluß genommen hat. Es gelang der georgischen Kirche sogar, eine de facto nicht existente Nation über Jahrhunderte zu imaginieren und so die Idee einer unabhängigen georgischen Nation bis zur Unabhängigkeit 1918 und erneut bis 1991 zu konservieren. Die Ausführungen zur Geschichte und Kirchengeschichte des Landes, zu den christlichen Mythen, dem Leben und Werk von Ilia Tschawtschawadse, zur georgischen Geschichtsschreibung, der Politik Swiad Gamsachurdias, den Geschehnissen des Bürgerkriegs bis zur Rosenrevolution, der Präsidentschaft Saakaschwilis und über die Georgisch Orthodoxe Kirche unter Ilia II. haben anhand verschiedener Schwerpunkte die Verknüpfung von Nation und Kirche und die nationenkonstituierende Kraft der Georgisch Orthodoxen Kirche gezeigt.

Welche Rückschlüsse auf die Nationentheorie ermöglicht das Beispiel Georgien? Es wurde deutlich, dass schon sehr früh, im 4. Jahrhundert, von einer georgischen Nation gesprochen werden kann. Die Nation - wie dies Anderson, Hobsbawm und Gellner tun - an die Moderne und den industriellen Kapitalismus zu knüpfen, scheint - zumindest für dieses Land - nicht sinnvoll. Dass die Moderne auch in Georgien Wandel verursacht hat, ist unbestritten. Sicherlich ermöglicht der Buchdruck und die damit zusammenhängende Gemeinschaft der Leser ein ganz neues Gemeinschaftsgefühl, das die Nation mitkonstituieren kann. Ein moderner Staat, dem die Mittel der Massenkommunikation zur Verfügung stehen, kann ganz anders mit seinen Bürgerinnen und Bürgern interagieren, als dies im Mittelalter möglich gewesen wäre. Die Entwicklung zur Nation, die ja in erster Linie an ein Territorium und politisches System (das sowohl ein Königreich als auch eine Demokratie sein kann), eine Sprache und Schrift, eine

Kultur und Geschichte aber eben auch an kirchliche und religiöse Wurzeln gebunden ist, erst in der Neuzeit zu verorten, verengt den Blick auf menschliche Gemeinschaften unnötigerweise. Vielmehr sollte das Konzept der Nation als ähnlich wandlungsfähig betrachtet werden wie das des Staates oder der menschlichen Gemeinschaft insgesamt. Wichtig ist hier in erster Linie, dass eine Nation über gemeinschaftskonstituierende Rituale imaginiert und verkörpert werden kann. Solche Rituale greifen auf Sprache, Religion, Kultur, Geschichte und das vorhandene politische System zurück. Da es ihnen im besten Fall gelingen kann, all diese Sphären zusammenzuführen, aufzuführen und dadurch - im Sinne der Performanz - zu verkörpern, einen Gemeinschaftskörper zu imaginieren, ist eine Nation auch schon im 4. Jahrhundert denkbar.

Das Beispiel Georgien hat auch deutlich gemacht, dass der Verbindung von Religion und Nation mehr Aufmerksamkeit gebührt. In Georgien haben sich viele und vielfältige Beispiele finden lassen, die die Beeinflussung der Nation und der Politik des Landes durch die Kirche aufzeigten, die Kirche als den Ort der imaginierten Nation sowie deren Verkörperung und der Übereinstimmung von Nationszugehörigkeit und Konfession bis heute anschaulich machen. Religion spielt in der Nation auch in der Gegenwart eine wichtige Rolle, allen Ansätzen von Laizismus und Trennung von Kirche und Staat zum Trotz. In diesem Punkt irren sich Anderson, Hobsbawm und Gellner. Nun könnte man meinen, dass dies nur für die Nationen des ehemaligen Ostblocks bzw. für orthodoxe Nationen zutreffend ist. Unbestritten sind diese Zusammenhänge in Nationen mit einer autokephalen, orthodoxen Kirche in der Kirchenstruktur schon angelegt und insgesamt auffälliger als in einem westeuropäischen Staat, in dem die Trennung von Kirche und Staat festgeschrieben ist, in dem Aufklärung, Renaissance und die Erfahrungen der Französischen Revolution zur Säkularisierung beigetragen haben und demokratische Regierungsformen kein Novum sind. Allein aber die von mir dargestellten Thesen der Autorinnen und Autoren, die sich in den letzten Jahren bemüht haben, die Leerstelle von Religion und Kirche in der Nationentheorie zu schließen, sind ein Zeichen dafür, dass auch in den modernen, säkularisierten Nationen die Religion wichtiger ist als oft angenommen. Während Hastings in erster Linie die Rolle der Religion bei der Entstehung und Aufrechterhaltung von Nationen betont, haben andere Autorinnen und Autoren die Eignung der Religion insgesamt für die Gemeinschaftsbildung und somit auch für nationale Gemeinschaftsbildung und die Rolle von Nationalheiligen (die es nicht nur im ehemaligen Ostblock gibt) hervorgehoben. Die Verbindung von Religion und Geschichte in nationalen Mythen, die Grenzziehung zwischen verschiedenen Religionen als nationalem Merkmal und die Möglichkeiten des religiös motivierten Nationalismus bzw. die Rolle der Religion in den Nationalbewegungen werden in der neueren Nationentheorie thematisiert.

Jedoch gibt es bis jetzt noch keine Arbeit, die sich komparativ bzw. über Einzelfallbeispiele herausgehend mit dem Thema Religion und Nation beschäftigt. Diese Lücke gilt es zu schließen. Von meinem Beispiel Georgien aus betrachtet lassen sich erste Rückschlüsse auf die Theorie ziehen. Wenn man von diesem Fallbeispiel ausgehend vorsichtig verallgemeinert, lassen sich folgende Erkenntnisse gewinnen: Zuerst einmal wird die Hypothese meiner Arbeit, dass die Georgisch Orthodoxe Kirche maßgeblich Einfluss auf die Herausbildung der georgischen Nation als imaginierte Gemeinschaft und die damit zusammenhängende georgische Identität hat, bestätigt. Dies haben die zahlreichen Beispiele deutlich gemacht. Nun lässt sich diese Hypothese, zunächst einmal für Nationen mit einer autokephalen orthodoxen Kirche, verallgemeinern. Schließlich ist in diesen Ländern die Kirchensprache und -schrift die Sprache und Schrift des Landes, es gibt einen Patriarchen, der versuchen wird, die Politik des Landes mitzubeeinflussen, und die *Symphonia* wird in mehr oder weniger ausgeprägter Form vorhanden sein. Orthodoxe Nationalkirchen haben also maßgeblichen Einfluss auf Nationen als imaginierte Gemeinschaften und auf die jeweilige nationale Identität. Verstärkt wird diese Wirkung durch die Performanz im Ritus, die Fürbitte für die Landesführung und die Verwobenheit von nationalen und religiösen Symbolen. In einem ersten Schritt wäre es also wichtig, diese Thesen an anderen orthodoxen Ländern zu überprüfen, deren Kirchengeschichte nicht so alt ist wie die georgische. Es bleibt festzuhalten, dass die Elemente der Orthodoxie - die Predigt und Missionierung in der Landessprache, die Autokephalie und die *Symphonia* - eine Ineinssetzung von Territorium, Religion und Sprache hervorbringen und so nationenbildend und -bewahrend wirken. Wenn die Verbindung zwischen Kirche und Nation so stark ist wie in Georgien, werden die Kirchenbauten schließlich gleichzeitig zu Symbolen der Nation und der Religion. Auch die Ikonen – z.B. solche von heilig gesprochenen Nationalhelden oder Märtyrerinnen – unterstützen diese Verknüpfung. Am georgischen Beispiel wurde auch deutlich, dass die christlichen Mythen, Legenden und Martyrien in der wiederholten Narration – ähnlich wie in der Geschichtsschreibung – eine

Vergangenheit kreieren und diese im Gedächtnis der Nation wachhalten. Auch diese Form von nationaler Erinnerung ist konstitutiv für die Nation.

Nun könnte man meinen, dass vor allem in den ehemaligen Unionsrepubliken durch die Nationalitätenpolitik der Sowjetunion, der *Korenisazia* und der Unterdrückung der Religion eine Wiederbelebung von Kirche und Glauben sowie der Wunsch nach Unabhängigkeit unabdingbar ist. Zu einem Teil ist dies sicherlich auch so: Die Erinnerung an die eigenen nationalen Besonderheiten wurde wachgehalten. Trotz der Bekämpfung der Kirchen konnten diese sich in den letzten Jahren der Sowjetunion neu formieren. Diese Vorgeschichte hat die jetzigen Entwicklungen gestärkt. Doch auch in den westeuropäischen Nationen haben Nation und Religion – wenn auch auf einer nicht ganz so wie in der Orthodoxie institutionalisierten Ebene – ihre Wichtigkeit und mehr Einfluss als oft angenommen wird. Die Imagination der Europäischen Union als christlich-tradierte Gemeinschaft, die deswegen Schwierigkeiten mit dem Beitritt der Türkei als islamisches Land (neben anderen Gründen) hat, sei hier nur erwähnt. Hier funktioniert die In- und Exklusion anhand religiöser Grenzen ungebrochen. Vom Einfluss der Religion in Israel und vielen arabischen Staaten einmal abgesehen. Hier sind die Vorbedingungen andere, aber die Grundtendenz bleibt bestehen: Wenn man sich mit Nationenbildung und Nation-Sein beschäftigt, sollte man sich auch mit der Mehrheitsreligion oder den Religionen des jeweiligen Landes befassen. Georgien könnte man ohne das Wissen über die georgische Kirche nicht verstehen, weder das Land als solches noch die aktuelle Politik. In anderen Nationen ist das genauso: Ohne ein Verständnis für die jeweilige Religion, die Kirche als Institution und kirchlich-nationale Rituale werden einem grundlegende Aspekte der Nation verschlossen bleiben.

In der christlichen – und auch jüdischen – Welt wird nach Hastings durch das biblische Israel ein Modell einer Nation durch die Jahrhunderte vorgegeben. Die Narration des Exodus hält die Idee eines nationalen Befreiungskampfes, eines revolutionären Befreiungsaktes im Bewusstsein. Und das, egal ob es sich um eine orthodoxe, katholische oder protestantische Kirche oder um das Judentum handelt. Durch genealogische Rückgriffe einzelner Nationen auf den biblischen Ursprung, z.B. die Abstammung einer Nation von Noah oder das Geschenk des göttlichen Landes wie in Georgien verpflichten beinahe dazu, eine eigene, souveräne Nation zu gründen und aufrechtzuerhalten, um das göttliche Erbe zu bewahren. Wenn die feindlichen Nachbarländer einer anderen Religion angehören, wird dieser Auftrag noch dringlicher. Die Übereinstimmung von Religion und Nation in Fragen der Gemeinschaftsbildung ist ein Aspekt, der sich auf andere, nicht-orthodoxe Länder übertragen lässt. Welche Rückschlüsse lassen sich für den Katholizismus und Protestantismus ziehen? Während der Katholizismus durch die Rolle des Papstes am ehesten – unter den christlichen Religionen – eine nationenübergreifende Kirche ist, hat sich auch dessen Rolle seit dem Rückgang des Lateins als Sprache der Liturgie verändert und den Kirchen eine Nationalisierung bzw. durch die Nutzung der Landessprache im Ritus zumindest die Einheit von Kirche und Nation ermöglicht. Dass auch die katholische und protestantische Kirche durchaus nationalistische Töne anschlagen können hat z.B. die deutsche Kirche während des deutschen Nationalsozialismus bewiesen. Genannt sei hier nur die Bewegung der „Deutschen Christen" unter dem Pfarrer Ludwig Müller, die eine überkonfessionelle deutsche Nationalkirche anstrebte. Die Reformation – die die Predigt in der Landessprache in den protestantischen Kirchen einführte – ließ Konfession, Territorium und Fürstentum bzw. Reich in eins fallen. Besonders deutlich wurde dies im Dreißigjährigen Krieg. Hier galt, was Hastings für das Mittelalter feststellte: „Christian conversion in the medieval world again and again constructed national identity around a particular kingly line and particular holy places, precisely through the closeness of the church's identification with royal power."[696] Auch die katholische und protestantische Kirche können – vor allem wenn die Landessprache auch die Sprache des Ritus ist – eine Nation mitkonstituieren. Die protestantische Kirche, die über eigene Landeskirchen verfügt und nicht dem Papst untersteht, hat sogar eine strukturelle Ähnlichkeit zu den orthodoxen Kirchen. Sicher gibt es hier keinen Patriarchen oder die *Symphonia*, aber doch deutlich eine national-institutionalisierte Ausrichtung. Im Katholizismus mit seinen Bischöfen und Diözesen ist durch die Institution des Vatikans und des Papstes, dessen Meinung maßgeblich ist, die Machtstruktur doch eher eine nationenübergreifende.

Dass auch in den vermeintlich laizistischen Nationen die Kirche weiter einflussreich bleibt, wird immer wieder deutlich. In den USA ist die Trennung von Kirche und Staat festgeschrieben. Dennoch bedient sich George W. Bush christlicher Metaphorik, hat die Inauguration des Präsidenten sakrale Züge,[697]

---

[696] HASTINGS, ADRIAN (1997) *The Construction of Nationhood: Ethnicity, Religion and Nationalism.* Cambridge MA: Cambridge University Press, S. 189.
[697] Vgl. hierzu WULF, CHRISTOPH (2004) Ritual, Macht und Performanz. In: Derselbe/ZIRFAß,

und christliche Werte finden Eingang in die Politik. 2005 wurde in den USA diskutiert, ob man die Weihnachtsbäume verbieten lassen solle, da sich nichtchristliche Konfessionen, die Weihnachten nicht feiern, in ihrer Religionsfreiheit gestört fühlen könnten. Die USA scheinen also ein Beispiel von Religion und Nation in der Moderne zu sein, dass besonders vielschichtig ist: christliche Metaphorik und Werte gehören unangefochten, trotz Trennung von Kirche und Staat zum Alltag. Im Fall – des eigentlich heidnischen Brauchs – des Weihnachtsbaums wird jedoch versucht, für die Religionsfreiheit eine Lanze zu brechen. In den USA existieren viele Religionen und Kirchen nebeneinander, auch die unterschiedlichsten Richtungen des Christentum. Hier haben es Protestantismus und Katholizismus geschafft, die stärksten Konfessionen zu werden und auf Staat und Nation einzuwirken. Sich der heutigen Zusammenhänge von Religion und Nation in den USA anzunehmen wäre äußerst sinnvoll, ginge es doch auch darum zu sehen, wie in einem Einwanderungsland mit den verschiedensten Konfession, dennoch die christliche Religion führend Einfluss nehmen kann.

Auch in Deutschland im Jahr 2006 hat die Kirche immer noch viel Einfluss. Dies zeigt sich am Beispiel des ehemaligen baden-württembergischen Sozialministers Renner. Andreas Renner (CDU) trat dieses Jahr zurück, nachdem er 2005 in einem Disput mit dem katholischen Bischof Gebhard Fürst diesem nahe gelegt hatte, selbst erst einmal Kinder zu zeugen. In dem Streit ging es um die Schirmherrschaft Renners für den Christopher Street Day in Stuttgart.[698] Wer nun genau Renners Rücktritt forderte – ob die katholische Kirche (die dies bestreitet) oder die CDU – ist uninteressant. Wichtig ist jedoch, dass eine kirchenkritische Äußerung in Deutschland einen Politiker zu Fall bringen kann – trotz Religionsfreiheit, Aufklärung, Demokratie und der relativ deutlichen Trennung von Kirche und Staat.

Stellt sich dennoch die Frage, wie bei den immer wieder beklagten leeren Kirchen im Sinne der Performanztheorie überhaupt noch ein christlich-nationaler Gemeinschaftskörper entstehen kann. Wenn man Deutschland und Georgien vergleicht, müsste man zu dem Schluss kommen, dass die national-christliche Verkörperung in Georgien gefestigter ist, da sie immer wieder rituell neu eingeführt wird. Dies ist sicherlich auch der Fall. Dennoch sollte man die unter-

---

JÖRG (Hrsg.) Die Kultur des Rituals. Inszenierungen. Praktiken. Symbole. München: Wilhelm Fink Verlag.

[698] Vgl. hierzu SWR (2006).

schwellige Ebene in Deutschland nicht unterschätzen: Es kann sich jederzeit auf die christlich-nationale Erinnerung berufen werden. Hier wird dann die Verkörperung nicht mehr unbedingt in kirchlich-staatlichen Ritualen umgesetzt, dennoch kann auf die Imagination dieser Verkörperung zurückgegriffen werden. Ein solcher Mechanismus verdeutlicht sich am genannten Beispiel des geplanten EU-Beitritts der Türkei oder dem Rücktritt von Renner, genauso am Streit über Kruzifixe in bayerischen Klassenzimmern. Gleichzeitig gibt es auch noch christlich-nationale Rituale: Erinnert werden soll hier nur an die Amtseinführung von Angela Merkel, die ihren Eid auf die Bibel schwor und die Hilfe Gottes für ihre Kanzlerinnenschaft erbat. Diese Amtseinführung ist sicherlich nicht mit der des amerikanischen Präsidenten zu vergleichen – dennoch kann auch die deutsche Politik auf christlich-nationale Metaphorik zurückgreifen und tut dies auch.

Um eine Nation verstehen zu können, ist ein Blick auf die religiöse Ebene unabdingbar. In orthodoxen Ländern wird dies besonders deutlich, da die orthodoxen Kirchen schon durch ihre Strukturen und Institutionen prädestiniert dafür erscheinen, auf die Nation einzuwirken. In Ländern mit institutionell mächtigen Kirchen wird auch deren Einfluss auf Nation und Politik besonders stark sein. Dies kann man von dem Beispiel der orthodoxen Kirche in Georgien ableiten. Trotz Moderne, Kapitalismus, angenommener und tatsächlicher Säkularisierung, kommunistisch-atheistischer Erziehung und der Aufklärung scheint die Welt weit davon entfernt zu sein, sich von der Religion und ihren Institutionen zu verabschieden. Genauso wenig von der Nation. Der Wunsch nach einer national-religiösen Verkörperung der Gemeinschaft hat – in unterschiedlich stark ausgeprägten Formen – weiter Bestand.

Abbildungen

Abbildung 1: Mother of Georgia. Statue von E. Amashukeli. Foto: Giorgi Bagrationi.

ABBILDUNGEN 187

Abbildung 2: Inschrift aus der Sioni Kirche von Bolnissi in der Asomtawruli-Schrift aus dem Jahre 492/493 n. Chr. Foto: Giorgi Bagrationi.

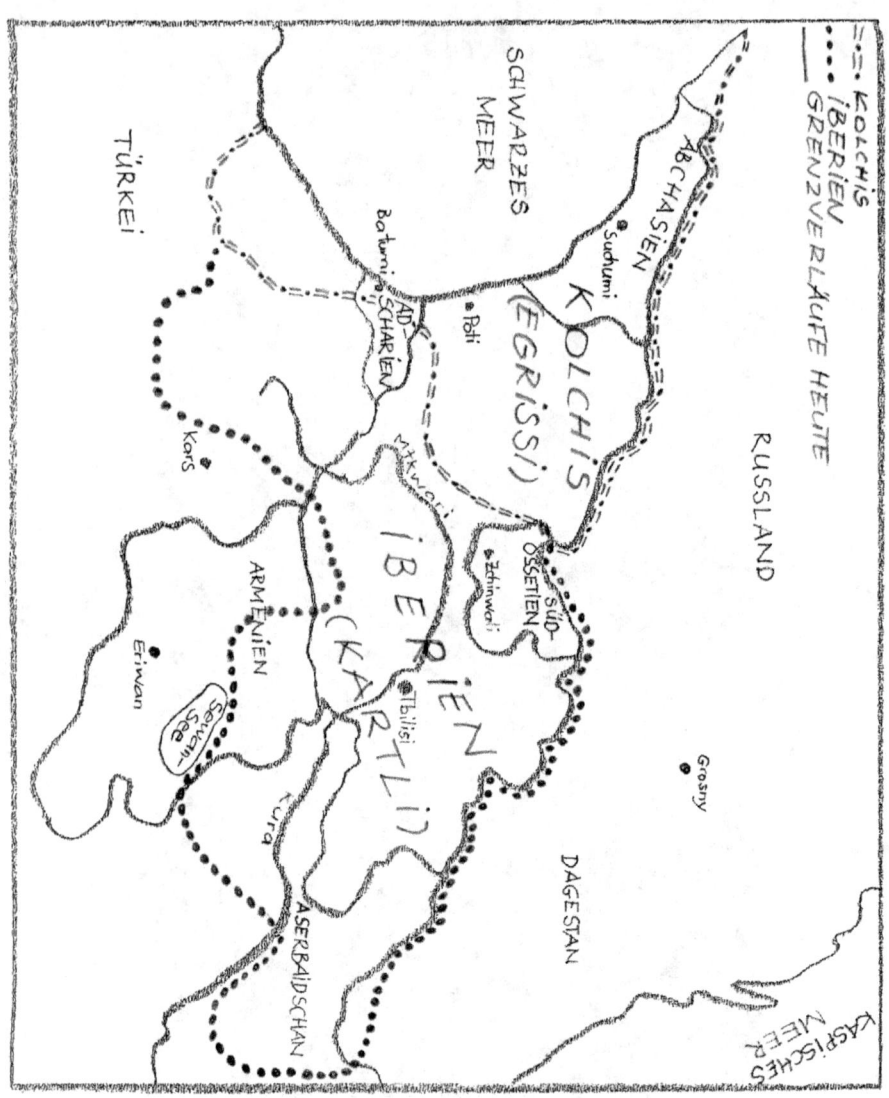

Abbildung 3: Georgien bis zum 4. Jahrhundert. Zu sehen sind auch die heutigen Grenzverläufe in der Region. Karte: Dagmar Haug

I	II	III	IV	V	VI
Ⴀ	ⴀ	ა	1	a	an
Ⴁ	ⴁ	ბ	2	b	ban
Ⴂ	ⴂ	გ	3	g	gan
Ⴃ	ⴃ	დ	4	d	don
Ⴄ	ⴄ	ე	5	e	en
Ⴅ	ⴅ	ვ	6	v	vin
Ⴆ	ⴆ	ზ	7	z	zen
Ⴡ	ⴡ	ჱ	8	ē, eĭ	hē
Ⴇ	ⴇ	თ	9	t	tan
Ⴈ	ⴈ	ი	10	i	in
Ⴉ	ⴉ	კ	20	ḳ	ḳan
Ⴊ	ⴊ	ლ	30	l	las
Ⴋ	ⴋ	მ	40	m	man
Ⴌ	ⴌ	ნ	50	n	nar
Ⴢ	ⴢ	ჲ	60	ĭ	jo
Ⴍ	ⴍ	ო	70	o	on
Ⴎ	ⴎ	პ	80	ṗ	ṗar
Ⴏ	ⴏ	ჟ	90	ž	žan
Ⴐ	ⴐ	რ	100	r	ran
Ⴑ	ⴑ	ს	200	s	san
Ⴒ	ⴒ	ტ	300	ṭ	ṭar
Ⴣ	ⴣ	ჳ	400	u	un
Ⴔ	ⴔ	ფ	500	p	par
Ⴕ	ⴕ	ქ	600	k	kan
Ⴖ	ⴖ	ღ	700	ġ	ġan
Ⴗ	ⴗ	ყ	800	q̇	q̇ar
Ⴘ	ⴘ	შ	900	š	šan
Ⴙ	ⴙ	ჩ	1000	č	čin
Ⴚ	ⴚ	ც	2000	c	can
Ⴛ	ⴛ	ძ	3000	j/dz	dzil
Ⴜ	ⴜ	წ	4000	c̣	c̣il
Ⴝ	ⴝ	ჭ	5000	č̣	č̣ar
Ⴞ	ⴞ	ხ	6000	x	xan
Ⴤ	ⴤ	ჴ	7000	q	qar
Ⴟ	ⴟ	ჯ	8000	dž	džan
Ⴠ	ⴠ	ჰ	9000	h	ha
Ⴥ	-	ჵ	10000	ō, oy	ho
Ⴧ	ⴧ	ჳ		w	wi

Abbildung 4: Das georgische Alphabet: I Asomtawruli (auch Großbuchstaben in Khutsuri), älteste Schrift, II Nushkhuri (auch Kleinbuchstaben in Khutsuri), III Mchedruli, IV Zahlenwert, V lateinische Transskription, VI Name. Eigene Darstellung auf Grundlage der in Fußnote 298 (Seite 75) genannten Quellen.

Abbildung 5: König David der Erneuerer mit dem Kirchenmodell in der Hand. Fresko der Gottesmutter-Kirche in Gelati. Diese Fresko aus dem 16. Jahrhundert weist David als den Stifter der Kirche aus. Foto: Ilma Reißner

ABBILDUNGEN 191

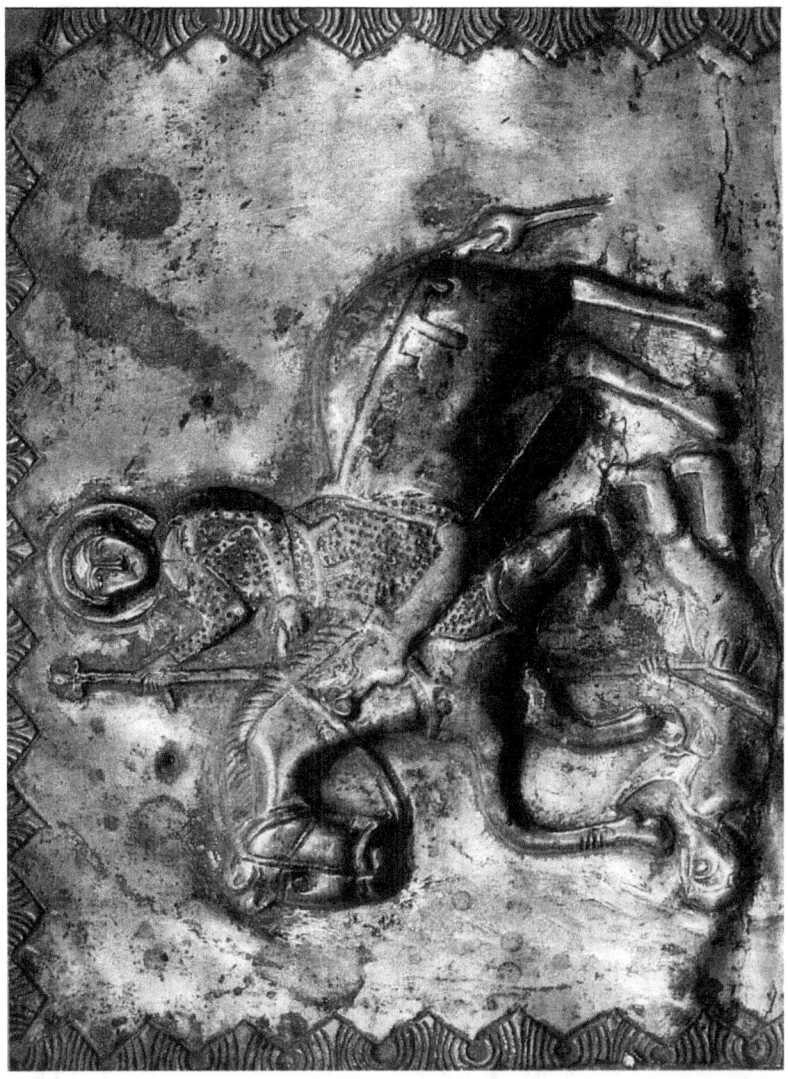

Abbildung 6: Heiliger Georg (Ende 10. / Anfang 11. Jahrhundert), Chirchonisi. Silber, Treibarbeit. Staatliches Kunstmuseum Georgiens, Tbilisi. Foto: Ilma Reißner

Abbildung 7: Die Kathedrale in Alawerdi wurde im 11. Jahrhundert erbaut und ist dem heiligen Georg geweiht. Sie ist mit 51m Kuppelhöhe die höchste historische Kirche Georgiens. Foto: privat

Abbildung 8: Georgische Demonstranten in Tbilisi kurz vor den Toten vom 9 April 1989. Quelle: NAHAYLO/SWOBODA (1990).

Abbildung 9: Fresken aus der Kirche von Wardzia mit einer Darstellung der Königin Tamar, die ein Modell der Kirche in der Hand hält. Daneben ihr Vater Georg III. Diese Abbildung aus dem Jahr 1286 weist Tamar als Stifterin der Kirche aus. Foto: Ilma Reißner

ABBILDUNGEN

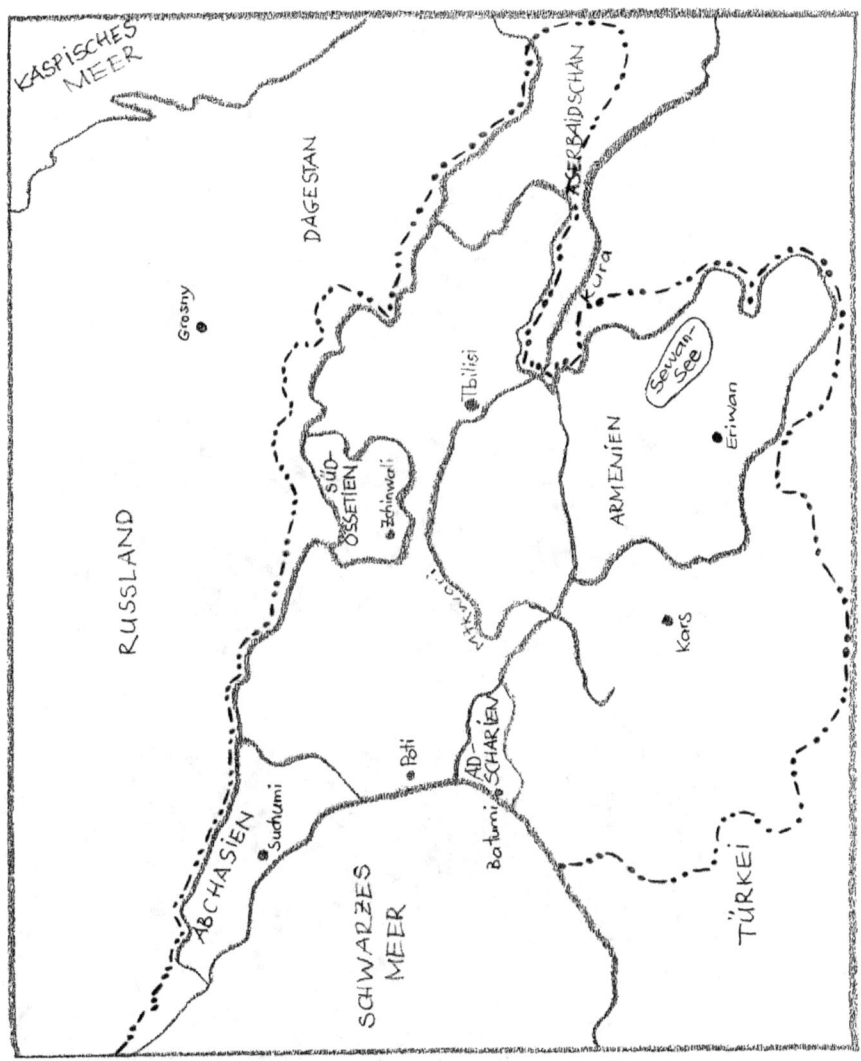

Abbildung 10: Georgien zu Zeiten der Königin Tamar. Die gestrichelte Linie zeigt die Landesgrenzen unter Königin Tamar. Zu sehen ist auch der heutige Grenzverlauf. Karte: Dagmar Haug

Abbildung 11: Stalin's-Geburtshütte in Gori. Foto: Karsten Mey.

ABBILDUNGEN

Abbildung 12: Die Klosteranlagen von David Garetscha. Der größte Teil der Klostergebäude besteht aus in den weichen Stein gehauenen Höhlen, in denen heute wieder Mönche leben. Foto: privat.

Abbildung 13: Portal der Johannes-Chrysostomos-Kathedrale, Detail: Die heilige Nino. Foto: Ilma Reißner

Abbildung 14: St. Nino. Statue von Z. Tzereteli. Foto: Giorgi Bagrationi

Abbildung 15: Baum der Wünsche. Foto: Karsten Mey.

ABBILDUNGEN

Abbildung 16: Die Märtyrerin Schuschanik in der Metechi Kirche. Foto: Ilma Reißner

Abbildung 17: Queen Ketevani. Statue von M. Berdzenenishvili. Foto: Giorgi Bagrationi

ABBILDUNGEN 203

Abbildung 18: Mourning Georgia. Statue von I. Nikoladze, die sich auf dem Grab von Ilia Tschawtschawades befindet. Foto: Giorgi Bagrationi

Danksagung

Am Zustandekommen dieses Buches waren viele Personen beteiligt, denen mein Dank gilt. Ganz besonders danken möchte ich:

Christina von Braun für die Unterstützung und Betreuung meiner Arbeit und Ulrike Brunotte für die wertvollen inhaltlichen Hinweise,

Lela Bedenashvili und Tamuna Motsonelidse für ihre Gastfreundschaft, die gemeinsamen Reisen und Erlebnisse in Georgien und die besonderen Einblicke in die georgische Kultur,

Giorgi Bagrationi und Karsten Mey für die Fotos, die sie mir zur Verfügung gestellt bzw. extra für mich angefertigt haben,

Nahaylo Bohdan und Ilma Reißner-Gílason für die Genehmigung der Bildrechte für diese Veröffentlichung,

Daniel Becker, für so vieles und ganz besonders für LaTeX-Support, Aufmunterung in allen Stadien der Textwerdung und geduldiges Anhören unzähliger Details zum Thema, Hannes Becker, für die Hilfe beim Korrekturlesen und beim Kürzen, Gerhard Fuchslocher – ohne den ich nie nach Georgien gekommen wäre – für die schöne Zeit nicht nur in Tibilisi und Unterstützung in allen Phasen der Arbeit, Kolja Fuchslocher, für so einige Abendessen, das Anhören vieler Georgiengeschichten und die Hilfe beim Korrekturlesen, Dagmar Haug, für die Maßanfertigung der Landkarten und beständiges Mutmachen, Tania Hron, für gemeinsame Spaziergänge und die Korrektur – nicht nur – meiner unzähligen Kommafehler und Eric Muis für die Hilfe bei der Bildbearbeitung.

Danken möchte ich auch der Friedrich-Ebert-Stiftung, die mich als Stipendiatin finanziell und ideell unterstützt hat.

Autorenindex

Amnesty International Deutschland, 170, 171
Anonym, 81, 170
Associated Press, 160, 169
BBC, 169, 170
Baltic News Service, 170
Civil Georgia, 163
Deutsch-Georgische Gesellschaft im Saarland e.V., 137
Deutsche Welle, 159, 176
Deutscher Bundestag, 171
Encyclopaedia Britannica, 100
Financial Times Information, 161, 169, 172
Focus Magazin, 167
Georgian Patriarchate, 120, 128, 164
ITAR-TASS News Agency, 169
Internationale Gesellschaft für Menschenrechte, 103, 112, 114, 154, 167, 170
Neue Züricher Zeitung, 156, 158
ORF, 175
RIA Novosti, 160
SWR, 182
Süddeutsche Zeitung, 158
The Unicode Consortium, 75
Unicode Consortium, 75
Worldwide Faith News, 169

Agadjanian, Alexander, 1, 36
Ahbe, Thomas, 74, 77, 135, 139, 141
Allen, Julie D, 75
Allworth, Edward, 22, 91, 99, 106
Anderson, Benedict, 1, 5–7, 11, 14, 15, 24, 25, 33
Armstrong, John, 1, 31, 48
Assmann, Jan, 9, 15, 19, 21, 22
Aves, Jonathan, 102, 114, 141, 149, 152, 153, 157, 166

Baberowski, Jörg, 48
Bakradse, Akaki, 131, 133, 135
Barateli, Iya, 168, 169
Becker, Daniel, 59
Beller, H., 118
Benz, Ernst, 36–38, 40–43, 45, 46
Beridse, Wachtang, 73

Bertsch, Gary K., 107
Bock, Ulrich, 68
Boeder, Winfried, 76, 77, 97, 135, 139, 141
Bohr, Annette, 22, 91, 99, 106
Bonvicini, Gianni, 152
Borowik, Irena, 30
Bourdeaux, Michael, 151, 167
Braun, Christina von, 15, 19–21, 40
Britannica, Encyclopaedia, 103
Bruce, Steve, 1, 29
Brunotte, Ulrike, 34
Bryner, Erich, 92–94, 110–112, 135, 167, 169
Buchenau, Klaus, 37
Bulgakov, Sergij, 37, 39, 40, 42, 45, 46

Chatwin, Mary Ellen, 79, 147, 148
Congourdeau, Marie-Hélène, 36
Connor, Walker, 10
Crego, Paul, 149, 150
Curtis, Glenn E., 68, 152

Deger, Petra, 23, 32
Diedrich, Hans-Christian, 35, 41, 44
Di Puppo, Lili, 160
Duncan, Peter J.S., 155
Döpmann, Hans-Dieter, 68

Eastmond, Antony, 75, 76, 82, 104
Englisch, Andreas, 172

Felmy, Karl Christian, 39
Feurstein, Wolfgang, 85
Fishman, Joshua A., 23
Fuller, Elizabeth, 151

Fähnrich, Heinz, 67, 73, 74, 81, 82, 130

Gambaschidze, Irine, 74, 75
Gamkrelidse, Thomas V., 74, 77
Gamsachurdia, Swiad, 146, 153
Gaul, Wolfgang, 168
Gelaschwili, Naira, 158
Gellner, Ernest, 1, 5, 8, 11, 16, 17, 26
Georgien, Institut Tschubinaschvili D'Histoire De L'Art, 66
Gerber, Jürgen, 97, 104–106, 110–112, 158, 166
Giesen, Bernhard, 1, 33
Glaeßner, Gert-Joachim, 58
Goldenberg, Suzanne, 52–54, 137, 142, 146, 147, 154, 157, 159
Goody, Jack, 20, 22
Gough, Kathleen, 20, 22
Greco, Ettore, 152
Groß, Andreas, 66, 67, 70, 84, 86, 87, 92, 93, 95, 110, 113, 121
Gujer, Eric, 154, 157, 158
Gvosdev, Nikolas K., 80, 84, 86, 92, 93

Halbach, Uwe, 71, 79, 87, 92, 93
Halbach, Uwe / Kappeler, Andreas, 88, 132
Halbach, Uwe /Kappeler, Andreas, 151
Hanf, Theodor, 1, 35, 140, 149, 150, 159, 174
Hastings, Adrian, 5, 8, 12, 17, 26–28, 36, 84, 181

AUTORENINDEX

Haußig, Hans-Michael, 24
Hauptmann, Andreas, 74, 75
Hauptmann, Peter, 69, 70, 75, 83, 129–131, 133, 136
Heinecke, Johannes, 75
Heinrich, Klaus, 9, 119
Heiser, Lothar, 70, 74, 75, 79–82, 85, 92–95, 98, 109, 110, 112, 119, 121, 123, 125–127, 165
Hentschel, Gerd, 76, 77, 97, 139
Herbst, Anne, 150, 158
Herzig, Edmund, 56, 107, 152, 157
Hettlage, Robert, 23, 32
Hewitt, B. G., 155
Hobsbawm, Eric J., 1, 5, 7, 8, 11, 16, 25
Hummel, Gert, 137
Hübner, Kurt, 13, 23

Jagodzinski, Wolfgang, 30
Jakobson, Roman, 32
Jones, Stephen, 82, 98–100, 104–106, 112, 114, 137, 141, 148, 152, 157
Jones, Stephen F., 48, 101, 110–113, 136, 146, 165, 166

Kalandadze, Georgi, 167
Kallis, Anastasios, 38, 39, 43
Kallscheuer, Otto, 32
Kantorowicz, Ernst H., 13
Kappeler, Andreas, 71, 79, 87, 92, 93
Kekelidse, Korneli, 121, 122
Kitromilides, Paschalis, 36
Kobaidse, Maja, 162

Koch, Stefan, 159, 160
Kohn, Hans, 29
Kokeev, Alexander, 108, 114, 148, 156
Kolarz, Walter, 48, 49, 110
Konoval'chik, Petr, 48
Krugman, Paul, 17
Kumar, Krishan, 11

Lang, David Marshall, 92–95, 126, 130, 131
Larentzakis, Grigorios, 37–45
Law, Vivien, 22, 91, 99, 106
Lehmann, Hartmut, 12, 28
Lerch, Wolfgang Günter, 158
Lübeck, Konrad, 77, 83, 86, 127, 128

Mangott, Gerhard, 150, 151, 168, 169
Maraval, Pierre, 121
Martin-Hisard, Bernadette, 66, 69–72, 78, 118, 120, 121, 125, 127, 138
Mayeur, Jean-Marie, 36, 66, 69–72, 78, 118, 120, 121, 125, 127, 138
Mekhuzla, Eka, 168–170
Mepisaschwili, Russudan, 74, 75
Merdjanova, Ina, 1, 25, 28, 29, 55, 57, 58
Mgaloblishvili, Tamila, 70, 71, 120, 126
Miller, David, 13, 29
Mosse, George L., 34
Motika, Raoul, 85, 96, 134
Motylewitz, G., 167

Nahaylo, Bohdan, 100, 102–105, 107, 132, 146, 193
NASA, 41
Neubauer, Edith, 73
Nickel, Heinrich L., 73, 74
Nielsen, Fried, 68, 74, 91, 107, 119, 123, 129, 137, 154
Nodia, Ghia, 107, 150, 151, 168, 169

Osman-Ogly Kurbanov, Rafik, 151, 167

Pachkoria, Tengiz, 170
Paitschadse, David, 71, 79, 87, 92, 93
Parsons, Robert, 82, 98, 100, 104–106, 112, 114, 141, 152, 157, 162
Pattillo-Hess, John, 59
Pelkmans, Mathijs, 85, 95, 96, 107–109, 143, 151, 173, 174
Pfeifer, Wolfgang, 13
Pietri, Charles, 36, 127
Pietri, Charles und Luce, 66, 69–72, 78, 118, 120, 121, 125, 127, 138
Pietri, Luce, 121
Plate, Bernard von, 152
Pollack, Detlef, 30
Pätsch, Gertrud, 66, 67, 69, 73, 74, 78, 80, 119, 121–124, 127, 138–140, 160

Radvanyi, Jean, 161
Rady, Martyn, 155
Rafik-Ogly Kurbanov, Erjan, 151, 167

Ramet, Pedro, 48, 98, 101, 110–113, 136, 146, 165, 166
Ramet, Sabrina P., 31, 59, 111, 165
Ramet, Sabrina Petra, 48–50
Rapp Jr, Stephen H., 75, 76, 82
Rehder, Peter, 79
Reißner, Ilma, 72, 78, 81, 84–87, 92, 98, 119
Reisner, Oliver, 76, 88, 92, 93, 96–98, 129, 130, 132, 134
Reljic, Dusan, 59
Rendtorff, Trutz, 32
Richard, Jean, 127
Rieffer, Barbara-Ann J., 1, 24, 34
Rummel, Reinhard, 152
Russell, Mary, 65, 91, 128, 133
Rüesch, Andreas, 158, 172

Sardshweladse, Sura, 81, 82
Saroyan, Mark, 52–54, 56, 142
Schilling, Heinz, 1, 33
Schlaffer, Heinz, 22
Schmid, Ulrich, 147, 154, 156
Schrade, Brigitta, 74, 77, 135, 139, 141
Serloth, Barbara, 23, 32
Seton-Watson, Hugh, 12
Simon, Gerhard, 50, 52, 53, 55, 100, 101, 104, 142
Sirap, T.O., 68, 152
Skhirtladze, Zaza, 104
Slotta, Rainer, 74, 75
Smith, Anthony D., 1, 10, 14, 29, 34, 51, 57
Smith, Graham, 22, 50, 57, 82, 91, 98–100, 104–106, 112, 114,

141, 152, 157
Smole, Mario, 59
Spiegel, Der, 155, 157
Spohn, Willfried, 1, 29, 33
Starovoitova, Galina, 10, 53, 107
Strunk, Andrea, 159
Stupperich, Robert, 69, 70, 75, 83
Stölting, Erhard, 53–55, 57, 58, 68, 69, 87, 91, 103–106, 141
Suny, Ronald Grigor, 52–54, 56, 66–68, 71–77, 88–92, 97, 99–105, 108, 110, 114, 119, 125, 129, 130, 132, 142, 145–147
Swoboda, Viktor, 100, 102–105, 107, 146, 193
Szporluk, Roman, 50

Tarchnisvili, Micheil, 80, 82, 83, 124
Thomson, Robert W., 66, 67, 71, 74, 75, 125
Tishkov, Valery, 10, 24, 34, 51, 52, 105, 142
Tompos, Erzsébet, 104

Ursinus, Michael, 85, 96, 134
Urushadze, Levan, 148

Vauchez, André, 36, 66, 69–72, 78, 118, 120, 121, 125, 127, 138
Veer, Peter Van der, 2, 12, 24, 28
Venard, Marc, 36, 66, 69–72, 78, 118, 120, 121, 125, 127, 138
Voswinkel, Johannes, 159

Wagner, Susanne, 23, 32
Walters, Philip, 48–50
Walzer, Michael, 21, 30, 31

Watt, Ian, 20, 22
Weber, Max, 26
Weiß, Johannes, 172, 174, 175
Wilson, Andrew, 22, 91, 99, 106
Wulf, Christoph, 18, 32, 43, 141, 173, 181

Yalcin, Ünsal, 74, 75

Zidowiecki, Erik, 75
Zinzadse, Wachtang, 74, 75
Zinzadze, Wachtang, 66
Zirfaß, Jörg, 18, 32, 181
Zirfaß, Jörg, 18, 43, 141, 173
Zweerde, Evert Van der, 36

Literaturverzeichnis

AGADJANIAN, Alexander (2001): Revising Pandora's Gifts: Religious and National Identity in the Post-Soviet Societal Fabric. In: *Europe-Asia Studies*, Bd. 53: 3, 473–488

AMNESTY INTERNATIONAL DEUTSCHLAND (2001): *Jahresbericht 2001: Georgien*. Bonn: Amnesty International

AMNESTY INTERNATIONAL DEUTSCHLAND (2002): *Jahresbericht 2002: Georgien. Berichtszeitraum 1. Januar bis 31. Dezember 2001*. Bonn: Amnesty International

AMNESTY INTERNATIONAL DEUTSCHLAND (2003): *Jahresbericht 2003: Georgien. Berichtszeitraum 1. Januar bis 31. Dezember 2002*. Bonn: Amnesty International

AMNESTY INTERNATIONAL DEUTSCHLAND (2004): *Jahresbericht 2004: Georgien. Berichtszeitraum 1. Januar bis 31. Dezember 2003*. Bonn: Amnesty International

AMNESTY INTERNATIONAL DEUTSCHLAND (2005): *Jahresbericht 2005: Georgien. Berichtszeitraum 1. Januar bis 31. Dezember 2004*. Bonn: Amnesty International

ANDERSON, Benedict (1996): *Die Erfindung der Nation. Zur Karriere eines erfolgreichen Konzepts. Mit einem Nachwort von Thomas Mergel*. Frankfurt am Main: Campus

ANONYM (1972): *Georgische Sozialistische Sowjetrepublik*. Moskau: APN-Verlag

ANONYM (1993): Georgien: Armenier verfolgt. In: *Glaube in der 2. Welt*, Bd. 21: 10, 4–5

ARMSTRONG, John (1997): Religious Nationalism and Collective Violence. In: *Nations and Nationalism*, Bd. 3: 4, 597–606

ASSMANN, Jan (1995): *Politische Theologie zwischen Ägypten und Israel.* München: Carl Friedrich von Siemens Stiftung

ASSMANN, Jan (2000): *Das kulturelle Gedächtnis. Schrift, Erinnerung und politische Identität in frühen Hochkulturen.* München: Beck

ASSOCIATED PRESS (2000): Schröder fordert Europa zu Stabilitätspakt für Kaukasus auf. In: *Associated Press* Bd. [2000]: 1. April

ASSOCIATED PRESS (2004): Saakschwili gelobt Einsatz für die Einheit Georgiens. In: *Associated Press* Bd. [2004]: 24. Januar

AVES, Jonathan (1991): *Paths to National Independence in Georgia 1987-90.* London: SSEES, University of London

AVES, Jonathan (1996): Politics, Parties and Presidents in Transcaucasia. In: *Caucasian Regional Studies*, : 1, 5–23

BABEROWSKI, Jörg (2005): *Zivilisation der Gewalt. Die kulturellen Ursprünge des Stalinismus (Antrittsvorlesung 10. Juli 2003).* Berlin: Humboldt-Universität zu Berlin, Der Präsident

BAKRADSE, Akaki (1993): *Ilia Tschawtschawadse (1837-1907). Ein Lebensbild und eine Auswahl seiner Gedichte.* Bern: Texte der Evangelischen Arbeitsstelle Oekumene Schweiz 19

BALTIC NEWS SERVICE (1995): Estonian Parliament Speaker to Meet with Georgian President. In: *Baltic News Service* Bd. [1995]: 30. November

BARATELI, Iya (2002): Georgian State, Church Sign Constitutional Agreement. In: *ITAR-TASS News Agency* Bd. [2002]: 14. Oktober

BARATELI, Iya (2005): Ilia II of all Georgia Urges Population to Support Saakashvili. In: *ITAR-TASS News Agency* Bd. [2005]: 3. Februar

BBC (1999a): Greek National Defence Chief to Pay Official Visit to Georgia on 17th January. In: *British Broadcasting Corporation* Bd. [1999]: 15. Januar

BBC (1999b): Speaker of Canadian Senate to Pay Official Visit to Georgia on 1st April. In: *British Broadcasting Corporation* Bd. [1999]: 31. März

BECKER, Daniel (2001): Saufen oder ab ins Bett. Die georgische Regierung laviert zwischen Russland und dem Westen, während Wirtschaft und Infrastruktur verfallen (Artikel vom 21.03.2001). In: *Jungle World* Bd. [2001]: 13

BELLER, H. (1866): *Biblisches Wörterbuch für das christliche Volk. Zweiter Band (L-Z).* Gotha: Verlag von Rud. Besser

BENZ, Ernst (1988): *Geist und Leben der Ostkirche.* München: Wilhelm Fink Verlag

BERIDSE, Wachtang/NEUBAUER, Edith (1980): *Die Baukunst des Mittelalter in Georgien vom 4. bis 18. Jahrhundert.* Berlin: Union Verlag

BOCK, Ulrich (1988): *Georgien und Armenien. Zwei christliche Kulturlandschaften im Süden der Sowjetunion. DuMont Kunst-Reiseführer*. Köln: DuMont

BOEDER, Winfried (1994): Identität und Universalität: Volkssprache und Schriftsprache in den Ländern des alten Christlichen Orients. In: *Georgica*, Bd. 17, 66–84

BOEDER, Winfried (1998a): Sprache und Identität in der Geschichte der Geogier. In: SCHRADE, Brigitta/AHBE, Thomas (Hrsg.): Georgien im Spiegel seiner Kultur und Geschichte. Zweites Deutsch-Georgisches Symposium 9. bis 11. Mai 1997, Vortragstexte. Berlin: Berliner Georgische Gesellschaft e.V., 68–80

BOEDER, Winfried (1998b): Sprachen und Nationen im Raum des Kaukasus. In: HENTSCHEL, Gerd (Hrsg.): Über Muttersprachen und Vaterländer. Zur Entwicklung von Standardsprachen und Nationen in Europa. Frankfurt am Main u.a.: Peter Lang, 183–209

BONVICINI, Gianni et al. (Hrsg.) (1998): *Preventing Violent Conflict. Issue from the Baltic and the Caucasus*. Baden-Baden: Nomos

BRAUN, Christina von (2001): *Versuch über den Schwindel. Religion, Schrift, Bild, Geschlecht*. Zürich: Pendo

BRITANNICA, Encyclopaedia (2006): Eduard Shevardnadze. In: Encyclopaedia Britannica. Encyclopaedia Britannica Premium Service URL: http://www.britannica.com/eb/article-9067333

BRUCE, Steve (1999): Modernisation, Religion Diversity and Rational Choice in Eastern Europe. In: *Religion, State and Society*, Bd. 27: 3/4, 265–275

BRUNOTTE, Ulrike (2004): *Zwischen Eros und Krieg. Männerbund und Ritual in der Moderne*. Berlin: Wagenbach

BRYNER, Erich (1994): Neuer Götzendienst statt wahrer Kirche. Kirche und Nation in der ost- und südosteuropäischen Geschichte. In: *Glaube in der 2. Welt*, Bd. 22: 3, 15–18

BRYNER, Erich (1996): *Die Ostkirchen vom 18. bis zum 20. Jahrhundert (Kirchengeschichte in Einzeldarstellungen 3, Bd. 10)*. Leipzig: Evangelische Verlagsanstalt

BUCHENAU, Klaus (2000): Nationalisierung der Religion und Sakralisierung der Nation in Ostmittel-, Südost- und Osteuropa im 19. und 20. Jahrhundert. In: *Bohemia*, Bd. 41: 2, 432–437

BULGAKOV, Sergij (1996): *Die Orthodoxie. Die Lehre der orthodoxen Kirche. (Erstveröffentlichung in englischer Sprache 1935)*. Trier: Paulinus Verlag

CHATWIN, Mary Ellen (1997): *Socio-Cultural Transformation and Foodways in the Republic of Georgia*. Commack New Yorck: Nova Science Publishers

CIVIL GEORGIA (2004): *New Leadership to Study Reasons of Civil War.* URL: http://www.civil.ge/eng/article.php?id=6320 – Zugriff am 11. März 2006

CONGOURDEAU, Marie-Hélène (1991): Der Kirchenbegriff in der orthodoxen Theologie. In: MAYEUR, Jean-Marie et al. (Hrsg.): Die Geschichte des Christentums. Religion, Politik, Kultur: Band 6. Die Zeit der Zerreissproben (1274-1449). Freiburg: Herder, 294–314

CONNOR, Walker (1992): The Nation and its Myth. In: SMITH, Anthony D. (Hrsg.): Ethnicity and Nationalism. Leiden: E. J. Brill, 48–57

CREGO, Paul (1994): Religion and Nationalism in Georgia. In: *Religion in Eastern Europe*, Bd. 14: 3, 1–9 URL: http://www.georgefox.edu/academics/undergrad/departments/soc-swk/ree/misc_art.html

CURTIS, Glenn E. (2002): Georgia: A Country Study. In: SIRAP, T.O. (Hrsg.): Georgia: Current Issues And Historical Background. New York: Nova Science Publ., 29–156

DEUTSCHE WELLE (2004a): *Der „Neue" von Georgien (Meldung vom 5. Januar 2004).* URL: http://www.dw-world.de/dw/article/0,,1072095,00.html – Zugriff am 24. Oktober 2009

DEUTSCHE WELLE (2004b): *Patriarch Ilia II. fordert Einstellung der „Medienangriffe" auf Orthodoxe Kirche Georgiens. (Meldung vom 26.12.2004).* URL: http://www.dw-world.de/dw/article/0,2144,1443624,00.html – Zugriff am 24. Oktober 2009

DEUTSCHER BUNDESTAG (2003): Antwort der Bundesregierung auf die Kleine Anfrage der Abgeordneten Rainer Eppelmann, Hermann Gröhe, Holger Haibach, weiterer Abgeordneter und der Fraktion der CDU/CSU: Gefährdung der freien Religionsausübung in Georgien. In: *Bundestagsdrucksachen*, Bd. 15. Wahlperiode: 1248, 1–4

DI PUPPO, Lili (2005): Anti-Korruptionsreformen: Einzelne Erfolge und große Herausforderungen für Georgien. In: *Caucaz Europanews* Bd. [2005]: 21. Oktober

DIEDRICH, Hans-Christian (1988): *Das Glaubensleben der Ostkirche.* Leipzig: Koehler & Amelang

DÖPMANN, Hans-Dieter (1997): Religion und Gesellschaft in Südosteuropa. In: Derselbe (Hrsg.): Religion und Gesellschaft in Südosteuropa. München: Südosteuropa-Gesellschaft, 9–23

ENCYCLOPAEDIA BRITANNICA (2006): Beria, Lavrenty Pavlovich. In: Encyclopaedia Britannica. Encyclopaedia Britannica Premium Service URL: http://www.britannica.com/eb/article-9078771

ENGLISCH, Andreas (1999): Scharfe Angriffe auf den Papst in Georgien. In: *Die Welt* Bd. [1999]: 10. November

FÄHNRICH, Heinz (1993): *Georgische Schriftsteller A-Z.* Aachen: Verlag Shaker

FÄHNRICH, Heinz (1999): *Lexikon Georgischer Mythologie.* Wiesbaden: Reichert Verlag

FELMY, Karl Christian (1990): *Die Orthodoxe Theologie Der Gegenwart. Eine Einführung.* Darmstadt: Wissenschaftliche Buchgesellschaft Darmstadt

FEURSTEIN, Wolfgang (2000): Die Eroberung und Islamisierung Südgeorgiens. In: MOTIKA, Raoul/URSINUS, Michael (Hrsg.): Caucasia Between The Ottoman Empire And Iran, 1555-1914. Wiesbaden: Reichert Verlag, 21–29

FINANCIAL TIMES INFORMATION (2002a): Georgian Parliament Ratifies State-Church Agreement. In: *Financial Times Information* Bd. [2002]: 22. Oktober

FINANCIAL TIMES INFORMATION (2002b): Georgian President, Orthodox Church Head Sign Consitutional Covenant. In: *Financial Times Information* Bd. [2002]: 14. Oktober

FINANCIAL TIMES INFORMATION (2003): Vatican Official Cuts Short Visit to Georgia Following Protests. In: *Financial Times Information* Bd. [2003]: 20. September

FINANCIAL TIMES INFORMATION (2004a): Azeri Leader to Visit Georgia On 14-15 June. In: *Financial Times Information* Bd. [2004]: 9. Juni

FINANCIAL TIMES INFORMATION (2004b): Head of Georgian Church Confident Breakaway Provinces to be Regained. In: *Financial Times Information* Bd. [2004]: 23. Januar

FISHMAN, Joshua A. (1973): *Language and Nationalism.* Rowley: Newbury House Publishers

FOCUS MAGAZIN (1995): Georgien: Der Saubermann. In: *Focus Magazin*, Bd. [1995]: 46, 13. November, 331

FULLER, Elizabeth (1995): Ethnische Minderheiten in den transkaukasischen Staaten. In: HALBACH, UWE /KAPPELER, Andreas (Hrsg.): Krisenherd Kaukasus. Baden-Baden: Nomos Verlagsgesellschaft, 179–195

GAMBASCHIDZE, Irine et al. (Hrsg.) (2001): *Georgien: Schätze aus dem Land des goldenen Vlies: Katalog der Ausstellung des Deutschen Bergbau-Museums Bochum in Verbindung mit dem Zentrum für Archäologische Forschungen der Georgischen Akademie der Wissenschaften Tbilissi vom 28. Oktober 2001 bis 19. Mai 2002.* Bochum: Dt. Bergbau-Museum

GAMKRELIDSE, Thomas V. (1997): Christentum und altgeorgische Kultur. In: SCHRADE, Brigitta/AHBE, Thomas (Hrsg.): Georgien im Spiegel seiner Kultur und Geschichte. Berlin: Berliner Georgische Gesellschaft e.V., 88–90

GAMSACHURDIA, Swiad (1992): *Open Letter to Eduard Shevardnadze*. URL: http://www.geocities.com/shavlego/ZG_Letter_SH.htm – Zugriff am 11. März 2006

GAUL, Wolfgang (2001): *Verfassungsgebung in Georgien. Ergebnisse internationaler rechtlicher Beratung in einem Transformationsstaat*. Berlin: Berlin Verlag Arno Spitz GmbH

GELASCHWILI, Naira (1993): *Georgien. Ein Paradies in Trümmern. Mit Gesprächen zwischen Edward Schewardnadse und der Autorin*. Berlin: AtV

GELLNER, Ernest (1991): *Nationalismus und Moderne*. Berlin: Rotbuch Verlag

GEORGIAN PATRIARCHATE (2006a): *His Holiness and Beatitude Ilia II Archbishop of Mtskheta - Tbilisi, Catholicos-Patriarch of All Georgia*. URL: http://www.patriarchate.ge/biograf/1e.htm – Zugriff am 11. März 2006

GEORGIAN PATRIARCHATE (2006b): *History of the Orthodox Church of Georgia*. URL: http://www.patriarchate.ge/istoria/1e.htm – Zugriff am 11. März 2006

GERBER, Jürgen (1997): *Georgien: nationale Opposition und kommunistische Herrschaft seit 1956*. Baden-Baden: Nomos Verlagsgesellschaft

GLAEßNER, Gert-Joachim (1994): *Demokratie nach dem Ende des Kommunismus. Regimewechsel, Transition und Demokratisierung im Postkommunismus*. Opladen: Westdeutscher Verlag

GOLDENBERG, Suzanne (1994): *Pride of Small Nations. The Caucasus and Post-Soviet Disorder*. London, New Jersey: Zed Books

GOODY, Jack (1986): Funktionen der Schrift in traditionalen Gesellschaften. In: Derselbe/WATT, Ian/GOUGH, Kathleen (Hrsg.): *Entstehung und Folgen der Schriftkultur*. Frankfurt am Main: Suhrkamp, 25–61

GOODY, Jack/WATT, Ian (1986): Konsequenzen der Literalität. In: GOODY, Jack/WATT, Ian/GOUGH, Kathleen (Hrsg.): *Entstehung und Folgen der Schriftkultur*. Frankfurt am Main: Suhrkamp, 63–122

GROß, Andreas (1998): *Missionare und Kolonisten. Die Basler und die Hermannsburger Mission in Georgien am Beispiel der Kolonie Katharinenfeld 1818-1870*. Hamburg: Lit

GUJER, Eric (1995a): Die frühere graue Eminenz Georgiens verhaftet. Schlag Schewardnadses gegen Iosseliani. In: *Neue Züricher Zeitung*, Bd. [1995]: 15. November, S. 5

GUJER, Eric (1995b): Georgiens langsamer Abschied von der Anarchie. In: *Neue Züricher Zeitung*, Bd. [1995]: 2. November, S. 3

GUJER, Eric (1995c): Sicherer Sieg für Schewardnadse in Georgien; Bereits im ersten Wahlgang zum Präsidenten gewählt. In: *Neue Züricher Zeitung*, Bd. [1995]: 7. November, S. 3

GVOSDEV, Nikolas K. (1995): The Russian Empire and the Georgian Orthodox Church in the First Decades of Imperial Rule, 1801-1830. In: *Central Asian Survey*, Bd. 14: 3, 407–423

HANF, Theodor (1994): The Sacred Marker: Religion, Communalism and Nationalism. In: *Social Compass*, Bd. 41: 1, 9–20

HANF, Theodor (2000): *Georgia: Lurching to Democracy; from Agnostic Tolerance to Pious Jacobinism; Societal Change and Peoples Reactions.* Baden-Baden: Nomos

HASTINGS, Adrian (1997): *The Construction of Nationhood: Ethnicity, Religion and Nationalism.* Cambridge MA: Cambridge University Press

HAUPTMANN, Peter (1974): Unter dem Weinrebenkreuz der heiligen Nino, Kirchengeschichte Georgiens im Überblick. In: STUPPERICH, Robert (Hrsg.): Kirche im Osten. Studien zur osteuropäischen Kirchengeschichte und Kirchenkunde, Band 17. Göttingen: Vandehoeck & Ruprecht, 9–41

HAUPTMANN, Peter (1990): Ilia Cavcavadze als Heiliger der georgisch-orthodoxen Kirche. In: Derselbe (Hrsg.): Kirche im Osten. Studien zur osteuropäischen Kirchengeschichte und Kirchenkunde, Band 33. Göttingen: Vandenhoeck & Ruprecht, 103–123

HAUSSIG, Hans-Michael (1999): *Der Religionsbegriff in den Religionen.* Berlin: Philo

HEINECKE, Johannes (2009): *Mxedruli - Xucuri - the Georgian Alphabets (v3.3c).* , LaTeX-Paket im „Comprehensive TeX Archive Network" (CTAN). URL: http://tug.ctan.org/pkg/mxedruli

HEINRICH, Klaus (1982): *Parmenides und Jona. Vier Studien über das Verhältnis von Philosophie und Mythologie.* Frankfurt am Main: Stroemfeld

HEISER, Lothar (1989): *Die georgisch-orthodoxe Kirche und ihr Glaubenszeugnis.* Trier: Paulinus Verlag

HERBST, Anne (1994): Gamsachurdia - in memoriam. Das tragische Schicksal einer historischen Persönlichkeit. In: *Glaube in der 2. Welt*, Bd. 22: 2, 14–15

HERZIG, Edmund (1999): *The New Caucasus. Armenia, Azerbaijan and Georgia.* London: The Royal Institute Of International Affairs

HEWITT, B. G. (1994): Language and Nationalism in Georgia and the West's Response. In: DUNCAN, Peter J.S./RADY, Martyn (Hrsg.): Towards a New Community. Culture and Politics in Post-Totalitarian Europe. Hamburg: LIT Verlag, 161–176

HOBSBAWM, Eric J. (1990): *Nationen und Nationalismus. Mythos und Realität seit 1780.* Frankfurt am Main: Campus

HÜBNER, Kurt (1991): *Das Nationale. Verdrängtes, Unvermeidliches, Erstrebenswertes.* Graz: Verlag Styria

HUMMEL, Gert (1998): Die Heilige Nino und das Christentum – Zur religiösen und politischen Identität Georgiens. In: DEUTSCH-GEORGISCHE GESELLSCHAFT IM SAARLAND E.V. (Hrsg.): Georgien und Europa. Drittes Deutsch-Georgisches Symposion 11. bis 14. Juni 1998 Saarbrücken. Dokumentation. Kleinblittersdorf: Deutsch-Georgische Gesellschaft im Saarland e.V., 10–21

INTERNATIONALE GESELLSCHAFT FÜR MENSCHENRECHTE (Hrsg.) (1992): *Menschenrechte in Georgien 1992. IGMF Informationssammlung 5. Oktober 1992.* Frankfurt am Main: IGFM, Redaktion Wanda Wahnsiedler

Dieselben (Hrsg.) (1994): *Menschenrechte in Georgien Januar-Juni 1994.* Frankfurt am Main: IGFM, Redaktion Wanda Wahnsiedler

Dieselben (Hrsg.) (1996): *IGFM Menschenrechte in der GUS-Republik Georgien 1996.* Frankfurt am Main: IGFM, Redaktion Wanda Wahnsiedler

ITAR-TASS NEWS AGENCY (1999): Meldung vom 04.09.1999. In: *ITAR-TASS News Agency* Bd. [1999]: 4. September

JAKOBSON, Roman (1968): The Beginning of National Selfdetermination in Europe. In: Readings in the Sociology of Language. The Hague: Mouton, 585–597

JONES, Stephen (1995): The Georgian Language State Program and Its Implications. In: *Nationalities Papers*, Bd. 23: 3, 535–548

JONES, Stephen/PARSONS, Robert (1996): Georgia and the Georgians. In: SMITH, Graham (Hrsg.): The Nationalities Question in the Post-Soviet States. London: Longman, 291–313

JONES, Stephen F. (1989): Religion and Nationalism in Soviet Georgia and Armenia. In: RAMET, Pedro (Hrsg.): Religion and Nationalism in Soviet and East Europeans Politics. London: Durham, 171–195

JONES, Stephen F. (1990): Soviet Religious Policy and the Georgian Orthodox Church: From Kruschchev to Gorbachev. In: *Religion in Communist Lands*, Bd. 17: Winter 1989-1990, 292–314

KALANDADZE, Georgi (1991): Georgia's Patriarch Anathematizes Murderers of Georgians as Enemies of the Nation. In: *Russica Information Inc.* Bd. [1991]: 30. Juni

KALLIS, Anastasios (1989): *Liturgie. Die Göttliche Liturgie der Orthodoxen Kirche.* Mainz: Matthias-Grünewald-Verlag

KANTOROWICZ, Ernst H. (1994): *Die zwei Körper des Königs. Eine Studie zur politischen Theologie des Mittelalters.* München: Deutscher Taschenbuch Verlag

KEKELIDSE, Korneli (1928): Die Bekehrung Georgiens zum Christentum. In: *Morgenland* : 18

KITROMILIDES, Paschalis (1989): „Imagined Communities" and the Origin of the National Questions in the Balkans. In: *European History Quarterly*, Bd. 19: 2, 177–185

KOBAIDSE, Maja (2004): Die größte Kirche Georgiens. Zum Jahrestag der Rosenrevolution wurde die Sameba-Kirche eingeweiht. In: *Kaukasische Post*, Bd. 18: 50, Abschnitt Gesellschaft, zweiter Artikel URL: http://www.kaukasische-post.de/KP50/index.htm

KOCH, Stefan (2003): Weißes Banner, rote Kreuze. In: *Frankfurter Rundschau*, Bd. [2003]: 14. November, S. 3

KOHN, Hans (1962): *Die Idee des Nationalismus. Ursprung und Geschichte bis zur Französischen Revolution*. Frankfurt am Main: Fischer

KOKEEV, Alexander (1993): *Der Kampf um das Goldene Vlies: Zum Konflikt zwischen Georgien und Abchasien*. Frankfurt am Main: Hessische Stiftung Friedens- und Konfliktforschung

KOLARZ, Walter (1961): *Religion in the Soviet Union*. London: Macmillan Press

KONOVAL'CHIK, Petr (1995): The Christian Approach to Expressions of National Consciousness. In: *Religion, State and Society*, Bd. 23: 2, 195–199

KRUGMAN, Paul (1999): Why Germany Kant Kompete. In: *Fortune*, Bd. 140: 2 vom 19. Juli 1999, 32–32

KUMAR, Krishan (2006): Modernization. In: Encyclopaedia Britannica. Encyclopaedia Britannica Premium Service URL: http://www.britannica.com/eb/article-12026

LANG, David Marshall (1956): *Lives and Legends of the Georgian Saints*. London: George Allen And Unwin

LANG, David Marshall (1962): *A Modern History of Georgia*. London: Weidenfeld & Nicolson

LARENTZAKIS, Grigorios (2000): *Die Orthodoxe Kirche. Ihr Leben und ihr Glaube*. Graz: Styria

LAW, Vivien (1998): Language Myths and the Discourse of Nation-Building in Georgia. In: SMITH, Graham (Hrsg.): Nation-building in the Post-Soviet Borderlands. The Politics of National Identities. Cambridge: Cambridge University Press, 167–196

LERCH, Wolfgang Günter (2000): *Der Kaukasus. Nationalitäten, Religionen und Großmächte im Widerstreit*. Hamburg: Europa Verlag

LÜBECK, Konrad (1918): *Georgien und die katholische Kirche*. Aachen: Xaverius-Verlag

MARAVAL, Pierre (1996): Georgien. In: MAYEUR, Jean-Marie (Hrsg.): Die Geschichte des Christentums. Religion, Politik, Kultur. Band 2: Das Entstehen der einen Christenheit (250-430). Freiburg: Herder, 1089–1091

MARTIN-HISARD, Bernadette (1994): Kirche und Christentum in Georgien. In: MAYEUR, Jean-Marie (Hrsg.): Die Geschichte des Christentums. Religion, Politik, Kultur. Band 4: Bischöfe, Mönche und Kaiser (642-1054). Freiburg: Herder. – Kapitel 3, 543–599

MARTIN-HISARD, Bernadette (2001): Das Christentum und die Kirche in der georgischen Welt. In: MAYEUR, Jean-Marie (Hrsg.): Die Geschichte des Christentums. Religion, Politik, Kultur. Band 3: Der lateinische Westen und der byzantinische Osten (431-642). Freiburg: Herder. – Kapitel 3, 1231–1305

MEKHUZLA, Eka (1999a): Cultural Heritag Committee chairman visits Georgia. In: *ITAR-TASS News Agency* Bd. [1999]: 25. Februar

MEKHUZLA, Eka (1999b): Georgien Patriarch Urges State to Stop Desctructive Sects. In: *ITAR-TASS News Agency* Bd. [1999]: 27. April

MEKHUZLA, Eka (2005): Georgia Church Unhappy About Russian Bishop Visit to South Ossetia. In: *ITAR-TASS News Agency* Bd. [2005]: 21. September

MEPISASCHWILI, Russudan/ZINZADSE, Wachtang (1987): *Georgien. Kirchen und Wehrbauten.* Weinheim: Acta Humaniora

MERDJANOVA, Ina (2000): In Search of Identity: Nationalism and Religion in Eastern Europe. In: *Religion, State & Society,* Bd. 28: 3, 233–262

MGALOBLISHVILI, Tamila (1998): Introduction. In: Dieselbe (Hrsg.): Ancient Christianity in the Caucasus. Richmond: Curzon Press, 3–14

MILLER, David (1995): *On Nationality.* Oxford: Oxford University Press

MOSSE, George L. (1993): *Gefallen für das Vaterland: nationales Heldentum und namenloses Sterben.* Stuttgart: Klett-Cotta

MOTYLEWITZ, G. (1993): Georgien: Gamsachurdia kontra Kirche. In: *Glaube in der 2. Welt,* Bd. 21: 3, 6–7

NAHAYLO, Bohdan/PETERS, C. J. (= Pseudonym von Stephen F. Jones) (1982): *The Ukrainians and Georgians.* London: Minority Rights Group

NAHAYLO, Bohdan/SWOBODA, Viktor (1990): *Soviet Disunion: A History of the Nationalities Problems in the USSR.* London: Hamish Hamilton

NASA (2003): *Voyager. The Interstellar Mission: Music.* URL: http://voyager.jpl.nasa.gov/spacecraft/music.html – Zugriff am 21. Februar 2006

NEUE ZÜRICHER ZEITUNG (1995): Festnahme von Ex-Verteidigungsminister Kitowani. In: *Neue Züricher Zeitung,* Bd. [1995]: 15. Januar, S. 2

NEUE ZÜRICHER ZEITUNG (1999): Mehrere Uno-Beobachter in Abchasien entführt. Je ein Schweizer und ein Deutscher betroffen. In: *Neue Züricher Zeitung,* Bd. [1999]: 14. Oktober, S. 2

NICKEL, Heinrich L. (1974): *Kirchen Burgen Miniaturen. Armenien und Geor-*

gien während des Mittelalters. Berlin: VEB Deutscher Verlag der Wissenschaften

NIELSEN, Fried (2000): *Wind der weht. Georgien im Wandel.* Frankfurt am Main: Societätsverlag

NODIA, Ghia (1999): Trying to Build (Democratic) State Institutions in Independent Georgia. In: MANGOTT, Gerhard (Hrsg.): Brennpunkt Südkaukasus. Aufbruch trotz Krieg, Vertreibung und Willkürherrschaft? Wien: Österreichisches Institut für Internationale Politik, 105–137

NODIA, Ghia (2000): A New Cycle of Instability in Georgia. New Troubles and Old Problems. In: BERTSCH, Gary K. (Hrsg.): Crossroads and Conflict: Security and Foreign Policy in the Caucasus and Central Asia. New York: Routledge, 188–203

ORF (2005): *Weltkirchenrat macht Fortschritte bei Überwindung des internen Konflikts (21. 01. 2005).* URL: http://religion.orf.at/projekt02/news/0501/ne050121_weltkirchenrat.htm – Zugriff am 04. Februar 2006

OSMAN-OGLY KURBANOV, Rafik/RAFIK-OGLY KURBANOV, Erjan (1995): Religion and Politics in the Caucasus. In: BOURDEAUX, Michael (Hrsg.): The Politics of Religion in Russia and the New States of Eurasia. Armonk NY: M.E. Sharpe, 229–246

PACHKORIA, Tengiz (2000): UNESCO Director General Arrives in Tbilisi. In: *ITAR-TASS News Agency* Bd. [2000]: 15. September

PAITSCHADSE, David (1995): Bemerkungen zur Geschichte Georgiens bis 1921. In: HALBACH, Uwe/KAPPELER, Andreas (Hrsg.): Krisenherd Kaukasus. Baden-Baden: Nomos Verlagsgesellschaft, 52–62

PARSONS, Robert (2005): Georgian Analyst Assesses President's Effort to Transform. In: *Radio Free Europe/Radio Liberty Caucasus Report* Bd. 8: 19

PÄTSCH, Gertrud (1975): Die Bekehrung Georgiens: „Mokcevay kartlisay", Übersetzt und mit Anmerkungen versehen von G. Pätsch. In: *Bedi Kartlisa*, Bd. 33, 288–337

Dieselbe (Hrsg.) (1985): *Das Leben Kartlis. Eine Chronik aus Georgien 300-1200.* Leipzig: Dieterische Verlagsbuchhandlung

PELKMANS, Mathijs (2002): Religion, Nation and State in Georgia: Christian Expansion in Muslim Ajaria. In: *Journal of Muslim Minority Affairs*, Bd. 22: 2, 249–273

PETERS, C. J. (= Pseudonym von Stephen F. Jones) (1988): The Georgian Orthodox Church. In: RAMET, Pedro (Hrsg.): Eastern Christianity and Politics in the Twentieth Century. Durham: Duke University Press

PFEIFER, Wolfgang (1993): *Etymologisches Wörterbuch des Deutschen.* Berlin: Akademie Verlag

POLLACK, Detlef (1998): Einleitung. Religiöser Wandel in Mittel- und Osteuropa. In: Derselbe/BOROWIK, Irena/JAGODZINSKI, Wolfgang (Hrsg.): Religiöser Wandel in den postkommunistischen Ländern Ost- und Mitteleuropas. Würzburg: Ergon Verlag, 9–54

RADVANYI, Jean (2004): Der Präsident will ganz Georgien. Sezession im Kaukasus. In: *Le Monde Diplomatique, Deutsche Ausgaube* Bd. [2004]: 08. Oktober

RAMET, Sabrina P. (1989): The Interplay of Religious Policy and Nationalities Policy in the Soviet Union and Eastern Europe. In: Dieselbe (Hrsg.): Religion and Nationalism in Soviet and East European Politics. Durham, London: Duke University Press, 3–41

RAMET, Sabrina P. (1997): *Whose Democracy? Nationalism, Religion, and the Doctrine of Collective Rights in Post-1989 Eastern Europe.* Lanham: Rowman & Littlefield

RAPP JR, Stephen H. (1999): 7. From Bumberazi to Basileus: Writing Cultural Synthesis and Dynastic Change in Medieval Georgia (K'art'li). In: EASTMOND, Antony (Hrsg.): Eastern Approaches To Byzantium. Papers from the Thirty-third Spring Symposium of Byzantine Studies, University of Warwick, Coventry, March 1999. Aldershot: Publications for the Society for the Promotion of Byzantine studies (by Ashgate Variorum), 101–116

REHDER, Peter (Hrsg.) (1993): *Das neue Osteuropa von A-Z.* München: Droemer Knaur

REIßNER, Ilma (1989): *Georgien. Geschichte – Kunst – Kultur.* Freiburg: Verlag Herder

REISNER, Oliver (1995): Die Entstehungs- und Entwicklungsbedingungen der nationalen Bewegungen in Georgien bis 1921. In: HALBACH, UWE / KAPPELER, Andreas (Hrsg.): Krisenherd Kaukasus. Baden-Baden: Nomos Verlagsgesellschaft, 63–79

REISNER, Oliver (2000): Integrationsversuche der muslimischen Adscharer in die georgische Nationalbewegung. In: MOTIKA, Raoul/URSINUS, Michael (Hrsg.): Caucasia Between the Ottoman Empire and Iran, 1555-1914. Wiesbaden: Reichert Verlag, 207–222

REISNER, Oliver (2003): *Die Schule der georgischen Nation : eine sozialhistorische Untersuchung der nationalen Bewegung in Georgien am Beispiel der "Gesellschaft zur Verbreitung der Lese- und Schreibkunde unter den Georgiern"(1850 - 1917).* Wiesbaden: Reichert

RELJIC, Dusan (1994): Nation als Opium des Volkes. Die Instrumentalisierung des Nationalismus in postkommunistischen Gesellschaften. In: PATTILLO-HESS, John/SMOLE, Mario (Hrsg.): Nationen. Wien: Löcker Verlag, 57–62

RENDTORFF, Trutz (1996): Kirche und Staat. Die gespaltene europäische Christenheit. In: KALLSCHEUER, Otto (Hrsg.): Das Europa der Religionen. Ein Kontinent zwischen Säkularisierung und Fundamentalismus. Frankfurt am Main: Fischer, 141–159

RIA NOVOSTI (2004): Georgian President Elect Swears to Restor Georgia's Integrity. In: *RIA Novosti News Service* Bd. [2004]: 24. Januar

RICHARD, Jean (1991): Die orientalischen Kirchen Asiens und Afrikas. In: MAYEUR, Jean-Marie (Hrsg.): Die Geschichte des Christentums. Religion, Politik, Kultur. Band 6: Die Zeit der Zerreißproben (1274-1449). Freiburg: Herder, 205–246

RIEFFER, Barbara-Ann J. (2003): Religion and Nationalism. Understanding the Consequences of a Complex Relationship. In: *Ethnicities*, Bd. 3: 2, 215–242

RÜESCH, Andreas (1999): Lobende Worte des Papstes für Schewardnadse. In: *Neue Züricher Zeitung*, Bd. [1999]: 10. November, S. 5

RÜESCH, Andreas (2002): Eduard Schewardsnadse. Gefangener des Kaukasus. In: *Neue Züricher Zeitung*, Bd. [2002]: 9. März 2002, S. 7

RUSSELL, Mary (1991): *Please Don't Call it Soviet Georgia: A Journey Through a Troubled Paradise*. London: Serpent's Tail

SARDSHWELADSE, Sura/FÄHNRICH, Heinz (Hrsg.) (1998): *Chroniken der georgischen Königin Tamar*. Jena: Friedrich-Schiller-Universität

SAROYAN, Mark (1996): Beyond the Nation-State: Culture and Ethnic Politics in Soviet Transcaucasia. In: SUNY, Ronald Grigor (Hrsg.): Transcaucasia, Nationalism, and Social Change. Essays in the History of Armenia, Azerbaijan, and Georgia. Ann Arbor: The University of Michigan Press, 401–426

SCHILLING, Heinz (1991): Nationale Identität und Konfession in der europäischen Neuzeit. In: GIESEN, Bernhard (Hrsg.): Nationale und kulturelle Identität. Studien zur Entwicklung des kollektiven Bewusstseins in der Neuzeit. Frankfurt am Main: Suhrkamp, 192–252

SCHLAFFER, Heinz (1986): Einleitung. In: GOODY, Jack/WATT, Ian/GOUGH, Kathleen (Hrsg.): Entstehung und Folgen der Schriftkultur. Frankfurt am Main: Suhrkamp, 7–23

SCHMID, Ulrich (1993): Anhaltender Vormarsch von Schewardnadses Truppen. In: *Neue Züricher Zeitung*, Bd. [1993]: 25. Oktober, S. 1

SCHMID, Ulrich (1994): Bericht über Selbstmord Gamsachurdias. In: *Neue Züricher Zeitung*, Bd. [1994]: 6. Januar, S. 1

SERLOTH, Barbara (1997): Der Mythos der nationalstaatlichen Homogenität. In: HETTLAGE, Robert/DEGER, Petra/WAGNER, Susanne (Hrsg.): Kollektive

Identität in Krisen. Ethnizität in Religion, Nation, Europa. Opladen: Westdeutscher Verlag, 86–96

SETON-WATSON, Hugh (1977): *Nations and States. An Inquiry into the Origins of Nations and the Politics of Nationalism.* London: Methuen

SIMON, Gerhard (1986): *Nationalismus und Nationalitätenpolitik in der Sowjetunion. Von der totalitären Diktatur zur nach-stalinistischen Gesellschaft.* Baden-Baden: Nomos

SKHIRTLADZE, Zaza (1999): 10. Newly Discovered Early Paintings in the Gareja Desert. In: EASTMOND, Antony (Hrsg.): Eastern Approaches to Byzantium. Papers from the Thirty-third Spring Symposium of Byzantine Studies, University of Warwick, Coventry, March 1999. Aldershot: Publications for the Society for the Promotion of Byzantine studies (by Ashgate Variorum), 149–167

SMITH, Anthony D. (1992): Nationalism and the Historians. In: Derselbe (Hrsg.): Ethnicity and Nationalism. Leiden: E. J. Brill, 58–80

SMITH, Anthony D. (1998): *Nationalism and Modernism. A Critical Survey of Recent Theories of Nations and Nationalism.* London: Routledge

SMITH, Anthony D. (2000): The 'Sacred' Dimension of Nationalism. In: *Millenium: Journal of International Studies*, Bd. 29: 3, 791–814

SMITH, Graham (1996): The Soviet State and Nationalities Policy. In: Derselbe (Hrsg.): The Nationalities Question in the Post-Soviet States. London: Longman, 2–22

SPIEGEL, Der (1995): Terror in Tiflis. Verhaftungswelle, Sturz des Geheimdienstchefs, Panzer auf den Strassen - Wahlkampf nach dem Attentat auf Staatschef Schewardnadse. In: *Der Spiegel*, Bd. [1995]: 37, 11. September, 50–51

SPIEGEL, Der (2003): Gestorben: Dschaba Iosseliani. In: *Der Spiegel*, Bd. [2003]: 10. März, S. 218

SPOHN, Willfried (2003): Multiple Modernity, Nationalism and Religion: A Global Perspective. In: *Current Sociology*, Bd. 51: 3/4, 265–286

STAROVOITOVA, Galina (1997): *National Self-Determination: Approaches and Case Studies (Occasional Paper 27).* Providence RI: Thomas J. Watson Jr. Institute For International Studies

STÖLTING, Erhard (1991): *Eine Weltmacht zerbricht. Nationalitäten und Religionen in der UDSSR.* Frankfurt am Main: Eichborn

STRUNK, Andrea (2003): Gehen oder Kommen? Georgien nach Schewardnadse. In: *Freitag* Bd. [2003]: 49

SÜDDEUTSCHE ZEITUNG (1993): Machtkampf in Georgien. In: *Süddeutsche Zeitung* Bd. [1993]: 8. Mai

SUNY, Ronald Grigor (1994): *The Making of the Georgian Nation*. Bloomington: Indiana University Press

SUNY, Ronald Grigor (1996a): Nationalism and Social Class in the Russian Revolution: The Cases of Baku and Tiflis. In: Derselbe (Hrsg.): Transcaucasia, Nationalism, and Social Change. Essays in the History of Armenia, Azerbaijan, and Georgia. Ann Arbor: The University of Michigan Press, 241–260

SUNY, Ronald Grigor (1996b): On the Road to Independence: Cultural Cohesion and Ethnic Revival in a Multinational Society. In: Derselbe (Hrsg.): Transcaucasia, Nationalism, and Social Change. Essays in the History of Armenia, Azerbaijan, and Georgia. Ann Arbor: The University of Michigan Press, 377–400

SWR (2006): *Sozialminister Renner zurückgetreten*. URL: http://www.swr.de/nachrichten/bw/-/id=1622/nid=1622/did=1032386/y61r25/index.html – Zugriff am 1. März 2006

SZPORLUK, Roman (1994): Introduction. Statehood and Nation-Building in Post-Soviet Space. In: Derselbe (Hrsg.): National Identity and Ethnicitiy in Russia and the New States of Eurasia. Armonk NY: M.E. Sharpe, 3–17

TARCHNISVILI, Micheil (1940): Die Legende der heiligen Nino und die Geschichte des georgischen Nationalbewußtseins. In: *Byzantinische Zeitschrift*, Bd. 40, 48–62

TARCHNISVILI, Micheil (1995): Das Verhältnis von Kirche und Staat im Königreich Georgien. In: *Oriens Christianus*, Bd. Band 39, 79–92

THE UNICODE CONSORTIUM (2008): *The Unicode Consortium. The Unicode Standard, Version 5.1.0, defined by: The Unicode Standard, Version 5.0, as amended by Unicode 5.1.0*. Addison-Wesley URL: http://www.unicode.org/versions/Unicode5.1.0/

THOMSON, Robert W. (1996): The Origins of Caucasian Civilization: The Christian Component. In: SUNY, Ronald Grigor (Hrsg.): Transcaucasia, Nationalism, and Social Change. Essays in the History of Armenia, Azerbaijan, and Georgia. Ann Arbor: The University of Michigan Press, 25–43

TISHKOV, Valery (1997): *Ethnicity, Nationalism and Conflict In and After the Soviet Union. The Mind Aflame*. London: Sage Publications

TOMPOS, Erzsébet (1975): *Georgien. Fotos von Károly Gink (Übersetzt von Irene Kolb)*. Budapest: Corvina Verlag

UNICODE CONSORTIUM/ALLEN, Julie D (2007): *The Unicode standard 5.0*. Upper Saddle River, NJ: Addison-Wesley

URUSHADZE, Levan (2006): *Memorial Page of the First President of the Republic of Georgia, Dr. Zviad Gamsakhurdia (31.03.1939 - 31.12.1993)*. URL: http://www.geocities.com/z_g.geo/z_g.html – Zugriff am 11. März 2006

VEER, Peter Van der (1994): *Religious Nationalism*. Berkeley: University of California Press

Dieselben/LEHMANN, Hartmut (Hrsg.) (1999): *Nation and Religion: Perspectives on Europe and Asia*. Princeton, NJ: Princeton University Press

VOSWINKEL, Johannes (2003): Familienstreit. In: *Die Zeit* Bd. [2003]: 47

WALTERS, Philip (1993): A Survey of Soviet Religious Policy. In: RAMET, Sabrina Petra (Hrsg.): Religious Policy in the Soviet Union. Cambridge: Cambridge University Press, 3–29

WALZER, Michael (1988): *Exodus und Revolution*. Berlin: Rotbuch Verlag

WEBER, Max (1904): Die protestantische Ethik und der „Geist" des Kapitalismus. I. Das Problem. In: *Archiv für Sozialwissenschaft und Sozialpolitik*, Bd. 20: 1, 1–54

WEBER, Max (1905): Die protestantische Ethik und der „Geist" des Kapitalismus. II. Die Berufsidee des asketischen Protestantismus. In: *Archiv für Sozialwissenschaft und Sozialpolitik*, Bd. 21: 1, 1–110

WEIß, Johannes (2003): *Glaubensfragen: Die orthodoxen Feinde der Ökumene. Georgiens Kirche und der Weltkirchenrat (Manuskript zur Sendung vom 27.07.2003 im Südwestrundfunk - SWR2)*. URL: http://db.swr.de/upload/manuskriptdienst/glaubensfragen/gl0720032093.rtf – Zugriff am 24. Oktober 2009

WORLDWIDE FAITH NEWS (2002): *Orthodoxe Kirche in Georgien Staatsreligion*. URL: http://www.wfn.org/2002/11/msg00220.html – Zugriff am 11. März 2006

WULF, Christoph (2004): Ritual, Macht und Performanz. In: Derselbe/ZIRFAß, Jörg (Hrsg.): Die Kultur des Rituals. Inszenierungen. Praktiken. Symbole. München: Wilhelm Fink Verlag, 49–61

WULF, Christoph/ZIRFASS, Jörg (2004): Performative Welten. In: WULF, Christoph/ZIRFASS, Jörg (Hrsg.): Die Kultur des Rituals. Inszenierungen. Praktiken. Symbole. München: Wilhelm Fink Verlag, 7–43

ZIDOWIECKI, Erik (2004): *Das georgische Alphabet (Artikel vom Juni 2004)*. URL: http://static.unilang.org/babelbabble/index.php?n=6&t=7 – Zugriff am 28. September 2009

ZINZADZE, Wachtang (1983): Über einige Besonderheiten der Basiliken im frühchristlichen Georgien (Die Architektur der Basilika des V. Jahrhunderts Sweti Zchoweli in Mzcheta). In: GEORGIEN, Institut Tschubinaschvili D'Histoire De L'Art (Hrsg.): IV. Symposium International sur l'art Géorgien, Tbilissi 1983, Acedemie des Sciences de la SSR de Georgie. Tbilisi: Institut Tschubinaschvili D'Histoire De L'Art Georgien, 18

ZWEERDE, Evert Van der (1999): „Civil Society'" and „Orthodox Christianity" in Russia: a Double Test Case. In: *Religion, State and Society*, Bd. 27: 1, 23–45

SOVIET AND POST-SOVIET POLITICS AND SOCIETY

Edited by Dr. Andreas Umland

ISSN 1614-3515

1 *Андреас Умланд (ред.)*
   Воплощение Европейской
   конвенции по правам человека в
   России
   Философские, юридические и
   эмпирические исследования
   ISBN 3-89821-387-0

2 *Christian Wipperfürth*
   Russland – ein vertrauenswürdiger
   Partner?
   Grundlagen, Hintergründe und Praxis
   gegenwärtiger russischer Außenpolitik
   Mit einem Vorwort von Heinz Timmermann
   ISBN 3-89821-401-X

3 *Manja Hussner*
   Die Übernahme internationalen Rechts
   in die russische und deutsche
   Rechtsordnung
   Eine vergleichende Analyse zur
   Völkerrechtsfreundlichkeit der Verfassungen
   der Russländischen Föderation und der
   Bundesrepublik Deutschland
   Mit einem Vorwort von Rainer Arnold
   ISBN 3-89821-438-9

4 *Matthew Tejada*
   Bulgaria's Democratic Consolidation
   and the Kozloduy Nuclear Power Plant
   (KNPP)
   The Unattainability of Closure
   With a foreword by Richard J. Crampton
   ISBN 3-89821-439-7

5 *Марк Григорьевич Меерович*
   Квадратные метры, определяющие
   сознание
   Государственная жилищная политика в
   СССР. 1921 – 1941 гг
   ISBN 3-89821-474-5

6 *Andrei P. Tsygankov, Pavel
   A. Tsygankov (Eds.)*
   New Directions in Russian
   International Studies
   ISBN 3-89821-422-2

7 *Марк Григорьевич Меерович*
   Как власть народ к труду приучала
   Жилище в СССР – средство управления
   людьми. 1917 – 1941 гг.
   С предисловием Елены Осокиной
   ISBN 3-89821-495-8

8 *David J. Galbreath*
   Nation-Building and Minority Politics
   in Post-Socialist States
   Interests, Influence and Identities in Estonia
   and Latvia
   With a foreword by David J. Smith
   ISBN 3-89821-467-2

9 *Алексей Юрьевич Безугольный*
   Народы Кавказа в Вооруженных
   силах СССР в годы Великой
   Отечественной войны 1941-1945 гг.
   С предисловием Николая Бугая
   ISBN 3-89821-475-3

10 *Вячеслав Лихачев и Владимир
   Прибыловский (ред.)*
   Русское Национальное Единство,
   1990-2000. В 2-х томах
   ISBN 3-89821-523-7

11 *Николай Бугай (ред.)*
   Народы стран Балтии в условиях
   сталинизма (1940-е – 1950-е годы)
   Документированная история
   ISBN 3-89821-525-3

12 *Ingmar Bredies (Hrsg.)*
   Zur Anatomie der Orange Revolution
   in der Ukraine
   Wechsel des Eliteregimes oder Triumph des
   Parlamentarismus?
   ISBN 3-89821-524-5

13 *Anastasia V. Mitrofanova*
   The Politicization of Russian
   Orthodoxy
   Actors and Ideas
   With a foreword by William C. Gay
   ISBN 3-89821-481-8

14 Nathan D. Larson
    Alexander Solzhenitsyn and the
    Russo-Jewish Question
    ISBN 3-89821-483-4

15 Guido Houben
    Kulturpolitik und Ethnizität
    Staatliche Kunstförderung im Russland der
    neunziger Jahre
    Mit einem Vorwort von Gert Weisskirchen
    ISBN 3-89821-542-3

16 Leonid Luks
    Der russische „Sonderweg"?
    Aufsätze zur neuesten Geschichte Russlands
    im europäischen Kontext
    ISBN 3-89821-496-6

17 Евгений Мороз
    История «Мёртвой воды» – от
    страшной сказки к большой
    политике
    Политическое неоязычество в
    постсоветской России
    ISBN 3-89821-551-2

18 Александр Верховский и Галина
    Кожевникова (ред.)
    Этническая и религиозная
    интолерантность в российских СМИ
    Результаты мониторинга 2001-2004 гг.
    ISBN 3-89821-569-5

19 Christian Ganzer
    Sowjetisches Erbe und ukrainische
    Nation
    Das Museum der Geschichte des Zaporoger
    Kosakentums auf der Insel Chortycja
    Mit einem Vorwort von Frank Golczewski
    ISBN 3-89821-504-0

20 Эльза-Баир Гучинова
    Помнить нельзя забыть
    Антропология депортационной травмы
    калмыков
    С предисловием Кэролайн Хамфри
    ISBN 3-89821-506-7

21 Юлия Лидерман
    Мотивы «проверки» и «испытания»
    в постсоветской культуре
    Советское прошлое в российском
    кинематографе 1990-х годов
    С предисловием Евгения Марголита
    ISBN 3-89821-511-3

22 Tanya Lokshina, Ray Thomas, Mary
    Mayer (Eds.)
    The Imposition of a Fake Political
    Settlement in the Northern Caucasus
    The 2003 Chechen Presidential Election
    ISBN 3-89821-436-2

23 Timothy McCajor Hall, Rosie Read
    (Eds.)
    Changes in the Heart of Europe
    Recent Ethnographies of Czechs, Slovaks,
    Roma, and Sorbs
    With an afterword by Zdeněk Salzmann
    ISBN 3-89821-606-3

24 Christian Autengruber
    Die politischen Parteien in Bulgarien
    und Rumänien
    Eine vergleichende Analyse seit Beginn der
    90er Jahre
    Mit einem Vorwort von Dorothée de Nève
    ISBN 3-89821-476-1

25 Annette Freyberg-Inan with Radu
    Cristescu
    The Ghosts in Our Classrooms, or:
    John Dewey Meets Ceaușescu
    The Promise and the Failures of Civic
    Education in Romania
    ISBN 3-89821-416-8

26 John B. Dunlop
    The 2002 Dubrovka and 2004 Beslan
    Hostage Crises
    A Critique of Russian Counter-Terrorism
    With a foreword by Donald N. Jensen
    ISBN 3-89821-608-X

27 Peter Koller
    Das touristische Potenzial von
    Kam''janec–Podil's'kyj
    Eine fremdenverkehrsgeographische
    Untersuchung der Zukunftsperspektiven und
    Maßnahmenplanung zur
    Destinationsentwicklung des „ukrainischen
    Rothenburg"
    Mit einem Vorwort von Kristiane Klemm
    ISBN 3-89821-640-3

28 Françoise Daucé, Elisabeth Sieca-
    Kozlowski (Eds.)
    Dedovshchina in the Post-Soviet
    Military
    Hazing of Russian Army Conscripts in a
    Comparative Perspective
    With a foreword by Dale Herspring
    ISBN 3-89821-616-0

29 *Florian Strasser*
    Zivilgesellschaftliche Einflüsse auf die
    Orange Revolution
    Die gewaltlose Massenbewegung und die
    ukrainische Wahlkrise 2004
    Mit einem Vorwort von Egbert Jahn
    ISBN 3-89821-648-9

30 *Rebecca S. Katz*
    The Georgian Regime Crisis of 2003-
    2004
    A Case Study in Post-Soviet Media
    Representation of Politics, Crime and
    Corruption
    ISBN 3-89821-413-3

31 *Vladimir Kantor*
    Willkür oder Freiheit
    Beiträge zur russischen Geschichtsphilosophie
    Ediert von Dagmar Herrmann sowie mit
    einem Vorwort versehen von Leonid Luks
    ISBN 3-89821-589-X

32 *Laura A. Victoir*
    The Russian Land Estate Today
    A Case Study of Cultural Politics in Post-
    Soviet Russia
    With a foreword by Priscilla Roosevelt
    ISBN 3-89821-426-5

33 *Ivan Katchanovski*
    Cleft Countries
    Regional Political Divisions and Cultures in
    Post-Soviet Ukraine and Moldova
    With a foreword by Francis Fukuyama
    ISBN 3-89821-558-X

34 *Florian Mühlfried*
    Postsowjetische Feiern
    Das Georgische Bankett im Wandel
    Mit einem Vorwort von Kevin Tuite
    ISBN 3-89821-601-2

35 *Roger Griffin, Werner Loh, Andreas
    Umland (Eds.)*
    Fascism Past and Present, West and
    East
    An International Debate on Concepts and
    Cases in the Comparative Study of the
    Extreme Right
    With an afterword by Walter Laqueur
    ISBN 3-89821-674-8

36 *Sebastian Schlegel*
    Der „Weiße Archipel"
    Sowjetische Atomstädte 1945-1991
    Mit einem Geleitwort von Thomas Bohn
    ISBN 3-89821-679-9

37 *Vyacheslav Likhachev*
    Political Anti-Semitism in Post-Soviet
    Russia
    Actors and Ideas in 1991-2003
    Edited and translated from Russian by Eugene
    Veklerov
    ISBN 3-89821-529-6

38 *Josette Baer (Ed.)*
    Preparing Liberty in Central Europe
    Political Texts from the Spring of Nations
    1848 to the Spring of Prague 1968
    With a foreword by Zdeněk V. David
    ISBN 3-89821-546-6

39 *Михаил Лукьянов*
    Российский консерватизм и
    реформа, 1907-1914
    С предисловием Марка Д. Стейнберга
    ISBN 3-89821-503-2

40 *Nicola Melloni*
    Market Without Economy
    The 1998 Russian Financial Crisis
    With a foreword by Eiji Furukawa
    ISBN 3-89821-407-9

41 *Dmitrij Chmelnizki*
    Die Architektur Stalins
    Bd. 1: Studien zu Ideologie und Stil
    Bd. 2: Bilddokumentation
    Mit einem Vorwort von Bruno Flierl
    ISBN 3-89821-515-6

42 *Katja Yafimava*
    Post-Soviet Russian-Belarussian
    Relationships
    The Role of Gas Transit Pipelines
    With a foreword by Jonathan P. Stern
    ISBN 3-89821-655-1

43 *Boris Chavkin*
    Verflechtungen der deutschen und
    russischen Zeitgeschichte
    Aufsätze und Archivfunde zu den
    Beziehungen Deutschlands und der
    Sowjetunion von 1917 bis 1991
    Ediert von Markus Edlinger sowie mit einem
    Vorwort versehen von Leonid Luks
    ISBN 3-89821-756-8

44   Anastasija Grynenko in
     Zusammenarbeit mit Claudia Dathe
     Die Terminologie des Gerichtswesens
     der Ukraine und Deutschlands im
     Vergleich
     Eine übersetzungswissenschaftliche Analyse
     juristischer Fachbegriffe im Deutschen,
     Ukrainischen und Russischen
     Mit einem Vorwort von Ulrich Hartmann
     ISBN 3-89821-691-8

45   Anton Burkov
     The Impact of the European
     Convention on Human Rights on
     Russian Law
     Legislation and Application in 1996-2006
     With a foreword by Françoise Hampson
     ISBN 978-3-89821-639-5

46   Stina Torjesen, Indra Overland (Eds.)
     International Election Observers in
     Post-Soviet Azerbaijan
     Geopolitical Pawns or Agents of Change?
     ISBN 978-3-89821-743-9

47   Taras Kuzio
     Ukraine – Crimea – Russia
     Triangle of Conflict
     ISBN 978-3-89821-761-3

48   Claudia Šabić
     "Ich erinnere mich nicht, aber L'viv!"
     Zur Funktion kultureller Faktoren für die
     Institutionalisierung und Entwicklung einer
     ukrainischen Region
     Mit einem Vorwort von Melanie Tatur
     ISBN 978-3-89821-752-1

49   Marlies Bilz
     Tatarstan in der Transformation
     Nationaler Diskurs und Politische Praxis
     1988-1994
     Mit einem Vorwort von Frank Golczewski
     ISBN 978-3-89821-722-4

50   Марлен Ларюэль (ред.)
     Современные интерпретации
     русского национализма
     ISBN 978-3-89821-795-8

51   Sonja Schüler
     Die ethnische Dimension der Armut
     Roma im postsozialistischen Rumänien
     Mit einem Vorwort von Anton Sterbling
     ISBN 978-3-89821-776-7

52   Галина Кожевникова
     Радикальный национализм в России
     и противодействие ему
     Сборник докладов Центра «Сова» за 2004-
     2007 гг.
     С предисловием Александра Верховского
     ISBN 978-3-89821-721-7

53   Галина Кожевникова и Владимир
     Прибыловский
     Российская власть в биографиях I
     Высшие должностные лица РФ в 2004 г.
     ISBN 978-3-89821-796-5

54   Галина Кожевникова и Владимир
     Прибыловский
     Российская власть в биографиях II
     Члены Правительства РФ в 2004 г.
     ISBN 978-3-89821-797-2

55   Галина Кожевникова и Владимир
     Прибыловский
     Российская власть в биографиях III
     Руководители федеральных служб и
     агентств РФ в 2004 г.
     ISBN 978-3-89821-798-9

56   Ileana Petroniu
     Privatisierung in
     Transformationsökonomien
     Determinanten der Restrukturierungs-
     Bereitschaft am Beispiel Polens, Rumäniens
     und der Ukraine
     Mit einem Vorwort von Rainer W. Schäfer
     ISBN 978-3-89821-790-3

57   Christian Wipperfürth
     Russland und seine GUS-Nachbarn
     Hintergründe, aktuelle Entwicklungen und
     Konflikte in einer ressourcenreichen Region
     ISBN 978-3-89821-801-6

58   Togzhan Kassenova
     From Antagonism to Partnership
     The Uneasy Path of the U.S.-Russian
     Cooperative Threat Reduction
     With a foreword by Christoph Bluth
     ISBN 978-3-89821-707-1

59   Alexander Höllwerth
     Das sakrale eurasische Imperium des
     Aleksandr Dugin
     Eine Diskursanalyse zum postsowjetischen
     russischen Rechtsextremismus
     Mit einem Vorwort von Dirk Uffelmann
     ISBN 978-3-89821-813-9

60	Олег Рябов «Россия-Матушка» Национализм, гендер и война в России XX века С предисловием Елены Гощило ISBN 978-3-89821-487-2	68	Taras Kuzio (Ed.) Aspects of the Orange Revolution VI Post-Communist Democratic Revolutions in Comparative Perspective ISBN 978-3-89821-820-7
61	Ivan Maistrenko Borot'bism A Chapter in the History of the Ukrainian Revolution With a new introduction by Chris Ford Translated by George S. N. Luckyj with the assistance of Ivan L. Rudnytsky ISBN 978-3-89821-697-5	69	Tim Bohse Autoritarismus statt Selbstverwaltung Die Transformation der kommunalen Politik in der Stadt Kaliningrad 1990-2005 Mit einem Geleitwort von Stefan Troebst ISBN 978-3-89821-782-8
62	Maryna Romanets Anamorphosic Texts and Reconfigured Visions Improvised Traditions in Contemporary Ukrainian and Irish Literature ISBN 978-3-89821-576-3	70	David Rupp Die Rußländische Föderation und die russischsprachige Minderheit in Lettland Eine Fallstudie zur Anwaltspolitik Moskaus gegenüber den russophonen Minderheiten im „Nahen Ausland" von 1991 bis 2002 Mit einem Vorwort von Helmut Wagner ISBN 978-3-89821-778-1
63	Paul D'Anieri and Taras Kuzio (Eds.) Aspects of the Orange Revolution I Democratization and Elections in Post-Communist Ukraine ISBN 978-3-89821-698-2	71	Taras Kuzio Theoretical and Comparative Perspectives on Nationalism New Directions in Cross-Cultural and Post-Communist Studies With a foreword by Paul Robert Magocsi ISBN 978-3-89821-815-3
64	Bohdan Harasymiw in collaboration with Oleh S. Ilnytzkyj (Eds.) Aspects of the Orange Revolution II Information and Manipulation Strategies in the 2004 Ukrainian Presidential Elections ISBN 978-3-89821-699-9	72	Christine Teichmann Die Hochschultransformation im heutigen Osteuropa Kontinuität und Wandel bei der Entwicklung des postkommunistischen Universitätswesens Mit einem Vorwort von Oskar Anweiler ISBN 978-3-89821-842-9
65	Ingmar Bredies, Andreas Umland and Valentin Yakushik (Eds.) Aspects of the Orange Revolution III The Context and Dynamics of the 2004 Ukrainian Presidential Elections ISBN 978-3-89821-803-0	73	Julia Kusznir Der politische Einfluss von Wirtschaftseliten in russischen Regionen Eine Analyse am Beispiel der Erdöl- und Erdgasindustrie, 1992-2005 Mit einem Vorwort von Wolfgang Eichwede ISBN 978-3-89821-821-4
66	Ingmar Bredies, Andreas Umland and Valentin Yakushik (Eds.) Aspects of the Orange Revolution IV Foreign Assistance and Civic Action in the 2004 Ukrainian Presidential Elections ISBN 978-3-89821-808-5	74	Alena Vysotskaya Russland, Belarus und die EU-Osterweiterung Zur Minderheitenfrage und zum Problem der Freizügigkeit des Personenverkehrs Mit einem Vorwort von Katlijn Malfliet ISBN 978-3-89821-822-1
67	Ingmar Bredies, Andreas Umland and Valentin Yakushik (Eds.) Aspects of the Orange Revolution V Institutional Observation Reports on the 2004 Ukrainian Presidential Elections ISBN 978-3-89821-809-2		

75 Heiko Pleines (Hrsg.)
    Corporate Governance in post-
    sozialistischen Volkswirtschaften
    ISBN 978-3-89821-766-8

76 Stefan Ihrig
    Wer sind die Moldawier?
    Rumänismus versus Moldowanismus in
    Historiographie und Schulbüchern der
    Republik Moldova, 1991-2006
    Mit einem Vorwort von Holm Sundhaussen
    ISBN 978-3-89821-466-7

77 Galina Kozhevnikova in collaboration
    with Alexander Verkhovsky and
    Eugene Veklerov
    Ultra-Nationalism and Hate Crimes in
    Contemporary Russia
    The 2004-2006 Annual Reports of Moscow's
    SOVA Center
    With a foreword by Stephen D. Shenfield
    ISBN 978-3-89821-868-9

78 Florian Küchler
    The Role of the European Union in
    Moldova's Transnistria Conflict
    With a foreword by Christopher Hill
    ISBN 978-3-89821-850-4

79 Bernd Rechel
    The Long Way Back to Europe
    Minority Protection in Bulgaria
    With a foreword by Richard Crampton
    ISBN 978-3-89821-863-4

80 Peter W. Rodgers
    Nation, Region and History in Post-
    Communist Transitions
    Identity Politics in Ukraine, 1991-2006
    With a foreword by Vera Tolz
    ISBN 978-3-89821-903-7

81 Stephanie Solywoda
    The Life and Work of
    Semen L. Frank
    A Study of Russian Religious Philosophy
    With a foreword by Philip Walters
    ISBN 978-3-89821-457-5

82 Vera Sokolova
    Cultural Politics of Ethnicity
    Discourses on Roma in Communist
    Czechoslovakia
    ISBN 978-3-89821-864-1

83 Natalya Shevchik Ketenci
    Kazakhstani Enterprises in Transition
    The Role of Historical Regional Development
    in Kazakhstan's Post-Soviet Economic
    Transformation
    ISBN 978-3-89821-831-3

84 Martin Malek, Anna Schor-
    Tschudnowskaja (Hrsg.)
    Europa im Tschetschenienkrieg
    Zwischen politischer Ohnmacht und
    Gleichgültigkeit
    Mit einem Vorwort von Lipchan Basajewa
    ISBN 978-3-89821-676-0

85 Stefan Meister
    Das postsowjetische Universitätswesen
    zwischen nationalem und
    internationalem Wandel
    Die Entwicklung der regionalen Hochschule
    in Russland als Gradmesser der
    Systemtransformation
    Mit einem Vorwort von Joan DeBardeleben
    ISBN 978-3-89821-891-7

86 Konstantin Sheiko in collaboration
    with Stephen Brown
    Nationalist Imaginings of the
    Russian Past
    Anatolii Fomenko and the Rise of Alternative
    History in Post-Communist Russia
    With a foreword by Donald Ostrowski
    ISBN 978-3-89821-915-0

87 Sabine Jenni
    Wie stark ist das „Einige Russland"?
    Zur Parteibindung der Eliten und zum
    Wahlerfolg der Machtpartei
    im Dezember 2007
    Mit einem Vorwort von Klaus Armingeon
    ISBN 978-3-89821-961-7

88 Thomas Borén
    Meeting-Places of Transformation
    Urban Identity, Spatial Representations and
    Local Politics in Post-Soviet St Petersburg
    ISBN 978-3-89821-739-2

89 Aygul Ashirova
    Stalinismus und Stalin-Kult in
    Zentralasien
    Turkmenistan 1924-1953
    Mit einem Vorwort von Leonid Luks
    ISBN 978-3-89821-987-7

90 Leonid Luks
   Freiheit oder imperiale Größe?
   Essays zu einem russischen Dilemma
   ISBN 978-3-8382-0011-8

91 Christopher Gilley
   The 'Change of Signposts' in the
   Ukrainian Emigration
   A Contribution to the History of
   Sovietophilism in the 1920s
   With a foreword by Frank Golczewski
   ISBN 978-3-89821-965-5

92 Philipp Casula, Jeronim Perovic
   (Eds.)
   Identities and Politics
   During the Putin Presidency
   The Discursive Foundations of Russia's
   Stability
   With a foreword by Heiko Haumann
   ISBN 978-3-8382-0015-6

93 Marcel Viëtor
   Europa und die Frage
   nach seinen Grenzen im Osten
   Zur Konstruktion ‚europäischer Identität' in
   Geschichte und Gegenwart
   Mit einem Vorwort von Albrecht Lehmann
   ISBN 978-3-8382-0045-3

94 Ben Hellman, Andrei Rogachevskii
   Filming the Unfilmable
   Casper Wrede's 'One Day in the Life
   of Ivan Denisovich'
   ISBN 978-3-8382-0044-6

95 Eva Fuchslocher
   Vaterland, Sprache, Glaube
   Orthodoxie und Nationenbildung
   am Beispiel Georgiens
   Mit einem Vorwort von Christina von Braun
   ISBN 978-3-89821-884-9

Quotes from reviews of SPPS volumes:

On vol. 1 – *The Implementation of the ECHR in Russia*: "Full of examples, experiences and valuable observations which could provide the basis for new strategies."

Diana Schmidt, *Neprikosnovennyi zapas*

On vol. 2 – *Putins Russland*: "Wipperfürth draws attention to little known facts. For instance, the Russians have still more positive feelings towards Germany than to any other non-Slavic country."

Oldag Kaspar, *Süddeutsche Zeitung*

On vol. 3 – *Die Übernahme internationalen Rechts in die russische Rechtsordnung*: "Hussner's is an interesting, detailed and, at the same time, focused study which deals with all relevant aspects and contains insights into contemporary Russian legal thought."

Herbert Küpper, *Jahrbuch für Ostrecht*

On vol. 5 – *Квадратные метры, определяющие сознание*: "Meerovich provides a study that will be of considerable value to housing specialists and policy analysts."

Christina Varga-Harris, *Slavic Review*

On vol. 6 – *New Directions in Russian International Studies*: "A helpful step in the direction of an overdue dialogue between Western and Russian IR scholarly communities."

Diana Schmidt, *Europe-Asia Studies*

On vol. 8 – *Nation-Building and Minority Politics in Post-Socialist States*: "Galbreath's book is an admirable and craftsmanlike piece of work, and should be read by all specialists interested in the Baltic area."

Andrejs Plakans, *Slavic Review*

On vol. 9 – *Народы Кавказа в Вооружённых силах СССР*: "In this superb new book, Bezugolnyi skillfully fashions an accurate and candid record of how and why the Soviet Union mobilized and employed the various ethnic groups in the Caucasus region in the Red Army's World War II effort."

David J. Glantz, *Journal of Slavic Military Studies*

On vol. 10 – *Русское Национальное Единство*: "A work that is likely to remain the definitive study of the Russian National Unity for a very long time."

Mischa Gabowitsch, *e-Extreme*

On vol. 14 – *Aleksandr Solzhenitsyn and the Modern Russo-Jewish Question*: "Larson has written a well-balanced survey of Solzhenitsyn's writings on Russian-Jewish relations."

Nikolai Butkevich, *e-Extreme*

On vol. 16 – *Der russische "Sonderweg"?:* "Luks's remarkable knowledge of the history of this wide territory from the Elbe to the Pacific Ocean and his life experience give his observations a particular sharpness and his judgements an exceptional weight."

Peter Krupnikow, *Mitteilungen aus dem baltischen Leben*

On vol. 17 – *История «Мёртвой воды»:* "Moroz provides one of the best available surveys of Russian neo-paganism."

Mischa Gabowitsch, *e-Extreme*

On vol. 18 – *Этническая и религиозная интолерантность в российских СМИ:* "A constructive contribution to a crucial debate about media-endorsed intolerance which has once again flared up in Russia."

Mischa Gabowitsch, *e-Extreme*

On vol. 25 – *The Ghosts in Our Classroom*: "Inan-Freyberg's well-researched and incisive monograph, balanced and informed about Romanian education in general, should be required reading for those Eurocrats who have shaped Romanian spending priorities since 2000."

Tom Gallagher, *Slavic Review*

On vol. 26 – *The 2002 Dubrovka and 2004 Beslan Hostage Crises:* "Dunlop's analysis will help to draw Western attention to the plight of those who have suffered by these terrorist acts, and the importance, for all Russians, of uncovering the truth of about what happened."

Amy Knight, *Times Literary Supplement*

On vol. 29 – *Zivilgesellschaftliche Einflüsse auf die Orange Revolution*: "Strasser's study constitutes an outstanding empirical analysis and well-grounded location of the subject within theory."

Heiko Pleines, *Osteuropa*

On vol. 33 – *Cleft Countries*: "Katchanovski succeeds in crafting a convincing and well-supported set of arguments and his research certainly constitutes a step forward in dealing with the notoriously thorny concept of political culture."

Thomas E. Rotnem, *Political Studies Review*

On vol. 34 – *Postsowjetische Feiern*: "Mühlfried's book contains not only a solid ethnographic study, but also points at some problems emerging from Georgia's prevalent understanding of culture."

Godula Kosack, *Anthropos*

On vol. 35 – *Fascism Past and Present, West and East*: "Committed students will find much of interest in these sometimes barbed exchanges."

Robert Paxton, *Journal of Global History*

On vol. 37 – *Political Anti-Semitism in Post-Soviet Russia*: "Likhachev's book serves as a reliable compendium and a good starting point for future research on post-Soviet xenophobia and ultra-nationalist politics, with their accompanying anti-Semitism."

Kathleen Mikkelson, *Demokratizatsiya*

On vol. 39 – *Российский консерватизм и реформа 1907-1914*: "Luk'ianov's work is a well-researched, informative and valuable addition, and enhances our understanding of politics in late imperial Russia."

Matthew Rendle, *Revolutionary Russia*

On vol. 43 – *Verflechtungen der deutschen und russischen Zeitgeschichte:* "Khavkin's book should be of interest to everybody studying German-Soviet relations and highlights new aspects in that field."

Wiebke Bachmann, *Osteuropa*

On vol. 50 – *Современные интерпретации русского национализма*: "This thought-provoking and enlightening set of works offers valuable insights for anyone interested in understanding existing expressions and interpretations of Russian nationalism."

Andrew Konitzer, *The Russian Review*

On vol. 57 – *Russland und seine GUS-Nachbarn*: "Wipperfürth's enlightening and objective analysis documents detailed background knowledge and understanding of complex relationships. "

Julia Schatte, *Eurasisches Magazin*

On vol. 59 – *Das sakrale eurasische Imperium des Aleksandr Dugin*: "Höllwerth's outstanding 700-page dissertation is certainly the, so far, most ambitious attempt to decipher Dugin's body of thought."

Tanja Fichtner, *Osteuropa*

On vol. 80 – *Nation, Region and History in Post-Communist Transition*: "Rodgers provides with his analysis an important contribution to a specific view on Ukraine."

Marinke Gindullis, *Zeitschrift für Politikwissenschaft*

***ibidem*-**Verlag
Melchiorstr. 15
D-70439 Stuttgart

info@ibidem-verlag.de

www.ibidem-verlag.de
www.edition-noema.de
www.autorenbetreuung.de

www.ingramcontent.com/pod-product-compliance
Lightning Source LLC
Chambersburg PA
CBHW072142290426
44111CB00012B/1953